T0146754

Sammlung Metzler
Band 223

Frank Dietschreit

Barbara Heinze-Dietschreit

Hans Magnus Enzensberger

J. B. Metzlersche Verlagsbuchhandlung

Stuttgart

CIP-Kurztitelaufnahme der Deutschen Bibliothek

Dietschreit, Frank:
Hans Magnus Enzensberger /
Frank Dietschreit; Barbara Heinze-Dietschreit. –
Stuttgart: Metzler, 1986.
(Sammlung Metzler; M 223: Abt. D, Literaturgeschichte)

NE: Heinze-Dietschreit, Barbara; GT

ISSN 0558-3667
ISBN 978-3-476-10223-2
ISBN 978-3-476-03927-9 (eBook)
DOI 10.1007/978-3-476-03927-9

M 223

© 1986 Springer-Verlag GmbH Deutschland
Ursprünglich erschienen bei J. B. Metzlersche Verlagsbuchhandlung
und Carl Ernst Poeschel Verlag GmbH in Stuttgart 1986

INHALT

In unserer Absicht liegt es nicht, das Werk des Literaten und Publizisten Hans Magnus Enzensberger aus dessen persönlicher Geschichte zu erklären. Wer an einer Zusammenschau biographischer Daten interessiert ist, sei auf die mit einer gewissen Monotonie wiederholt abgedruckte Vita Enzensbergers in seinen bei Suhrkamp erscheinenden Büchern verwiesen, auf die auch wir uns in gebotener Kürze beziehen. Es geht uns vielmehr darum, das kaum mehr zu überschauende literarische, essayistische und publizistische Werk Enzensbergers in seinen grundsätzlichen Aspekten und Linien zu rekonstruieren. Bei einem Schriftsteller, der sich, wie nur wenige andere, in die Politik einmischt bzw. stets auf politische Wirkungen zielt, war es angebracht, das Werk im jeweils spezifisch politisch-kulturellen Kontext zu lesen. Angesichts der Platznot mußten wir uns dabei allerdings mit Andeutungen begnügen.

Begnügen mußten wir uns auch mit der Sichtung der Rezeption der Werke Enzensbergers im *deutschen Sprachraum*. Bis auf wenige Ausnahmen wurde darauf verzichtet, die Aufnahme der im Ausland erschienenen Publikationen kritisch zu sondieren. Einen Einblick sowohl in das vielfältige Schaffen Enzensbergers als auch in die in- und ausländische Rezeption gibt die *Bibliographie Alfred Estermanns*. Sie umfaßt 1693 Belege und kann – für den Zeitraum von 1955 bis 1983 – als fast lückenlos angesehen werden. Mit ihr zu konkurrieren liegt uns fern. Einer späteren Auflage dieses Buches sei allerdings eine Fortschreibung der Bibliographie vorbehalten.

Literaturwissenschaftliche Betrachtung konzentriert sich zumeist auf einsehbare Buchpublikationen. Das erweist sich im Falle Enzensbergers als unzureichend, da er einen großen Teil seiner schriftstellerischen Potenz dem Hörfunk gewidmet hat. Allein der Süddeutsche Rundfunk (der sich als einzige Rundfunkanstalt unserem Projekt gegenüber wirklich kooperativ zeigte) verzeichnet im Zeitraum von 1954 bis 1984 56 Radioarbeiten Enzensbergers. Da wir uns auf einige wenige Hinweise beschränken, bleibt die gründliche Sichtung dieser bisher noch nicht einmal hinlänglich biographisch erfaßten Arbeiten ein Forschungs-Desiderat.

F. D. & B. H.-D.
im September 1985

VII

1929	Geboren in Kaufbeuren im bayerischen Allgäu. Drei jüngere Brüder.
1931–42	Kindheit in Nürnberg.
1942–45	Luftkrieg, Evakuierung; Besuch der Oberschulen in Gunzenhausen und Oettingen.
1946–49	Oberschule in Nördlingen; Abitur.
1949–54	Studium in Erlangen, Freiburg/Br., Hamburg und Paris (Literaturwissenschaft, Sprachen, Philosophie).
1955	Promotion über Clemens Brentanos Poetik.
1955–57	Rundfunkredakteur in Stuttgart; Gastdozent an der Hochschule für Gestaltung in Ulm.
1957	Aufenthalt in den Vereinigten Staaten und in Mexiko. Erste Buchpublikation (*verteidigung der wölfe*).
1957–59	›Rückzug‹ als freier Schriftsteller nach Stranda/Norwegen.
1959–60	Italienaufenthalt, Lanuvio bei Rom.
1960–61	Verlagslektor in Frankfurt/M.
1961	Erneuter ›Rückzug‹ nach Norwegen (Tjöme)
1963	Büchner-Preis. Erster Aufenthalt in der Sowjetunion.
1964–65	Gastdozent für Poetik an der Frankfurter Universität.
1965	Erste Südamerika-Reise. Umzug nach West-Berlin. Gründung des *Kursbuchs*.
1967–69	Nach Aufgabe der Fellowship an der Wesleyan University, Connecticut, USA, Reise in den Fernen Osten. Danach längerer Aufenthalt in Kuba.
1970	Gründung des Kursbuch Verlages in Berlin.
1974–75	Längerer Aufenthalt in New York.
1975	Rückzug vom Herausgeber des *Kursbuchs* zum Mitarbeiter.
1978	Deutscher Kritikerpreis.
1979	Umzug nach München.
1980	Gründung der Zeitschrift *TransAtlantik* (Mitwirkung bis 1982). Internationaler Preis für Poesie (Struga, Jugoslawien).
1982	Internationaler Pasolini-Preis für Poesie (Rom).
1985	Herausgeber der *Anderen Bibliothek*. Kölner Literaturpreis (Heinrich-Böll-Preis).

Der romantische Zeitgenosse:
Enzensberger und Clemens Brentano

»Wie jeder Mensch, der es verdient, daß die Nachwelt sich nicht seiner Werke annimmt, sondern seiner selbst, ist Clemens Brentano ein Rätsel, das keine Biographie eröffnen kann. Sein wahres Wesen kennen wir nicht; der Brentano, von dem wir zu wissen glauben, ist ein Geschöpf, an dem seine und unsre Einbildungskraft nicht weniger teilhat als die Geschichte: ein träumerisches Kind [. . .], Gebieter über ein phantastisches Fürstentum zwischen Himmel und Erde; ein Kobold und Bürgerschreck [. . .], ein Komödiant, Tagdieb und Gitarrenspieler; ein strahlender Jüngling [. . .]; ein leidenschaftlicher, unsteter Mann [. . .], ein erotisches Genie (. . .)« (*Brentanos Poetik*, S. 9).*

Mit diesen Sätzen beginnt Enzensberger seine *Dissertation*, 1953–55 erarbeitet und mit dem (wie er später sagte) »weitschweifigen Titel« (ebd., Nachbemerkung, S. 141): »Über das dichterische Verfahren in Clemens Brentanos lyrischem Werk« an der Universität Erlangen vorgelegt. Erst 1961 erscheint die Arbeit als »Brentanos Poetik« im Buchhandel. Es ist sicher kein Zufall, daß Enzensberger über einen Romantiker schrieb. Christian Linder meint, Enzensberger habe in der Begegnung mit Werk und Person Brentanos »seine Identität gebildet«, ja er habe – gerade in der zitierten Passage – »bis in Details hinein seine eigene Zukunft vorweggenommen; so wie er sich selbst gern in der Zukunft sehen wollte«. Normalerweise, so Linder, »sind die Sätze in Dissertationen ja viel trockener und unpersönlicher, aber er hat das – für eine Dissertation – sehr frei geschrieben, und er hat sich eben hineinidentifiziert« (Linder, S. 88 f.).

Obwohl Kritiker und Biographen gern auf Enzensbergers Dissertation hinweisen, liegt eine genauere Analyse der Frage, warum Enzensberger gerade über Brentano gearbeitet, und ob dies sein eigenes Werk beeinflußt hat, bis heute nicht vor. Ansätze dazu liefert Linder, dies allerdings in derart polemischer Form, daß seine Anmerkungen kaum weitreichende Aussagekraft beanspruchen können. Zwar hat K. H. Bohrer auf die Verbindungen Enzensbergers zur Romantik hingewiesen (Bohrer, c, S. 52 ff.) und in seiner intellektuellen Intensität gewisse Parallelen mit den Frühromantikern festgestellt (Bohrer, a, S. 98), Konsequenzen gezogen hat er

---

* Zur Zitierweise von Primär- und Sekundärliteratur vgl. die Vorbemerkung zum Literaturverzeichnis, S. 148

aber daraus nicht. Der Lebenslauf Enzensbergers, das bemerkte schon 1963 Schwab-Felisch, ähnelt »jedenfalls bisher« dem des Romantikers Brentano. Wie dieser sei Enzensberger »polyglott, gewandt, ein poeta doctus par excellence, nicht ohne modische Attitüde« (Schwab-Felisch, a, S. 104). Wer die Schreib-Biographie beider vergleicht, werde »verblüfft« sein, denn wie Enzensberger hat auch Brentano »unendlich leicht und viel und alles mögliche produziert« (Linder, S. 89), Gedichte, Märchen, Erzählungen und Dramen findet man ebenso wie Gesammeltes, Um- und Nachgeschriebenes, Übersetztes. Ein Blick in Enzensbergers Bibliographie (vgl. Estermann), die in ihren wesentlichsten Aspekten von uns aufgearbeitet werden wird, belegt dies eindeutig. Die Vielfalt der Produktion ist zweifellos beiden eigen. Für Enzensberger selbst bedeutet dies, daß er seine Brentano-Analysen fruchtbar macht für sein schillerndes Oeuvre. Neben der Dissertation sind als direkte Folgewerke anzusehen die ›Zeit‹-Beiträge »Mein Gedicht« und »Vom Kinderreim in der heutigen Lyrik«, die Editionen von »Allerleirauh. Viele schöne Kinderreime« und von »Clemens Brentano: Gedichte, Erzählungen, Briefe«, der Aufsatz »Clemens Brentano«.

Nicht zu übersehende Spuren eines auf seiner Brentano-Forschung basierenden Literaturbegriffs finden sich auch in Aufsätzen wie »Poesie und Politik«, wenn Enzensberger gegen eine sich progressiv gebende (in seinen Augen aber orthodox-dogmatische) Literaturkritik einwendet, sie habe »von eh und je die deutsche Romantik für eine Agentur der Reaktion gehalten«. Im Gegensatz hierzu kommt Enzensberger zum Ergebnis, »daß von Novalis und Brentano, diesen politisch unzurechnungsfähigen Söhnen des deutschen Bürgertums, eine poetische Revolution ausgegangen ist, mit der die Moderne beginnt« und ohne die die literarische Moderne (er nennt u. a. Trakl, Brecht, Benn, Arp und Neruda) nicht gedacht werden kann. Geht es Enzensberger folgerichtig nicht um ›vermeintlich revolutionäre Grobschnittlyrik‹, sondern um einen Begriff politischer Lyrik, der den objektiven gesellschaftlichen Gehalt von Poesie »nirgends sonst als in ihrer Sprache« (*Poesie und Politik*, S. 129 f.) dingfest macht, so ist Enzensbergers Verwandtschaft sowohl zur Romantik als auch zum Autonomie-Begriff Adornos zu spüren (vgl. Hiebel, S. 105).

Wie in diesem programmatischen Essay so ist auch in der Dissertation die bewußte Ablehnung soziologischer Methoden und Kategorien zu konstatieren. Es gehört schon wissenschaftlicher Mut und ein umfangreiches Selbstbewußtsein dazu, trotz der durch die Beschäftigung mit der ›Frankfurter Schule‹ oder dem Marxis-

2

mus gewonnenen Erkenntnisse die Brentano-Arbeit mit sechsjähriger Verspätung, lediglich mit den »nötigsten sprachlichen Änderungen« versehen, zu publizieren. »Die sachlichen Mängel der Arbeit«, nämlich »das Fehlen jeder soziologischen Perspektive, die Insistenz auf der sogenannten immanenten Methode der Interpretation, die unkritische Beschreibung einer hermetischen ›Innenwelt‹ des Gedichtes«, sie sind »nicht behoben« (*Brentanos Poetik*, Nachbemerkung, S. 141).

Die bürgerliche Kritik vermerkte es genüßlich und lobte seinen Kunstverstand: »Er weiß, was zum Handwerk gehört«, seine Dissertation »ist solide und gescheit« (Ross). In einer Artikel-Serie über berühmte Promovierte las man 1970 – mit ironischem Beigeschmack – zur werkimmanenten Methode Enzensbergers, daß »die studentische Linke von heute [dafür] nur ein verachtungsvolles Schulterzucken übrig« habe (Paulus). Und Enzensbergers ›Intimfeind‹ Holthusen wies noch 1980 darauf hin, daß »Brentanos Poetik« ein Stück werkimmanenter Methode sei, »wie sie im Buche steht, Emil Staiger hat Pate gestanden« (Holthusen, b, S. 898).

Wenn Enzensbergers Brentano-Analyse eine »brillante Dissertation« (Falkenstein, S. 7) genannt wurde, so ist dies sicherlich übertrieben. Zutreffender dürfte die Feststellung sein, daß Enzensbergers Arbeit »für die Brentanoforscher weniger von Interesse ist, als für Enzensbergers Interpreten« (Eggers, S. 51). Und richtig: Was Enzensberger als ›poetisches Prinzip‹ Brentanos herausfiltert, nämlich »jenes gebrochene Sprachverhältnis«, welches er als *Entstellung* charakterisiert und das dafür verantwortlich sei, daß Brentanos Poetik nicht nur »über ihre Zeit hinausweist«, sondern zugleich »revolutionär« (*Brentanos Poetik*, S. 125) wirkt, finden wir in seinem eigenen Werk wieder.

Das Wesen der *Entstellung* faßt Enzensberger in den Begriffen ›Destruktion‹ und ›Rückgriff‹. An mehreren Einzeluntersuchungen Brentano'scher Lyrik zeigt er, daß sie einerseits »Rückgriff auf traditionelles Gut, auf Sprachvergangenheit«, andererseits »die Zerstörung eben dieser Materialien zur Gewinnung neuer sprachlicher Möglichkeiten« ist. Bei der Schaffung einer ›eigentlichen Sprache‹ ist der Dichter auf konventionellen Sprachbestand angewiesen, ihn »dichterisch neu verfügbar zu machen« versucht die Entstellung, indem sie »das Wort der gewöhnlichen Zusammenstellung entreißt« (ebd., S. 28 ff.).

Die *Entstellung*, die man ebensogut als *Verfremdung* fassen könnte (vgl. Ross), versteht sich als Regenerationsversuch verbrauchter Sprache, als Gegenpol zu Sprachverschleiß und Sprachverfall. Knörrich meinte wohl zu recht, daß es literaturgeschicht-

lich anfechtbar ist, wenn Enzensberger die Entstellung als ein
»zutiefst modernes Verfahren« (*Brentanos Poetik*, S. 139) bezeichnet und von einem »dichtungsgeschichtlichen Wendepunkt« (ebd.,
S. 137) spricht. »Sieht man von den manieristischen Strömungen in
der europäischen Literatur ab«, kann man allenfalls sagen, »daß die
Technik der Entstellung nie vorher so weit getrieben wurde«
(Knörrich, a, S. 585). Unschwer ist am Einzel-Gedicht paradigmatisch nachzuweisen, daß Enzensberger mit denselben Stilprinzipien
arbeitet, welche er für Brentano als wesentlich betrachtet. In
seinem Gedicht »freizeit« – veröffentlicht 1964 im Band »blindenschrift« – heißt es: »rasenmäher, sonntag/der die sekunden köpft/
und das gras.//gras wächst/über das tote gras/das über die toten
gewachsen ist.//wer das hören könnt!//der mäher dröhnt,/über-
dröhnt/das schreiende gras.//die freizeit mästet sich./wir beißen
geduldig/ins frische gras.«
  Wichtigstes Stilmittel ist hier die entstellte Redensart: Die Zeit
totschlagen, Gras über etwas wachsen lassen, das Gras wachsen
hören usw. – Ohne späteren Bemerkungen zur Lyrik zu weit
vorzugreifen, sei angemerkt, daß das entstellende Verfahren hier
zum Motor der gedanklichen Bewegung wird und die Aussage des
Gedichts vor oberflächlich-raschem Verständnis schützt. Die
Komplexität der inhaltlichen Bezüge – die von der Kritik am
modernen Freizeitbetrieb bis zur verdrängten faschistischen Vergangenheit reichen – wird durch diesen Hermetismus davor
geschützt, zum beliebigen Konsumartikel zu werden. Durch
kreuzweise Verschränkungen, grammatische und inhaltliche Mehrdeutigkeit wird »die Identitätsstruktur vollends unauflösbar«
(Knörrich, S. 587). Zu den von Enzensberger sowohl benutzten als
auch bei Brentano analysierten entstellenden Verfahren gehören
ferner u. a. der syntaktische Choc, die Bildverdichtung, die Anima-
tion, die unverbundene Reihung, die grammatische Entstellung
(vgl. *Brentanos Poetik*, S. 139). Auch das Umbauen von Wörtern,
die Koppelung von Konkretem und Abstraktem, die syntaktische
Doppeldeutigkeit, das Beim-Wort-Nehmen von Bildern und For-
meln, die farbliche Verfremdung und das Zusammenspannen
heterogener Vorstellungsbereiche haben entstellenden Charakter
und sind von Reinhold Grimm sogleich nach Erscheinen von
Enzensbergers erstem Gedichtband als wesentliche poetische Prinzipien dingfest gemacht worden (vgl. Grimm, a).
  Zweifellos kann also Enzensbergers Versuch einer (mittels
werkimmanenter Methode herbeigeführten) »Revision« (*Brentanos
Poetik*, S. 137) des Brentano-Bildes in der Literaturgeschichte
gedeutet werden als eine *Selbstbestimmung* eigener poetischer

Prinzipien. Daß dies nur auf einen Teil seiner frühen Lyrik zutrifft
– andere Verwandtschaften, zu Benn und Brecht, werden noch
näher bestimmt – bleibt davon unberührt. Auch wenn Enzensberger in einem Aufsatz zugestand, daß sich in Brentanos Gedichten
eine »Quelle elementarer Poesie« auftue und in ihnen »der ›Unsinn‹
der Sprache, das also, was hinter der alltäglichen Rede in den
Worten haust« (*Clemens Brentano*, S. 34), über den gesunden
Menschenverstand triumphiere, geht der als Vorwurf gemeinte
Satz: »Nicht kritische Abstandnahme, sondern lernendes Identifi-
zieren bewegt Enzensberger« (Zeller, S. 98), am Kern der Sache
vorbei. Enzensberger lernt von Brentano, jedenfalls vom *revolutionären* Brentano, wie er ihn sieht. Er bildet am Entstellungs-Prinzip
seine eigene Poesie aus: Er rekurriert auf den *Subjektivismus-
Begriff* der Romantik und erweitert ihn durch den Brecht'schen
Gebrauchswert, dem er zutiefst verpflichtet ist (die ›Beizettel‹ zu
seinen ersten Gedichtbänden sprechen in dieser Hinsicht für sich).
»Des Knaben Wunderhorn«, jene bedeutende Sammlung von
Volksliedern durch Arnim und Brentano, ist Enzensberger Vorbild
und animiert ihn zu einer Sammlung von Kinderreimen. Sein
»Allerleirauh« zieht die bisher unentdeckte Linie von der Roman-
tik zu literarischer Subversivität und poetischem Gebrauchswert.
Der *Kinderreim* »kennt kein Copyright«, er »nimmt sich, was ihm
gefällt, wo er's findet und geht damit nach seiner Laune um«, er ist
gar ein »Lebensmittel« und gehört zum »poetischen Existenzmini-
mum« (*Allerleirauh*, Nachwort, S. 350) des Kindes. Anders als das
Volkslied, welches zum »Vehikel eines poetischen Tourismus in die
Vergangenheit« und im »Gebrüll der Hitlerjugend« zu Tode
geschrien wurde, hat sich der Kinderreim einen »archaischen
Humor« bewahrt, an dem jede Ideologie scheitert. Der Kinderreim, so Enzensbergers Fazit, »ist heute die einzige poetische
Form, deren unmittelbarer Nutzen auf der Hand liegt. Er wird
gebraucht. [. . .] Der Reim verhilft dem Kind dazu, sich in dieser
Welt einzurichten, ihrer Herr zu werden« (ebd., S. 352 f.), sagt der
engagierte junge Vater mit einem Blick auf die pädagogisch-
politische Funktion eines Genres.
　　Die Tatsache, daß Enzensberger mit schöner Regelmäßigkeit
literarische und politische Arbeiten, vermischt mit Editionen und
journalistischen Publikationen, veröffentlicht, kann man durchaus
als bewußte Regelverletzung deuten. Ein tradierter Literaturkanon
liegt ihm ebensowenig am Herzen (vgl. seine Polemik *Bescheidener
Vorschlag*) wie eine Selbstdarstellung, die lediglich auf literarischer
Aura basiert. Das Sich-Einmischen, Immer-wieder-Neues-Lernen
wird ihm – dem ›poeta doctus‹, der mindestens acht Sprachen

fließend beherrscht (Falkenstein, S. 13) – zum Prinzip. Gegen die
»hermetische kleine Welt« (Interview, S. 92) der Literaturszene
polemisierend sagte er in einem Gespräch, das in den ›Weimarer
Beiträgen‹ veröffentlicht wurde:

»Die Sachen werden immer dann interessanter, wenn man etwas macht, was
man noch nicht vollständig beherrscht. Natürlich könnte ich alle zwei Jahre
einen Gedichtband publizieren. Ich weiß, wie das geht, sozusagen. Ich kann
das. Aber das ist schon schlecht, sondern man muß sich dann Sachen
heraussuchen, die man noch nicht kann, und die muß man lernen. Das sehe
ich auch als die einzige Möglichkeit, von der Selbstwiederholung wegzu-
kommen« (ebd., S. 90).

Daß Enzensberger bei einer solchen Arbeitsweise Positionen
besetzte, »lange bevor andere darauf kamen, daß sie besetzt werden
mußten« (Linder, S. 92), ist ihm ernsthaft nicht vorzuwerfen.
Ansätze einer politischen Lyrik, als noch tiefste Weltabgewandt-
heit in der deutschen Literatur herrschte; Gründung des ›Kursbuchs‹ (1965), als es an einer linken Öffentlichkeit mangelte; der
Entwurf einer *Medientheorie* (1970) bzw. eines emanzipatorischen
Mediengebrauchs zu einem Zeitpunkt, als andere Autoren noch
den gänzlichen Produktionsverzicht im ›spätkapitalistischen Kul-
turbetrieb‹ postulierten (vgl. *Bausteine*); eine umfassende Kritik
der politischen Ökologie (1973), als noch kaum jemand diese
Begriffe kannte (vgl. *Zur Kritik*); all dies und anderes zeichnet
Enzensberger aus als einen Autor, der Folgen und Wirkungen
seines Werkes spüren will. Ihm deshalb »typisch romantische
Aktivität[en]« (Linder, S. 92) zu unterstellen und ihn als einen
Menschen zu beschreiben, »der sich immer irgendwo einmischt
und sich aber wieder herauszieht und sich fein macht für Neues«
(ebd.), verkennt in der polemischen Attitüde sowohl die innovative
Leistung Enzensbergers als auch die sich in seiner Person und
seinem Werk offenbarende Problematik des kritischen Intellektuellen. Versuche, seine Widersprüchlichkeit – auch in den ideologischen Positionen –, auf die er pikanter Weise selbst hinwies (vgl.
das Postskriptum zu seinen *Berliner Gemeinplätzen I*), mit Plaket-
ten wie »Anarcho-Kommunist« (Steffen) zu versehen, ihm einen
»radikalen nicht-kommunistischen Marxismus« (M. Gustafsson,
S. 110) anzuheften oder ihn psychologisierend als einen »Artifex,
den die Verachtung vor Mittelmäßigkeit« (Bohrer, a, S. 98) befallen
hat, zu diffamieren, gehen allesamt in die Irre.
   Seine Widersprüche ergeben sich aus einer für den auf dem
Gebiet der Kulturindustrie hochspezialisierten Intellektuellen charakteristischen Lage. Auch wenn Reinholds Beschreibung dieser

Gesellschaft als ›spätkapitalistische‹ wissenschaftlich und politisch umstritten bleibt, gilt doch ihre Aussage:

»Eingeschlossen in die Widersprüche dieser Gesellschaft, samt ihrer ideellen Vermittlungen, handhabt er [Enzensberger] das kritische Instrumentarium des Marxismus zur kritischen Reflexion dieser Widersprüche, ohne an deren Lösung teilnehmen zu können« (Reinhold, b, S. 104).

Die objektive Stellung der Intelligenz im soziologischen Schichten- und Klassengeflecht bedingt dabei eine Lebenssituation, die vor allem »aus der Isolation von gesellschaftlicher Praxis« herrührt. Enzensberger muß deshalb – wie andere kritische Autoren auch – »den Widerspruch zwischen der kritischen Attacke des Aufklärers und der resignativen Ohnmacht dessen, der von verändernder Praxis isoliert ist« (ebd.), reproduzieren. Enzensberger aber gestaltet diese Widersprüche bewußt, macht sie produktiv und fruchtbar, z. B. in seiner Theorie des *Zweifelns* und *permanenten Fragens*. Im Band »blindenschrift« stellt er im Gedicht »zweifel« die Frage, ob es erlaubt sei, »auch an den zweifeln zu zweifeln« und meint: »ich sage: fast alles, was ich sehe,/könnte anders sein. aber um welchen preis?/die spuren des fortschritts sind blutig./sind es die spuren des fortschritts?/meine wünsche sind einfach./einfach unerfüllbar?«

Und immer wieder weist er darauf hin, daß seine Kenntnisse gerade ausreichten, Fragen zu stellen, nicht aber ewig-gültige Antworten zu geben. Paradigmatisch liest man in einem Aufsatz:

»Lösungen weiß ich nicht. Meine Kenntnisse reichen nicht einmal aus, um präzise Vorschläge auf sie zu gründen. Allenfalls genügen sie, um ein paar Fragen zu stellen« (*Europäische Peripherie*, S. 172).

Ist er deshalb ein »Dandy«, eine romantische Gestalt und ironische Existenz, wie Linder meint feststellen zu können? Seine Argumentation stützt sich auf den Begriff der extremen Selbstinszenierung, und er verweist darauf, daß die ›Inszenierung‹ ein Begriff der Romantik ist (vgl. Linder, S. 92). Nun gehört die aktive Subjektivität – und nichts anderes stellt die ›Inszenierung‹ des Schriftstellers dar – zum täglichen Handwerk eines Autors; vor allem eines Schriftstellers wie Enzensberger, dem es inhaltlich immer um die Wiedergewinnung des Subjekts, die Rolle des Individuums im historischen Prozeß und um eine Literatur geht, die spricht, »als wäre Zukunft möglich, als ließe sich frei sprechen unter Unfreien, als wäre nicht Entfremdung und Sprachlosigkeit« (*Poesie und Politik*, S. 136).

Es ist schon merkwürdig, mit welcher Häme und Genugtuung gerade konservative Kritiker immer wieder darauf hinweisen, daß

Enzensbergers »historische Wurzel« (Kepplinger, S. 107, 136, 172) angeblich die Romantik sei. Wenn Noack meint: »Was Enzensberger vertritt, ist im Grunde nichts anderes [. . .] als eine moderne Abart der von ihm bekämpften romantischen Innerlichkeit« (Noack, b, S. 108), und feststellt, Enzensberger sei »der Inselbewohner des 20. Jahrhunderts, der das Inseldasein als letzte Losung ausgibt« (Noack, a, S. 85), so hat er weder das aus der Romantik gewonnene Verfahren poetischer *Entstellung* noch die produktive *Widersprüchlichkeit* eines Werkes erfaßt, dessen Dialektik in einer Passage wie der folgenden voll zum Ausdruck kommt: Gedichte, so Enzensberger,

»können jeden Gestus annehmen außer einem einzigen: dem, nichts und niemanden zu meinen, Sprache an sich und selig in sich selbst zu sein. Damit das, was vorgezeigt werden soll, beachtet wird, müssen Gedichte allerdings schön sein. Es muß ein Vergnügen sein, sie zu lesen.« (*Scherenschleifer*, S. 147)

I LYRISCHE VIRTUOSITÄT UND POLITISCH-LITERARISCHES WIDERSPRUCHSPROGRAMM (1955–1965)

1. Stichworte zum politisch-kulturellen Kontext

Will man Stellenwert und Standort der literarischen Produktion Enzensbergers erfassen, so ist – gerade weil er als Lyriker debütiert – ein Blick auf die politisch-kulturelle Situation ebenso wichtig wie auf die Entwicklung der Lyrik im Nachkriegsdeutschland. Der politisch-pädagogische Impetus vieler Künstler, die ihren Beitrag leisten wollten zu einem antifaschistischen Neubeginn, war nicht zu übersehen. *Trümmerlyrik* und *Kahlschlag* sind Ausdruck eines politisch definierten Gedichts, das die (faschistische) Vergangenheit ebenso thematisiert wie die wünschenswerte (sozialistische) Zukunft. In der literarischen Praxis führt dies aber schnell zu einem Antagonismus von politischer Lyrik und lyrischem Hermetismus, der in den 50er Jahren schließlich unabweisbar ist. Die restaurierte kapitalistische Gesellschaft gibt die Folie ab für eine Lyrik, die – für den Preis internationaler Anerkennung – sich aus der Wirklichkeit zurückzieht in den ›Olymp des schönen Scheins‹, um dort eine monologische Sprache zu konstituieren, die nahe am Verstummen ist (vgl. Dietschreit, a, S. 71 ff.).

Eine in der zeitgenössischen Literaturgeschichtsbetrachtung gängige Feststellung bezeichnet die 50er Jahre – charakterisiert durch Namen wie Bachmann, Benn, Celan, Eich oder Krolow – »als den Höhepunkt der deutschen Nachkriegslyrik«, der allerdings erkauft worden ist durch eine »egozentrische ästhetische Kultur« (Hinderer, d, S. 13), die mit Stichworten wie ›Hermetismus‹, ›Fluchtästhetik‹ und ›Rückzug‹ hinreichend beschrieben wurde. Geflissentlich wird übersehen, daß z. B. schon 1955 in dem von Hans Bender initiierten Band »Mein Gedicht ist mein Messer«, wie auch in den Werken von Enzensberger, Grass oder Rühmkorf Ansätze deutlich wurden, in denen die Autoren gegen die »dunklen, hermetischen und alexandrinischen Mächte ihrer Tage« protestierten und das »offene, mitteilsame, durchscheinende Gedicht« forderten: das Gedicht, das »auf alle Verschlüsselungen verzichtet, sich von allen esoterischen Bürden befreit« (Piontek, S. 113).

Die häufig unbeachtet gebliebenen politisch-literarischen Artikulationen deutscher Schriftsteller in der Nachkriegs-Dekade sind erst zum Ende der 70er Jahre durch zwei umfangreiche Sammelbände von Klaus Wagenbach wieder einer größeren Öffentlichkeit zugänglich gemacht worden (»Vaterland, Muttersprache«; »Lesebuch«). Die von ihm zusammengestellten Texte, Zeitkommentare und Polemiken von Schriftstellern dieser Zeit vereinigen eine Vielzahl fast vergessener Dokumente, Erzählungen und Gedichte. Die politischen Intentionen und Illusionen der Nachkriegs-Literaten werden durch Wagenbachs Darstellungsweise transparenter als in den literaturhistorischen Beiträgen von Knörrich zur ›geschichtlichen Entwicklung der deutschen Lyrik nach 1945‹ (vgl. Knörrich, b und c) oder von Trommler zum ›zögernden Nachwuchs‹, da letztere sich weitestgehend auf literaturimmanente Interpretationen beschränken und die konkreten politischen Prozesse nur andeutungsweise miteinbeziehen.

Daß Literatur und Politik in der Geschichte der Bundesrepublik Deutschland »niemals weiter voneinander entfernt [waren] als in den fünfziger Jahren« (Schnell, S. 449), belegt ausführlich die Untersuchung über die »Literatur der Adenauerzeit« (Endres). Eine nicht unwesentliche Ambivalenz der Nachkriegssituation bestand darin, daß Deutschland zwar einerseits durch den Faschismus politisch und kulturell zurückgeworfen war, durch die Rüstungsanstrengungen und die Kriegswirtschaft des Dritten Reiches aber einen »Schub zur vollen Industrialisierung« (Claessens u. a., S. 28) erhielt, was einem Sprung ins moderne Technologiezeitalter gleichkam. Entgegen einer Legendenbildung, die ganz Deutschland nach dem Krieg in Schutt und Asche sieht, waren die industriellen Anlagen generell gut erhalten. Der ›Marshall-Plan‹ bot dem Westen die Chance zu einem (kapitalistischen) Neubeginn. Konträr zu den Wünschen der Alliierten allerdings wurde die »Einsicht in die Notwendigkeit der sozialistischen Umgestaltung der deutschen Gesellschaft [. . .] auch von Gruppierungen akzeptiert, die vor 1933 jede Identifikation mit der marxistischen Arbeiterbewegung schon wegen der Glaubensschranke abgelehnt hatten« (Abendroth, S. 245). In den ›Kölner Leitsätzen‹ der CDU von 1945 oder deren ›Ahlener Programm‹ von 1947 (vgl. Mommsen) sowie auch in einigen Länderverfassungen schlug sich die Erkenntnis nieder, daß das kapitalistische Wirtschaftssystem entscheidenden Anteil an Entstehung und Wesen des Faschismus hatte. Neben dem Wunsch nach einer neuen und solidarischen Lebensform wurde deshalb in einigen Verfassungen ausdrücklich die Überführung bestimmter Industriezweige und monopolartiger Unternehmungen in Gemeineigentum gefordert. Wichtige Pfeiler der – von Huster u. a. detailliert analysierten – ›Verhinderung‹ eines wirklichen Neubeginns waren die Währungsreform von 1948 (in der die Produktivvermögen nicht angetastet wurden), das Grundgesetz von 1949 (das sich mit proklamierter ›Sozialstaatlichkeit‹ zufriedengab) und die allgemeine Wiederaufbau-Euphorie, die mit dem Einsetzen des ›Kalten Krieges‹ das richtige Feindbild an die Seite gestellt bekam (vgl. »Determinanten«).

Demgegenüber war der Wille, aus den Erfahrungen des Faschismus und des Exils gespeist, zu einer mit kritischen Inhalten ausgefüllten künstlerischen Ambitioniertheit unter den Schriftstellern groß. Die von Andersch und Richter herausgegebene und immer wieder von Verboten bedrohte Zeitschrift ›Der Ruf‹ (deren Reprint Enzensberger später den Deutschen ans Herz legte; vgl. *Zu: Der Ruf*) oder die sogenannte *Trümmerlyrik* (vgl. Zürcher) machten einen Enthusiasmus spürbar, am Werden einer neuen Gesellschaft Anteil, vielleicht durch ästhetische Erziehung auch Einfluß auf den Neubeginn nehmen zu können.

Strikter Antifaschismus – später das Verbindende der *Gruppe 47* (vgl. »Die Gruppe 47«; »Almanach der Gruppe 47«) – und die Polemik gegen traditionelle Kunstauffassungen prägten das kulturelle Bild. Die Suche nach einer neuen Sprache stand ebenso im Zentrum der Bemühungen wie der Wunsch, mittels Literatur die ›Wahrheit‹ (im Gegensatz zur faschistischen Lüge) auszusprechen. Offenkundig war, daß die »verquollene, entstellte, lügnerische Sprache des Naziregimes« (Vormweg, b, S. 28) hierbei im Wege stand. Jeder ethische Rückhalt oder künstlerische Tradition war aufgebrochen und in Geschichtslosigkeit zerfallen. »Jedem Und, jedem Adjektiv gegenüber war Vorsicht geboten«. Die neue Sprache, die so entstand, war »keuchend und kahl« (Schnurre; zit. n. Vormweg, b, S. 21). Der von Weyrauch geprägte Begriff vom *Kahlschlag* meinte eine mißtrauische und reduzierte Sprache, wie sie paradigmatisch ein Eichs »Latrine« oder »Inventur« zum Vorschein kam (vgl. »Tausend Gramm«; Eich). – »Inventur«, aus der Perspektive der Kriegsgefangenschaft geschrieben, »hört sich so an, als ob ein Mann sprechen lernt«, bemerkte Enzensberger. Seine Folgerung: »das war die Lage der deutschen Literatur nach dem Krieg: sie mußte ihre eigene Sprache lernen« (*In Search of the Lost Language*, S. 45), trifft zwar den Kern der Sache, unterschlägt aber, daß der *Kahlschlag*, kaum proklamiert, spätestens 1950 schon wieder verschwand und sich im *reinen* und *absoluten Gedicht* verflüchtigte.

Angesichts der historischen Fakten ist heute zu bezweifeln, »daß es eine Stunde Null im mit dieser Bezeichnung intendierten Sinn überhaupt gegeben hat«. Eine solche Hoffnung nennt Vormweg ›absurd‹, da die Nachkriegszeit »nur die Stunde [des] äußersten physischen und ideologischen Elends, die Stunde der Unfähigkeit zu kritischem Denken, die Stunde der Anfälligkeit für die geringsten Tröstungen« (Vormweg, b, S. 16) war. Daß sich in diesem Klima weder eine neue Gesellschaft noch eine neue Literatur konstituieren konnte, liegt auf der Hand. – Günter Grass bestätigt diese Einschätzung in seinen »Kopfgeburten« (S. 26): »Kein Zusammenbruch fand statt. Keine Stunde Null schlug uns. Trüb fließend waren die Übergänge.« Die angebliche Stunde Null war also eher eine ›Stunde Eins‹, wie eine neuere Textsammlung demonstriert (vgl. »Die Stunde Eins«).

Angesichts von Restauration und nur halbherzig betriebener Entnazifizierung, erwies sich die künstlerische Ambitioniertheit als kurzes Strohfeuer. Die versäumte Rezeption des literarischen Exils muß hierbei als ebenso verhängnisvoll angesehen werden wie die unsägliche Diskussion über die sogenannte *Innere Emigration* (vgl. »Deutsche Literatur im Exil«). Als Reflex auf den »Provinzialismus« (»Deutsche Lyrik«, S. 221) und das Engnationale folgte vielmehr – unterstützt durch die Kulturpolitik der Besatzungsmächte (vgl. Gehring) – eine internationalisierende Orientierung an Frankreich und Amerika, der die »einseitige ästhetische Rezeption der literarischen Moderne [. . .] ebenso zuzuzählen ist wie die modisch-nihilistische Übernahme des Existentialismus und die Woge des absurden Theaters« (G. R. Kaiser, S. 14). Unterstützt wurde die daraus resultierende Poetik »für ein nach Null konvergierendes Publikum«, so Enzensberger (*Weltsprache*, S. 24 f.), durch einen auch literaturtheoretisch motivierten Hermetismus, der den Dichter im Prozeß des Rückzugs aus der gesellschaftlichen Wirklichkeit als Magier mit geniehafter Aura erscheinen läßt. In der Lyrik sei das »Mittelmäßige schlechthin unerlaubt und unerträglich«, so Benn in seinem 1951 gehaltenen Vortrag über »Probleme der Lyrik« (»einer späten Fibel des l'art pour l'art«, so G. R. Kaiser, S. 14), der für viele Autoren zum Gradmesser eigener Produktion wurde. Lyrik dürfe – im Gegensatz zum Roman – »entweder exorbitant [. . .] oder gar nicht« sein. Denn gerade die Verbundenheit mit dem Außergewöhnlichen gehöre zum Wesen der Lyrik, deshalb auch müsse jeder Dichter die »tragische Erfahrung« machen, allerhöchstens »sechs bis acht vollendete Gedichte« (Benn, S. 505 f.) zu hinterlassen.

Rebellierten Dadaisten und Surrealisten der Vorkriegszeit noch gegen ein von klassisch-bürgerlichen Idealen geprägtes Publikum, und insistierten sie auf einem utopischen Zustand allgemeiner Künstlerschaft (vgl. »Dada«; »Dada in Berlin«), so hatte das Nachkriegsgedicht im Mißtrauen gegen inhaltliche Aussagen und im Rückzug auf Formprobleme schließlich das »Einverständnis mit dem Leser aufgekündigt« (Theobaldy/Zürcher, S. 9). Das von Benn geforderte *monologische, absolute, an niemanden gerichtete Gedicht* hielt Einzug. Das Gedicht »Im labor der träume« (Poethen) brachte Form und Inhalt des Hermetismus auf einen Nenner. Einzig in der epischen Großform des Romans bewahrten Autoren wie Koeppen, Böll oder Andersch einen Zug *humaner Erregbarkeit,* die sich zum Ziel setzte, auf politische Ereignisse literarisch angemessen zu reagieren. Eine Neuorientierung der Literatur allgemein – im Hinblick auf Verständlichkeit, Erregbarkeit, Engagement, Veränderungswillen – setzt erst mit dem Auftauchen H. M. Enzensbergers auf der literarischen Bühne ein. Sein 1957 veröffentlichter erster Lyrikband »verteidigung der wölfe« markiert den Beginn eines Prozesses, den Peter Rühmkorf einmal als »Revision« (Rühmkorf, c) tituliert hat, denn hier finden sich erste Ansätze einer politisch engagierten Literatur, die trotz ihrer polemischen Intentionen »nicht hinter die Errungenschaften der lyrischen Moderne« (Theobaldy/Zürcher, S. 16) zurückfällt.

2. Das literarische Werk, Editionen und Essays (1955–1965)

2.1. verteidigung der wölfe (1957)

Nicht nur die literarischen und publizistischen Arbeiten Enzensbergers waren – was die 50er Jahre betrifft – recht ungewöhnlich, auch die schnelle Karriere kann dieses Prädikat für sich in Anspruch nehmen. Während er noch an seiner ersten längeren Arbeit saß (der Promotion über Brentano, die er zwar 1955 fertigstellte, aber erst 1961 mit einem ironischen Seitenhieb auf den Wissenschaftsbetrieb in Druck gehen ließ), begann er, für den Rundfunk Beiträge zu verfassen. Von 1955–57 war er sogar als Rundfunkredakteur in Stuttgart, beim Radio-Essay seines Mentors Alfred Andersch, tätig. Hier entstanden nicht nur Buchbesprechungen, sondern auch so wichtige Essays wie jener über die »Sprache des *Spiegel*«, der – wie es im Untertitel heißt – Moral und Masche eines deutschen Nachrichten-Magazins kritisch untersucht und (seiner brisantesten Stellen beraubt) 1957 im ›Spiegel‹ selbst erschien. Ab 1955 veröffentlichte Enzensberger Gedichte und Essays in in- und ausländischen Zeitschriften und Anthologien (vor allem in ›Texte und Zeichen‹, ›Akzente‹, ›Frankfurter Hefte‹, ›Merkur‹). Schon 1955 stieß er zur *Gruppe 47,* jenem lockeren Zusammenschluß einflußreicher Literaten und Kritiker, die den jeweiligen literarischen Trend der Saison entscheidend mitbestimmten. Dort fiel Enzensberger »nicht nur durch bunte

Strümpfe, sondern auch durch gute Gedichte« (Falkenstein, S. 8) auf. Bereits 1955 erhielt er – ohne bisher mit einem eigenen Buch in Erscheinung getreten zu sein – den Förderpreis der *Hugo-Jacobi-Stiftung*. Eine Zeitlang (1955–57) hielt es Enzensberger als Gastdozent an der Hochschule für Gestaltung in Ulm, nicht weil ihn eine Hochschulkarriere gereizt hätte (im Gegenteil: der Wissenschaftsbetrieb war Enzensberger immer suspekt und veranlaßte ihn zu manch abweisender Bemerkung), sondern weil unter dem Zepter von Max Bense die geistig-literarische Atmosphäre fruchtbar war.

Als Zusammenfassung und Erweiterung seiner bisher publizierten Gedichte erschien 1957 Enzensbergers erster Lyrikband. Wie sämtliche Gedichte des Buches, so war auch der Titel in Kleinschreibung gehalten: »verteidigung der wölfe«. Der renommierte Suhrkamp-Verlag (der Enzensberger schnell als Hausautor verpflichtete) brachte den Band in einer Auflage von 2000 Stück heraus; beigegeben war eine Art *Gebrauchsanweisung*, ein loser Zettel, flugblattähnlich. Darauf war zu lesen:

»Hans Magnus Enzensberger will seine Gedichte verstanden wissen als Inschriften, Plakate, Flugblätter, in eine Mauer geritzt, auf eine Mauer geklebt, vor einer Mauer verteilt; nicht im Raum sollen sie verklingen, in den Ohren des einen, geduldigen Lesers, sondern vor den Augen vieler, und gerade der Ungeduldigen, sollen sie stehen und leben, sollen sie wirken wie das Inserat in der Zeitung, das Plakat auf der Litfaßsäule, die Schrift am Himmel. Sie sollen Mitteilungen sein, hier und jetzt, an uns alle.«

Diese ›Gebrauchsanweisung‹ glich einer programmatischen Absichtserklärug, die – scheinbar – dem antiesoterischen Lyrik-Programm Brechts verpflichtet war, dem es immer um den politischen *Gebrauchswert* bzw. um die ›Literarisierung des Straßenbildes‹ ging (vgl. Brecht, Bd 19, S. 388). Enzensberger aber zielte weniger auf die repräsentativ-aufklärerische als auf die *subversive Funktion* von Lyrik. Wendungen wie ›in eine Mauer ritzen‹ oder ›vor einer Mauer verteilen‹ deuten dies an, ebenso wie die Flüchtigkeit des Materials: Flugblatt, Plakat, Inserat (vgl. Zeller, S. 95).

Bezeichnenderweise wird neben Brecht als zweiter Ahnherr des jungen Enzensberger immer wieder Gottfried Benn genannt (zu diesen und anderen Affinitäten s. a. 2.4.)

Enzensberger hat, wie er selber sagt, von E. A. Poe (auf den er explizit in seinem Vortrag über die *Entstehung eines Gedichts* verwies), Baudelaire, Valéry, Majakowski und W. C. Williams (den er übersetzte) gelernt. In dem Vorwort zu seinem »Museum der modernen Poesie« nannte er als die wichtigsten formalen Gestaltungsmittel der poetischen Moderne:

»Montage und Ambiguität; Brechung und Umfunktionierung des Reimes; Dissonanz und Absurdität; Dialektik von Wucherung und Reduktion; Verfremdung und Mathematisierung; Langverstechnik, unregelmäßige Rhythmen; Anspielung und Verdunkelung; Wechsel der Tonfälle; harte Fügung; Erfindung neuartiger Machanismen; und Erprobung neuer syntaktischer Verfahren.« (*Museum*, S. 11; *Weltsprache*, S. 12 f.)

Die Untersuchung seiner Lyrik zeigt, daß Theorie und Praxis bei Enzensberger Hand in Hand gehen. Gerade die »verteidigung der wölfe« wirkt wie ein erstes Ausprobieren sämtlicher – eben genannter – poetischer Mittel. Sind spätere Lyrik-Bände sparsam in der Verwendung des Repertoires und ganz auf die Ausgestaltung der persönlichen Sprechweise und politischen Aussage konzentriert, so gleichen die frühen Bände einer poetischen Expedition.

Aufgeteilt ist der Band in *freundliche, traurige* und *böse* Gedichte, die – grob betrachtet – sich jeweils thematisch konzentrieren auf die Sehnsucht nach dem einfachen und erfüllten Leben in den Idyllen, auf die Klage über Sinn- und Ausweglosigkeiten und schließlich auf die Anklagen konkreter, zeitgebundener Mißstände. Die Kohärenz von inhaltlichen Aussagen und formalen Mitteln läßt eine getrennte Analyse kaum zu. Das Gedicht »bildzeitung« – das mehr ist als eine Medienkritik am Boulevard-Journalismus, sondern auf eine Kritik des sich selbst betrügenden, bewußtseinslosen Untertanen zielt – belegt dies eindringlich: Im Ton eines Plakats werden Symptome unserer Massenwelt identifikatorisch aufgegriffen, um die Wunschbilder nachher umso wirkungsvoller in ihrer Verlogenheit zu zerstören. Auffallend ist sofort die präzise strophische Gliederung; drei identisch konstruierte stehen einer isolierten vierten Strophe gegenüber. Ganze Zeilen entsprechen sich beinahe wörtlich (»du wirst reich sein [. . .] schön sein [. . .] stark sein«). In der Schlußstrophe werden Schlüsselbegriffe nicht nur wiederaufgenommen, sondern – in verfremdender Verkoppelung mit konträren Vorstellungen der Wirklichkeit – in ihrer Hohlheit entlarvt: »stark erniedrigt« und »schön besudelt« lassen sich nur noch als satirischer Kommentar lesen. – *Märchenmotive* aus der Turandot-Geschichte(»prinzen«, »köpfen«, »turandots mitgift«, »unfehlbarer tip«) und aus Grimms Märchen (»tischlein deck dich«) holen entlegene Bereiche in die banale Realität des Gedichts, sie spiegeln nicht nur die bundesdeutsche Wirtschaftswunder-Realität als Märchen, sondern entlarven die ›Bild-Zeitung‹ als Lügenmärchen. Auf

Enzensbergers Vorliebe für *Alliterationen* wäre hinzuweisen, auf seine kunstvolle Koppelung von konkreten Dingen mit abstrakten Begriffen (»aus rotation und betrug«, »aus nikotin und verleumdung«), vor allem aber auf die *Mehrdeutigkeit*, die Wulf Koepke als grundlegendes Moment von Enzensbergers Poesie entschlüsselte; sie hat zum Ergebnis, daß ein Element mehrere Bedeutungsschichten zugleich aufschließt. Zur Mehrdeutigkeit gehört z. B. das Umbauen und Zerlegen des Wortmaterials oder die Kreuzung zusammengesetzter Substantive: »manitypistin stenoküre«, »markenstecher uhrenkleber« und »sozialvieh stimmenpartner« finden sich im Gedicht »bildzeitung«. Auch die Tatsache, daß sich Sätze in doppelter Richtung lesen lassen, gehört in diesen Bereich. Heißt es: »auch du auch du auch du/wirst langsam eingehen/an lohnstreifen und lügen/reich [. . .]«, so läßt sich verbinden »eingehen an lohnstreifen und lügen« und »an lohnstreifen und lügen reich« (vgl. Koepke).

Während Knörrich seine Beobachtungen zur Stilanalyse eindimensional auf die *Entstellung* konzentriert, um eine reizvolle Parallelität zwischen Enzensberger und Brentano zu belegen (zur Erinnerung: die *Entstellung* machte Enzensberger bei Brentano als wichtigstes Formkriterium fest; sie will den konventionellen Sprachbestand neu verfügbar machen und gegen Sprachverfall und -verschleiß dichterisch zu Felde ziehen), addiert Grimm die wichtigsten Stilmerkmale in summarischem Durchgang (Knörrich, a; Grimm, a). Das allgemeinste Merkmal Enzensberger'scher Poesie ist die *Einbeziehung sämtlicher Sprachbereiche*. Rotwelschausdrücke finden sich neben mythologischen und historischen Reminiszenzen, Zitate neben Sportjargon, Redensarten und Sprichworte neben Bibeldeutsch. Auch die Sprache der Politik, der Wirtschaft, der Wissenschaft, des Militärs und der Kunst hinterläßt Spuren. Anleihen aus Fachsprachen verwendet Enzensberger ebenso wie Umgangssprache, Mundart und archaische Sprachschichten (»schussern«, »apfelbutzen«, »landstürzer«). Geographische Bezüge, fremdsprachliche Worte und Sätze sowie Eigennamen verweisen auf enzyklopädisches Wissen und Vielgereistheit. Auch das für die 50er Jahre Derbe und Obszöne kommt nicht zu kurz (»kotzen«, »entjungfern«).

Das Gedicht »verteidigung der wölfe gegen die lämmer« beschließt den Band. Es ist gleichsam die geballte Zusammenfassung der Klagen und Vorwürfe gegen politisches und menschliches Versagen. In wütend-ironischer Distanzierung von den »lämmern« (dem Volk) wird ihnen ihre Unfähigkeit zum Denken vorgeworfen, ihre Duldsamkeit und Mitschuld an der eigenen Unterdrük-

kung durch die »wölfe« (die Mächtigen). Das Motiv des ahnungslosen Lamms – vorher schon in »konjunktur« (»sie tragen zu euch die
liebe/des metzgers zu seiner sau«), in »sozialpartner in der
rüstungsindustrie« (»schwerer/bist du zu ertragen, niemand/im
windigen trenchcoat, bohrer,/kleinbürger, büttel, assessor, stift«)
oder in »an einen mann in der trambahn« (»mann/mit dem
wasseraug, mit dem scheitel/aus fett und stroh, der aktentasche voll
käse«) zu einer vernichtenden Charakterstudie des ›kleinen Mannes‹ variiert, der als unbedeutend, austauschbar und verführbar
erscheint –, dieses Motiv wird hier zugespitzt bis zur Aufforderung
an die »wölfe«, die »lämmer« auszubeuten und zu zerreißen.
Klingen die Beschuldigungen auch spontan und direkt, so sind sie
durch wiederkehrende Fragepronomen doch sorgfältig gebündelt.
Das kunstvolle Arrangement wird auch in den Präsenspartizipien
(»scheuend«, »überantwortend«, »einlassend«, »winselnd«) deutlich, denn sie erinnern eher an die alte Form der Ode oder der
Prophezeiung. Untrügbare Anzeichen für langes Durcharbeiten
des Textes sind auch die Alliterationen (»soll/er sich selber ziehen
die zähne?«); die Assonanzen (»der nasenring euer teuerster
schmuck,/keine täuschung zu dumm«); die Bildwahl, die sowohl
auf umgangssprachlichen Wendungen (»was guckt ihr blöd aus der
wäsche«) wie auf zwingenden Assoziationen beruht (»wer näht
denn dem general/den blutstreif an seine hose?«); das Zeugma,
welches äußerlich nicht zusammengehörende Bereiche verbindet
(»politruks und päpste«) und das Apokoinou, denn wenn es heißt:
»was verlangt ihr vom schakal,/daß er sich häute, vom wolf?«, so
verweist »daß er sich häute« syntaktisch auf »was verlangt ihr vom
schakal« und auf »vom wolf«.
  Wir wollen es dem Leser ersparen, Enzensberger als Kompen-
dium der Poetik zu lesen. Erwähnt sei nur noch, daß er durchaus
»ungeniert vorgeformtes lyrisches Gut« (Grimm, a, S. 26) ausbeutet. Das Gedicht »utopia« beginnt mit den Zeilen: »der tag steigt
auf mit großer kraft/schlägt durch die wolken seine klauen«.
Zugrunde liegt Wolfram von Eschenbachs Tagelied: »sîne clâwen
durch die wolken sint geslagen,/er stîget ûf mit grôzer kraft,/ich
sihe in grâwen tegelîch, als er wil tagen,/den tac«. Grimms
süffisanter Kommentar: »Wer dahinterkommt, von wem dieses
Bild oder jene Antithese stammt« – Belege aus Sappho, Villon,
Shaw, Trakl, Brecht und Benn ließen sich zusätzlich beibringen –,
»darf mit dem Autor das Augurenlächeln tauschen« (Grimm, a,
S. 26).
  Auch das musikalische Element kommt oftmals zum Tragen:
Das refrainartige »ki wit« aus dem »lock lied« oder die Schlußzei-

len aus »april« (»meine zarte schalmei/schalmei april/schalmei«) sind nur zwei Beispiele von vielen.

Doch verfallen wir nicht in den üblichen Fehler und lesen die Gedichte allein mit der Meßlatte poetischer Stichworte. Dies sei jenen Interpreten überlassen, die Enzensberger immer wieder am Kanon Benn'scher Lyrik messen oder – wie Holthusen – ihn in einen politischen und einen ästhetischen Dichter scheiden wollen. Dahinter steht der ebenso deutsche wie akademische Streit, ob es überhaupt eine politische Poesie geben könne, und der konservative Wunsch, die Dichtung in *reine* und in *politische* unterteilen zu können. Dieser Streit soll hier weder vertieft noch entschieden werden (verwiesen sei beispielhaft auf Stein; Girschner-Woldt; Hinderer, a, c), allerdings nehmen wir für uns in Anspruch, Enzensberger als politischen Dichter zu verstehen: nicht, weil er sich in seinen Gedichten bisweilen direkt auf politisches Geschehen bezieht oder zum politischen Handeln aufruft (letzteres ist nie der Fall), sondern weil Enzensberger sich bewußt als Teil eines politischen Kontextes definiert und den politischen Gehalt des Gedichts als sprachimmanentes Problem behandelt (vgl. *Poesie und Politik*), es ihm also um eine vorsichtige Politisierung der Ästhetik geht.

Holthusen jedenfalls ist tief verschreckt von der politischen Präsenz der meisten Gedichte. Er nennt Enzensberger einen »Bürgerschreck«, »rabiate[n] Randalierer« und »schäumende[n] Haßprediger«. Von der Intensität des Empfindens, den kräftigen Bildern und den Idyllen andererseits tief bewegt, läßt es sich Holthusen aber angelegen sein, Enzensberger in seinen politischen Invektiven als »berauscht und nicht selten wie von demagogischen Klischeevorstellungen verführt« (Holthusen, a, S. 49 f.) darzustellen, um ihn in Gedichten wie »larisa«, »für lot, einen makedonischen hirten« oder »klage um ingo ledermann« außerordentliche ästhetische Brillanz zu bescheinigen, voll schöner Ergriffenheit, zartem und wissendem Ernst:

»Denen, die ihn für einen ›engagierten‹ Dichter nehmen und deswegen nach einem Ausweg fragen, [. . .] denen zeigt er einen geraden Weg ins Absurde. Wer aber die Kühnheit seiner poetischen Erfindungen [. . .], die Frische und Dringlichkeit seiner Sprache [. . .] zu würdigen weiß, dem verschafft er Genugtuung vollauf« (ebd., S. 67).

Enzensberger je nach Standort als ›engagierten‹ Dichter oder sprachlichen ›Esoteriker‹ zu plakatieren, mag ein beliebter wissenschaftlicher Trick sein – die Wahrheit ist damit noch nicht zutage gefördert. Seine Gedichte sind allesamt geprägt von *Ambivalenzen*, das dichterische Pathos schwimmt zwischen Rückzug und Angriff, Provokation und Flucht, Verzweiflung und Hoffnung, Trauer und Kritik (vgl. Zimmermann, S. 70). Ein bewußt gewählter – diffuser – ideologischer Standort ist die Konsequenz: *Nonkonformismus* par excellence. Der Dichter sieht sich angesichts faschistischer Spurenelemente sowie realer Machtpolitik, die den individuellen Bedürfnissen keinen Raum lassen, als Außenseiter und moralisches Gewissen. Wer moralische Integrität sucht, findet die Einsamkeit: Enzensbergers Gedichte spiegeln dies im scharfen polemischen Ton, im Rückzug auf sich selbst, in esoterischer Utopie und im Geschichtspessimismus. In Gedichten wie »utopia« oder »sieg der weichseln« werden in kraftvollen Bildern *Utopien* skizziert (»zur lust/entschlossen, stehen die bräute, zornig,/im kirschgarten weiß«), sie bleiben aber im Unbestimmten, Ungefähren, sind kaum dechiffrierbar und werden – gerade in den *traurigen Gedichten* – übertüncht von tiefster Resignation: »warum gehst du weiter, landstürzer?/aus harten steinen ist die straße gefügt./bleib doch liegen«, heißt es in der »befragung eines landstürzers«. Daß das utopische Moment ins Spielerische abgleitet und nicht dem engagierten Impetus erliegt, Wirkungen in der Praxis hervorrufen zu wollen, hat seine Gründe: Der Utopie fehlen Programm und Geschichte und vor allem das geschichtliche Subjekt. Enzensbergers *Geschichtspessimismus* (vgl. Gutzat; Zimmermann; Volckmann, b) sieht menschliches Handeln als lückenlose Geschichte der Ungeheuerlichkeiten, der Fremdbestimmung, Ausbeutung und Unterdrückung. Fortschritt ist für ihn (das Thema greift er fast 20 Jahre später im *Mausoleum* wieder auf) immer auch das Fortschreiten dieses Entmenschlichungsprozesses: »immer dieselbe vettel, history«, sagt er in seinem »ratschlag auf höchster ebene«. Natürlich will Enzensberger aufklären, warnen, keine Ruhe geben: Sein Gedicht »fremder garten« kann man vielleicht als eines der ersten ›ökologischen Gedichte‹ bezeichnen (»das gift kocht in den tomaten [. . .] das schiff speit öl in den hafen«); die streng komponierte satirische »geburtsanzeige« zeigt uns den bürokratisch verplanten, entindividualisierten Menschen, der, kaum auf der Welt, schon »verraten und verkauft [. . .] verzettelt und verbrieft [. . .] versichert und vertan [. . .] verworfen und verwirkt [. . .] verbucht verhängt verstrickt« ist; das an Eichs »Träume« (»Wacht auf, denn eure Träume sind schlecht! [. . .] Seid unbequem, seid Sand, nicht Öl im Getriebe der Welt!«) erinnernde »ins lesebuch für die oberstufe« warnt vor altem und neuem Faschismus, ruft auf zu Wachsamkeit und Subversion (»lies keine oden, mein sohn, lies die fahrpläne:/sie sind genauer [. . .] sei wachsam, sing nicht [. . .] lern unerkannt gehen [. . .] wut und geduld sind nötig [. . .]«). Trotzdem: Die Enttäuschung über das ›Lämmerdasein‹ des geschichtsbildenden Subjekts sitzt tief: »ihr,/einladend zur vergewaltigung,/ werft euch aufs faule bett/des gehorsams«, ruft Enzensberger dem Volk zu; und er ist geradezu angeekelt vom »mann in der trambahn«: »du bist mir egal. du riechst nicht gut./dich gibts zu oft.« Enzensberger hat – das wird auch in den romantischen Idyllen deutlich, die, wenn auch mit ironischem Augenzwinkern, den Wunsch nach Harmonie mit Natur und Mensch aussprechen – im Gegensatz zu Brecht keine Antworten, sondern stellt Fragen. Wo ihm das Vertrauen in die ›missionarische Kraft der Arbeiterklasse‹ fehlt, überwiegen Gefühle der Verzweiflung, des Zögerns, der Flucht und Klage. Seine Gedichte des ersten Bandes sind – im Adorno'schen Sinn – die Negation der Negation: Die Revolution wird in einem unbestimmten und abstrakten Sinn zwar herbeigewünscht, »ihre Träger aber sind korrumpiert; also kehrt sich der revolutioäre Elan und das Pathos gegen die Verräter der Umwälzung. Zurück bleibt die moralische Integrität des Dichters« (Zimmermann, S. 70).

Rezeption: Literaturwissenschaft und -kritik jener Jahre wurden dominiert – was die Lyrik betraf – von jenem Kanon, den Benn 1953 in seinem Vortrag über die »Probleme der Lyrik« aufgestellt hatte. Die Meßlatte dieser ›ars poetica‹ (die mit Stichworten wie ›absolutes Gedicht‹, ›monologische Kunst‹, ›Artistik‹ und ›Form‹ charakterisiert werden kann) legten auch die meisten Rezensenten des ersten Gedichtbandes an. Das hatte den Vorteil, daß man die polemischen Inhalte und problematischen Gebrauchsgegenstände Enzensbergers mit dem Hinweis auf formal-ästhetische Prinzipien übergehen oder negativ bewerten konnte. In der Benn-Tradition standen dabei nicht nur Arbeiten wie die erwähnte von Grimm, der in komprimiertester Form die ›artistische Montage‹ Enzensbergers in ihren formalen Eigenschaften aufschlüsselte. Beherrschend war die Rezeption Enzensbergers als drängender, jugendlicher Wortkünstler, dem man – bei Durcharbeitung seines Stils – noch große Zukunft voraussagte. Typisch ist die mentorhafte Geste Joachim Kaisers, sein Hinweis auf die Jugendlichkeit des Autors, der man das Politisch-Polemische nachsehen müsse. Das Lob gilt demgegenüber der »Energie des Ausdrucks«, dem »lyrischen Kraftstoff«, dem »Zeit- und Gewichtslose[n]«: »Oft genug fallen unserem Autor, mitten im gewichtlosen lyrischen Parlando, Wendungen von virtuoser Schönheit und nachlässiger Zärtlichkeit zu« (J. Kaiser, a).

Selbiges gilt auch für Tuchel, der den Dichter als Nihilisten und

Neutralisten abstempelt und – ganz in Benn'scher Manier – vielmehr interessiert ist an »Wahrheit des Stils« und dem »Ursprung des Dichtens«. Wir verzichten auf diese und ähnliche Leerformeln (zu nennen wären noch weitere von Heckmann; Hohoff, a; Weber, a) und stellen fest: Lediglich Rühmkorf ging explizit auf die politischen Inhalte der Gedichte ein, um nicht ohne Pathos zu resümieren: »Endlich, nach so viel Windstille in der Stillebenpönerei, daß einer das Hohelied des Ungehorsams singt« (Rühmkorf, a). Die folgenreichste und oftmals nachgedruckte Rezension kam aber von Enzensbergers Mentor Andersch. Natürlich schwärmte auch er zunächst von der ›mozartisch schwerelosen, leichten Hand‹ des Dichters, dann aber kapriziert er sich auf die *bösen Gedichte* und nennt sie: »18 Demaskierungen sondergleichen, 18 zischende Infamien gegen das Infame, 18 eiskalt ausgeführte Schläge in die Fresse der Unmenschlichkeit.« Mit dem pathetischen Ausruf: »Endlich, endlich, ist unter uns der zornige junge Mann erschienen«, setzte er (in Verkennung dessen, was im Angelsächsischen der ›angry young man‹ wirklich bedeutete) ein Klischee in die Welt, welches Enzensberger durch die Dekaden verfolgte und geradezu zu seinem Markenzeichen wurde. Und mit seinem Fazit, nach dem Enzensberger geschrieben habe, »was es in Deutschland seit Brecht nicht mehr gegeben hat: das große politische Gedicht« (Andersch, a, S. 58), wagte er einen Vergleich, der zwar nicht in Gänze von der Hand zu weisen war, aber doch recht leichtfertig nivellierte, was von der politisch-ästhetischen Konzeption her offen zutage lag. Der konservative Holthusen faßte im Begriff der Paradoxie die Differenz zwischen den Literaturkonzeptionen von Brecht und Enzensberger polemisch zugespitzt zusammen:

»Dies ist die Paradoxie in der Argumentation der zornigen jungen Männer: sie greifen die schlechte Einrichtung der Welt an, aber sie glauben nicht an den Erfolg ihres Angriffs. Sie wollen die Gesellschaft anders, als sie ist, aber sie glauben nicht, daß sie geändert werden kann« (Holthusen, a, S. 64).

2.2. landessprache (1960)

Nach dem Erfolg seines ersten Lyrikbandes machte sich Enzensberger vor allem als Essayist und Kritiker der wirtschaftswunderlichen deutschen Verhältnisse einen Namen. Angesichts der Stationierung atomarer Waffen in der Bundesrepublik unterbreitete er mehrfach ›Vorschläge für Atomwaffen-Gegner‹ (vgl. *Einige Vorschläge*; *Neue Vorschläge*; *Europa gegen die Bombe*), die zum massiven Bürgerprotest aufriefen. Von den antikommunistischen Denunziationslisten eines ›Rotbuchs‹ zieht er eine Parallele zur Bücherverbrennung von 1933: Enzensberger nimmt den ›Verbrennt mich‹-Schrei Oskar Maria Grafs auf und fragt wie dieser, womit er die Unehre verdient habe, nicht auf den neuen schwarzen Listen der ›Kulturverteidiger‹ aufzutauchen:

»Man hat mich übergangen, und das kränkt mich so, daß mir der Mund davon übergeht. [. . .] Welche Dummheit habe ich begangen, was habe ich versäumt, was mag wohl daran schuld sein, daß ich vor den Augen des Komitees *Rettet die Freiheit* [. . .] keine Gnade gefunden habe« (*Beschwerde*, S. 203 f.).

Vom fernen Rom aus (dort lebte er 1959–60 zunächst mit einem Stipendium der Villa Massimo, später auf eigene Kosten in Lanuvio bei Rom) unternahm er mit Hilfe einer Milieuschilderung der italienischen Verhältnisse eine kritische Abrechnung mit dem deutschen Rechtskonservativismus. In »Schimpfend unter Palmen« rechnet er dem deutschen Mief vor, daß in Italien »auch Kommunisten Leute [sind], [. . .] und die Faschisten kann man auslachen, ohne die Gänsehaut zu kriegen.«

Analog zu seiner kritisch-protestierenden Haltung, die sich nicht nur in Verriß und Analyse eines Warenhauskataloges als Spiegelbild der totalen Vermarktung menschlicher Sehnsüchte, Wünsche und Traumbilder zuspitzte (»Der Bestseller des Jahres ist unter Ausschluß der (literarischen) Öffentlichkeit erschienen«, *Das Plebiszit*, S. 167), sondern auch in seinem freiwilligen ›Exil‹ – zunächst nach Norwegen, dann nach Italien – ausdrückte, brachte Enzensberger 1960 seinen zweiten Gedichtband auf den Markt. Wieder war ihm ein Text beigegeben. Darin heißt es:

»Diese Gedichte sind Gebrauchsgegenstände, nicht Geschenkartikel im engeren Sinne. [. . .] Der Leser wird höflich ermahnt, zu erwägen, ob er ihnen beipflichten oder widersprechen möchte.«

Erneut also die plakative Ablehnung des monologischen, kulinarisch-ästhetischen Gedichts, und erneut auch die Rezeption des Brecht'schen Gedichts als ›Gebrauchsgegenstand‹. Daß Enzensbergers Hinweis auf Brechts ›Anleitung zum Gebrauch der einzelnen Lektionen‹ der Taschenpostille über die Signalwirkung hinaus auch inhaltliche Kongruenzen bestätigt, wird schnell deutlich. So finden sich bei Enzensberger syntaktische Eigentümlichkeiten, wie sie von Brecht nur allzu bekannt sind, vor allem jene besondere Art des Verkürzens, Schachtelns und Fügens (vgl. Rühmkorf, b, S. 74), so z. B. in »plädoyer für einen mörder«: »seid mild ihr richter, verzeiht dem schwächeren/zu erhaben der vorsatz, zu klein seine kräfte/ist er gescheitert« oder in »gewimmer und firmament«: »aber bedenkt: auch das,/was weniger wimmern wird,/wimmert allenfalls, also zuviel,/also ungeheuerlich mehr«. Doch nicht nur das Formale, auch der Ton und das Thema erinnern in manchem an Brecht. Beiden gemeinsam ist das Leiden und die Liebe zu Deutschland. Lasen wir bei Brecht von der ›bleichen Mutter Deutschland‹, die besudelt sitzt unter den Völkern, so lesen wir bei Enzensberger: »deutschland, mein land, unheilig herz der völker,/ [. . .] wir sind geschiedene leute,/und doch bin ich inständig hier«. Diese Zeilen finden sich im Titelgedicht »landessprache«, und eben darum geht es Enzensberger im wesentlichen: Um die Sprache seines Landes, um die zugerichtete und entstellte ebenso wie um die verschüttete, die es – mit Hilfe der ›Entstellung‹ – auszugraben gilt. Und so viele Töne diese Sprache in den gesellschaftlichen Klassen, in den Medien, Institutionen und Überlieferungen hat, so viele Töne nehmen auch Enzensbergers Gedichte an. Allerdings: Die Idyllen sind fast gänzlich gewichen, verstärkt ist der verzweifelte und zornige Aspekt. Die Gliederung ist beinahe noch straffer als beim ersten Gedichtband. Zwei längere Gruppen von Gedichten – »gedichte für die gedichte nicht lesen« und »oden an niemand« – werden eingeleitet, geteilt und abgeschlossen von drei ungewöhnlich langen Gedichten (*landessprache, schaum, gewimmer und firmament*). »Das längste Gedicht in diesem Buch«, so steht es in der *Gebrauchsanleitung*, »hat 274 Zeilen. Es wird an Lukrez erinnert, der sich und seinen Lesern 7415 Zeilen abverlangt hat.«

Die Erinnerung an Lukrez ist ebenso typisch wie die den einzelnen Gedichtkomplexen vorangestellten *Motti*, beides soll darauf hinweisen, »daß der Verfasser nichts Neues zu sagen hat« (*Gebrauchsanleitung*), seine Themen also bereits – wie seine lateinischen, griechischen und spanischen Motti andeuten – im klassischen Altertum oder im Spanien des 17. Jahrhunderts aktuell waren. Die *Gebrauchsanleitung* wie auch die darin ausgesprochenen Hinweise auf die Motti (die im übrigen auch »avantgardistische Leser abschrecken« sollen) sind mehr als der von Falkenstein (S. 35) vermutete »Reklametrick«. Sie bilden – wenn auch, wie bei Enzensberger üblich, mit ironisch-polemischem Unterton – ein ernsthaftes *Interpretationsangebot* des Autors an seine Leser. Sie besagen, daß er seine Gedichte verstanden sehen will als Produktionsmittel von Wahrheit und nicht als warenästhetisch aufbereitete Geschenkartikel; sie fordern auf zur Stellungnahme; sie betonen den Traditionszusammenhang der beleuchteten Probleme und beugen damit einer Rezeption vor, die sich – um politisch nicht Stellung beziehen zu müssen – auf das Avantgardistisch-Formale verlegen will.

Dem Titelgedicht »landessprache« vorangestellt ist ein Plinius-Zitat, welches die Athener als reizbar, ungerecht, zum Opportunismus neigend, leicht beeinflußbar, gutmütig und doch eingebildet beschreibt. Ebenso zwiespältig wie der Charakter der Athener mag wohl auch zum einen Enzensbergers Haltung zu seinem Land, zum anderen die politische Lage im geteilten Deutschland selbst sein.

Die »gedichte für die gedichte nicht lesen« werden in enger thematischer Bezogenheit mit einem Heraklit-Fragment eingeleitet, welches die Massen als unbelehrbar und dümmlich tituliert. War im ersten Gedichtband noch von den amorph-widerstandslosen »lämmern« die Rede, so spricht Enzensberger hier von »scheintoten«, die ohnmächtig ihr Schicksal ertragen (»warten, verschieden, auf ihr verscheiden«); von den Einäugigen, die »den blinden zum könig gemacht« haben und – vollends dem Opportunismus verfallen – die »blindenschrift« erlernen (in: *blindlings*); von den Menschen, die »uran im urin« haben, ganz begraben sind »von zeitungen/und von mist« (in: *gedichte für die gedichte nicht lesen*). In mehreren Gedichten ist wieder die Rede von atomarer Bedrohung (»es ist etwas in der luft, klebrig/und zäh, etwas, das keine farbe hat«, in: *an alle fernsprechteilnehmer*), von kommendem Unheil (»die nächste sintflut wird seicht sein«, in: *isotop*), von der Zerstörung des ökologischen Gleichgewichts durch die vermeintlichen Segnungen des Fortschritts: Sein Gesang auf das »ende der eulen« (»ich spreche von dem was nicht spricht,/von den sprachlosen zeugen,/von ottern und robben,/von den alten eulen der erde«) wird so zu einem warnenden Klagelied des Untergangs jeglichen Lebens.

Das Motiv des langen »schaum«-Gedichts findet sich in den vorangestellten Góngora-Versen: In dichtgedrängtem Stakkato, mit Metaphern, die »Gefühle des Ekels und Abscheus vor der Gegenwart« (Zimmermann, S. 117) evozieren, steigert Enzensberger die Kritik bis zur Groteske. Der Schaum, vom Meer ins Land getragen, wird zur Metapher des Amorphen, Unbestimmbaren, Ekelerregenden, jener materielosen Klebrigkeit, die jede Erkenntnis, jeden wirklich humanen Fortschritt verhindert, alles einverleibt, nivelliert: »loslassen! loslassen! ich bin keiner von euch/und keiner von uns: ich bin zufällig geboren«, versucht sich Enzensberger gegen dieses allgemeine »gesabber« zu wehren.

Die »oden an niemand« werden durch Persius-Zeilen eingeführt, die satirisch das *Dilemma* eines jeden (und gerade des politisch engagierten) Schriftstellers beleuchten: Wozu, so fragt sich Enzensberger durch den Mund von Persius, die mühevollen Plagen des Formulierens, wenn doch kein Leser wirkliches Interesse für das Geschriebene aufbringt? So pessimistisch die Frage ist, so traurig klingen dann auch die hier versammelten Gedichte. Nicht der thematische Zeitbezug hat Vorrang, sondern das elegische Insichgehen. Mehrere Texte umkreisen des Thema des Todes, andere führen den Strang der pessimistischen Naturzerstörung durch die Eingriffe des Menschen weiter, jetzt allerdings gänzlich ohne aufrührerische Invektiven: Die Sellerie wird so zur Metapher noch nicht zerschundener Natur (in: *ehre sei der sellerie*), die »botschaft des tauchers« faßt die Natur als objektive Instanz des Überlebenswunsches (den die Menschen nicht mehr zu haben scheinen): »die stumme muschel hat recht/und der herrliche hummer allein,/recht hat der sinnreiche seestern«. In seiner »wortbildungslehre« variiert Enzensberger verschiedene Komposita in zunehmendem Maße mit dem Wort ›Tod‹, bis nur noch »die toten toten« übrigbleiben – für ihn die adäquate Zustandsbeschreibung der Welt.

Dem letzten langen Gedicht (*gewimmer und firmament*) stellt Enzensberger ein der Äneis Vergils entnommenes Motiv des Wimmerns im Angesicht des Todes voran. Dies erinnert an das zähe und unbestimmte »etwas« (aus: *an alle fernsprechteilnehmer*) sowie an den klebrigen »schaum«. Dieses Gewimmer »hat viele namen/manchmal ist es wie der fall/einer schneeflocke auf die warme hand«; es ist nicht einzugrenzen, schweigt nie, es kommt als Geschwätz daher, als Zeitungsphrase oder politische Rhetorik, ist – über alle ideologischen Gräben hinweg – zu finden, wo es »die kommunistische zimmerlinde/und das christliche schnitzel« gibt, wird »gefirmt/von firmen und von zentralkomitees«. Mögen in den Gedichten der vier vorherigen Blöcke Ansätze von befreiender Utopie herauszudeuten sein, hier – zum Ende des Bandes – überwiegt ein *Geschichtspessimismus*, der angesichts schaumigklebriger Zerstörung weder Lösungen anzubieten weiß noch von irgendwoher etwas derartiges hört, sondern nur Gewimmer vernimmt.

Zu Recht wurde darauf hingewiesen, daß der schon in »verteidigung« unübersehbare Manierismus im zweiten Lyrikband fast zur »Manier« (Noack, a, S. 89) wird. Übertreibungen, Untertreibungen, Wortverstellungen, Vokalspielereien findet man in Hülle und Fülle, ebenso Oxymora (z. B. »gemütliches elend«), Wortspiele (»wahllose wähler«), Umstellungen (»warum keinen mokka? warum kein koma?/warum kein amok?«). Das *parodierte Zitat* wird zum Stilprinzip. Gotthard Wunberg hat ebenso seriös wie umfassend herausgearbeitet, daß die Verwendung des Zitats, vom politischen Jargon bis zur Bibelstelle, auf Parodie zielt: Sie wird erreicht »durch die Konfrontation von Zitat auf der einen und Wirklichkeit des Alltags auf der anderen Seite« (Wunberg, S. 275). Dadurch, daß in der Sprache schon das Getrennte und Antithetische zum Ausdruck kommt, wird eine zwingende Form-Inhalt-Relation bewirkt. Das Zitat ist allerdings nur Mittel zum Zweck: »Und der Zweck heißt Darstellung der Antithese.« Ist der Inhalt der Gedichte bestimmt durch Spaltung, Zerrissenheit und Antithese, so unterstützt die Form des Zitats dies »und verhilft so dem bloßen Politikum zum politischen Gedicht« (ebd., S. 281 f.).

Wunberg belegt an über 20 Beispielen, daß Enzensberger die Zitate nicht nur in bezug auf die ursprüngliche Quelle ›unkorrekt‹ wiedergibt, sondern sie eher im Sinne ›geflügelter Worte‹ und umgangssprachlicher Verwendung benutzt, zudem Schlagworte parodiert, aus der Breite des Sprachmaterials schöpft – mithin die *Landessprache* spricht. Das Titelgedicht widerspiegelt also nicht nur seismographisch die Erfahrungen eines Autors im Nachkriegsdeutschland (es ist ebenso moralisierend wie aggressiv, schwankt zwischen Kritik und Rückzug in die Idylle, wendet sich verzweifelt ab und ist doch ein Dokument der Liebe an Deutschland), es zeigt auch paradigmatisch Enzensbergers ideologie- und sprachkritisches Verfahren. Die Chiffre von Deutschland als »mördergrube, in die ich herzlich geworfen bin« etwa zitiert die alttestamentarische ›Mördergrube‹ und Heideggers ›Geworfenheit‹; aus dem Neuen Testament des Matthäus borgt sich Enzensberger die Zeile: »hier ist gut sein« und kombiniert sie mit der überraschenden Anspielung an faschistisches Sprachgut, wenn es heißt: »hier laßt uns hütten bauen,/auf diesem arischen schrotthaufen«. – Wörtlich aus der Siebenten Elegie Rilkes sind die Worte »hiersein ist herrlich«. Zur ironisch-sarkastischen Parodie deutscher Zustände wird Rilkes Vers durch das Voranstehende: »wo aus ruinen sprossen,/nagelneu, ruinen auf vorrat, auf raten,/auf abruf, auf widerruf:/hiersein ist herrlich«. Aus Rilkes ›Bleiben ist nirgends‹ (aus der Ersten Elegie) wird bei Enzensberger »gut sein ist nirgends« (in: *antwort eines fabelwesens*). Aus Hölderlins ›O heilig Herz der Völker, o Vaterland!‹ wird in Enzensbergers »landessprache«: ›deutschland, mein land, unheilig herz der völker‹. Goethe und Kierkegaard werden parodierend zitiert, ebenso finden sich Anspielungen an Grimm'sche Märchen, Reminiszenzen aus der Romantik, Verballhornungen zeitgenössischer Termini technici (»die generalstäbe spielen weltraumgolf«, in: *schaum*), und aus der sentimentalen Volksliedzeile ›wo wir uns finden, wohl unter Linden, zur Abendzeit‹, wird in Enzensbergers »landessprache«: »wo wir uns finden wohl unter blinden«.

Die Beispiele ließen sich – was diesen Lyrikband betrifft – ad infinitum verlängern. Auch so aber wurde bereits einsichtig, daß die Gedichte durch die gelungene Verbindung formaler Stilprinzipien mit inhaltlichen Aussagen zu einem ebenso scharfen wie überzeugenden Protest gegenüber jüngster deutscher Vergangenheit und Gegenwart wurden. Deutschland ist »schlachtschüssel«, »schlaraffenland«, »arischer schrotthaufen«, es ist aber auch »von sich selber geschieden,/ein aufgetrenntes, inwendig geschiedenes herz,/unsinnig tickend, eine bombe aus fleisch«. Mit diesen Zeilen und der polemischen Bemerkung über das »gepreßte geröchel im ›neuen deutschland‹« wird das Titelgedicht schließlich zu einer Kritik nicht nur an der deutschen Teilung, sondern auch am bürokratischen Sozialismus der DDR, dem in »gewimmer« schon die spießige »kommunistische zimmerlinde« zugewiesen wurde.

Rezeption: Die Aufnahme der Gedichte Enzensbergers in der DDR knüpfte natürlich an eben diesem Punkt an. Werner Stapelfeld benötigte in seiner Jenaer Dissertation über 300 Seiten, um die im Gedichtbuch zum Vorschein kommenden ›ideologischen Tendenzen‹ ihrer vermeintlich kleinbürgerlichen und antikommunistischen Aspekte zu entlarven. Auch Schlenstedt verwahrte sich heftig dagegen, die DDR mit der ›Mördergrube Bundesrepublik‹ in einem Atemzug genannt zu sehen. So gut Enzensberger s. E. die westdeutschen Verhältnisse treffe, »so weit schießt er daneben, wenn der Sozialismus bemüht wird«. In Punkto Sozialismus bleibe Enzensberger »blaß und unpräzis«, sei er von antikommunistischen Vorurteilen geprägt (Schlenstedt, a, S. 121). Hier auch sah Schlenstedt die Differenz zu Brecht. Wo für Brecht die deutsche Frage immer eine soziale war und die Perspektive der deutschen Wiedervereinigung immer vom Sozialismus in der DDR ausging, würde sich Enzensberger durch falsche Assoziationen selbst der Alternative und Zukunftshoffnung berauben (ebd., S. 117). – In der Nachfolge Brechts wurde Enzensberger in der Bundesrepublik auch von Rühmkorf gesehen, der ihm im übrigen auch bescheinigte, »Tabus der gesellschaftlichen Absprachen lädiert« und die »freiwillige Selbstquarantäne unserer zeitgenössisch-zeitentzogenen Poesie« durchbrochen zu haben (Rühmkorf, b, S. 74); von Andersch, der pathetisch ausrief, Enzensberger habe nicht nur das »große politische Gedicht« wieder aufleben lassen, sondern auch die Epoche einer »dummen Esoterik« und Inhaltslosigkeit beendet (Andersch, b, S. 68 f.) oder von Jens, der Enzensberger auszeich-

nete als »Meister vieler Formen«, »bedeutenden Lyriker« und als
den vielleicht einzigen, »der sich heute, zornig und zart, ein Erbe
Brechts nennen darf« (Jens).

Ansonsten aber geht Jens, wie die meisten Kritiker auch, mehr
auf die Darstellungsweise als auf das Dargestellte ein. Impressioni-
stische Gedicht-Paraphrasen und ausführliche Beschäftigung mit
den formalen Eigenarten Enzensberger'scher Lyrik ersetzen die
Rezeption der kritischen Inhalte. Als typisch kann der Versuch
Webers gelten, die Gedichte mit Hilfe neuer Chiffren weniger zu
entschlüsseln als zu verschlüsseln, wenn er schreibt: »Es ist darin
etwas Glasfresserisches – und ein Ruf, de profundis, von Innig-
keit.« Ebenso spekulativ wie psychologisierend, gestelzt wie
nichtssagend ist Webers Urteil: »Enzensberger gräbt mit seiner
Sprache Gruben und fällt nur selten selber hinein. Er ist ein
hochsensibler Finder von Weckwörtern, das heißt: Er kann da,
dort einen Punkt setzen und damit eine Sphäre wölben und
beleben« (Weber, b).

Ein für das deutsche Feuilleton nicht gerade ruhmreiches Beispiel dafür, wie man unliebsame Gesellschaftskritik mittels Ironie,
Unterstellungen, Verkürzungen und Fehlinterpretation diffamiert,
liefert Krämer-Badoni in der FAZ. Kritik wird mit Nestbeschmut-
zung gleichgesetzt: deshalb »tobt« der Dichter, »rechnet [. . .] ab«,
stößt »Wutschreie« aus; der protestierende Aufschrei ist aus
»halbseidene[n] kultur- und gesellschaftskritische[n] Muster[n]«
gewebt; Enzensbergers Kritik gilt als niveaulos, nichtlyrisch,
poesiefremd, wenn auch unerfindlich bleibt, nach welchen ästhetischen Kriterien Krämer-Badoni dies dekretiert. Und als reichten
diese Verbalinjurien noch nicht, greift der Kritiker zu antikommunistischen Ressentiments: In Anspielung auf Enzensbergers Dich-
terlesung, die er im April 1960 auf Einladung von Hans Mayer in
der DDR veranstaltete, nennt Krämer-Badoni ihn einen Dichter,
»der in Leipzig Sympossen reißt« (Krämer-Badoni, S. 70 f.).

Es lohnt die Mühe nicht, eine so feindselig gestimmte Auseinandersetzung weiter zu verfolgen – wenn auch Krämer-Badoni in
Deschner einen zornigen Nachfolger fand, der mit ebenso bösarti-
gen Diffamierungen (auf über 110 Seiten!) versuchte, Enzensberger
der Lächerlichkeit preiszugeben, und doch nur seine eigene Unzu-
länglichkeit bewies.

Zimmermann, der 15 aktuell zum Erscheinen des Buches veröffentlichte Rezensionen und 10 monographische Arbeiten der
folgenden Jahre auswertete, die sich mit der »landessprache«
beschäftigten, kommt zu dem Ergebnis, daß die zahlenmäßig
stärkere Gruppe von Literaturkritikern die politischen Inhalte der

Gedichte ignoriert und sich beschränkt »auf die implizite Ablehnung dieser Inhalte über die Formbetrachtung« (Zimmermann, S. 156). Das vom Dichter selbst gegebene Interpretationsangebot der ›Gebrauchsanleitung‹ wird, da es die politischen Absichten unterstreicht, kaum aufgegriffen. Gleichwohl: Spätestens der zweite Lyrikband (1963 erreichte die Auflage bereits das 10. Tausend) bestätigte Enzensbergers Ruf als ebenso profunden politischen Lyriker wie lyrischen Ästheten, er offenbarte aber auch erneut des Dichters ›splendid isolation‹ unter den Dichterkollegen und gab dem Klischee vom ›zornigen jungen Mann‹ neue Nahrung.

2.3. blindenschrift (1964)

An den lyrischen und essayistischen Arbeiten Enzensbergers kam inzwischen niemand mehr vorbei. Trotz heftigster Kritik – z. B. seitens der FAZ, die in rüdester Fehde mit dem Dichter ob seines ironisch-analytischen Verrisses der Nachrichtenpolitik dieser Zeitung lag (vgl. *Journalismus als Eiertanz*; Reifenberg) – anerkannte man ihn geradezu als kritisches Gewissen der Nation. Das ambivalente Verhältnis zwischen kritisch-engagiertem Dichter und kritisierter Gesellschaft spiegelt sich nirgends so deutlich, wie in der gönnerhaften Preisverleihungspraxis der gesellschaftlich-kulturellen Institutionen. Enzensberger, dem es immer darum ging, sich in Apparate und Produktionsverhältnisse einzuschmuggeln, um sie kritisch zu deformieren und umzufunktionieren, nahm den *Kritikerpreis 1962* ebenso an wie den *Büchner-Preis 1963*. Die Liebeserklärung zum Ende seiner Büchner-Preis-Rede an jene, ›die Gedichte nicht lesen‹, die »vor diesem Haus geblieben sind und denen es vielleicht ganz gleichgültig ist, was hier verhandelt wird, davon sie nichts wissen« (*Darmstadt*, S. 26), signalisiert aber, neben der demonstrativen Absage an die bürgerliche Kultur, das *Dilemma* des engagierten Autors, der Wirkungen in der Praxis erzielen will, doch den ›Gebrauchswert‹ seiner Gedichte als Illusion erkennen muß.

Typisch für die zunehmende Desillusionierung über die Veränderbarkeit gesellschaftlicher Strukturen ist – nach kurzer Tätigkeit als Verlagslektor 1960/61 in Frankfurt – sein erneuter *Rückzug* nach Norwegen. Daß Rückzug allerdings nicht mit Verstummen gleichzusetzen ist, bewies Enzensberger mit über 20 publizistischen Arbeiten allein im Jahre 1963 (1962/63 war er z. B. vielbeachteter monatlicher Rezensent beim ›Spiegel‹). Überraschend mag denn 1964 auch für viele das neuerliche Erscheinen eines Gedicht-

bandes, gerade in einem Jahr, in dem er seine politisch-publizistischen Intentionen in der Planung des *Kursbuchs* verdichtete,
gewesen sein. Die Überraschung war umso größer, als sich zeigte,
daß die »blindenschrift«-Gedichte zwar vom Umfang her, von der
durchgehenden Kleinschreibung und der Untergliederung in vier
Teile (»camera obscura«, »blindenschrift«, »leuchtfeuer«, »schat-
tenwerk«) eine gewisse *Kontinuität* zu den früheren Lyrikbänden
aufwiesen, sie aber sowohl im lyrischen Stil als auch in der
dichterischen Aussage deutliche Wandlungen markierten. Von der
bürgerlichen Kritik z. T. mit hämischer Genugtuung, von links
z. T. mit polemischem Entsetzen mußte man zur Kenntnis nehmen,
daß der provokativ-zornige Impetus – das Wütende, Schreiende,
Verzweifelte – fast gänzlich gewichen war, sich demgegenüber ein
ausgeglichener, ruhiger, beinahe monologischer Ton durchgesetzt
hatte.

In den Mittelpunkt der Gedichte rücken jetzt – wie im Aufsatz
über »Scherenschleifer und Poeten« gefordert – die einfachen
Dinge, die konzentrierte Betrachtung und Schilderung von Sachverhalten. Da sowohl die Gegenstände als auch die Sprache und die
Bilder zur Schlichtheit drängen, das Unspektakuläre, die Natur
neue Symbolkraft gewinnt, wundert es nicht, in diesem Gedichtband erstmalig *keine ›Gebrauchsanleitung‹*, keinen Hinweis auf
den politischen Hintersinn des Unternehmens zu finden. Allein zu
einigen hilfreichen Worterklärungen war der Dichter bereit. Die
geradezu asketische Zurückhaltung im Politischen mußte nun
weder programmatische Orientierungslosigkeit (Hamm, a) oder
Verlust von Intensität (Schlenstedt, c) noch ein Verstummen
(R. Hartung) oder die Regression in die Idylle (Schonauer) bedeuten. Im Gegenteil: Auch als Einsicht in die bescheidenen literarischen Möglichkeiten (Zimmermann) und als Verdichtung der
Kritik (G. Müller) konnten die »blindenschrift«-Gedichte interpretiert werden, deren Leistung mithin darin bestand, den gesellschaftlichen Charakter individueller Erfahrungen transparent gemacht zu
haben. Auch wenn Enzensberger schon vorher nicht zu den
Epigonen des plakativ-politischen Agitprop gehörte, so lesen sich
diese neuen Gedichte wie die lyrisch-praktische Umsetzung seiner
in Anlehnung an Adorno gewonnenen Einsichten über den politischen Auftrag des Gedichts, der darin besteht, »sich jedem
politischen Auftrag zu verweigern« (*Poesie und Politik*, S. 136). Die
modifizierte politische Intention, die den politischen Gehalt des
Gedichts noch weniger als früher in den vermeintlichen politischen
Gegenständen, sondern immanent in der Sprache selbst sucht, wird
nirgends signifikanter als im Vergleich der »anweisung an sisy-

phos« von 1957 mit dem nicht ohne Grund Adorno gewidmeten
Gedicht »schwierige arbeit« von 1964. Hieß die »anweisung an
sisyphos« – Sisyphos steht stellvertretend für künstlerisches und
politisches Sich-nicht-Abfinden –: »lab dich an deiner ohnmacht
nicht,/sondern vermehre um einen zentner/den zorn in der welt,
um ein gran«, so besteht die »schwierige arbeit« jetzt darin, »im
namen der anderen die nichts davon wissen/geduldig/festhalten
den schmerz der negation«. Rief er vorher nach Männern, »rollend
ihren zorn auf die berge«, so gilt es jetzt, »das schweißtuch der
theorie« geduldig auszufalten. Dieses Adorno-Gedicht hat nicht
nur didaktische Funktion und charakterisiert Methoden und pragmatische Aspekte der poetischen Arbeit (vgl. Schlenstedt, c, S. 158),
es illustriert auch das Dilemma des Dichters (vgl. Lohner). Voller
Wortkombinationen und symmetrischer Überkreuzstellungen ist
es von beinahe spielerischer Artistik, und doch bleibt es reine
Vernunftskunst, dialektisch reflektierend wie die aufklärerisch-
negative Dialektik Adornos. Drei Gesten führt Enzensberger, nicht
ohne intellektuelle Arroganz, vor:

»Verzweifelnd soll am Schmerz der Negation festgehalten werden (in der
Provokation der Zufriedenen, derer, die nichts wissen wollen); es soll an
der Verzweiflung gezweifelt, die verbarrikadierte Zukunft soll vorgezeigt
werden (in der Provokation der Verzweifelten); gelehrt soll werden im
Namen der Unbelehrten (die provokatorisch als die Unbelehrbaren im
Gedicht erscheinen)« (Schlenstedt, c, S. 159).

Erscheint die Hommage an die ›Frankfurter Schule‹ im Adorno-
Gedicht in wortkombinatorischer Artistik, so findet man sie z. B.
in »lachesis lapponica« – das Andersch »eines der folgenreichsten
deutschen Gedichte unseres Jahrhunderts« (Andersch, c, S. 83)
nannte – verschlüsselt hinter einer virtuosen Montage aus Gedanken eines Ichs, welches eins ist mit der Natur (»hier ist es hell, am
rostigen wasser, irgendwo. hier«), und eines Doppelgängers, der
mit politischen Spruchbändern um sich wirft (»¡viva fidel castro!
[. . .] *lieber tot als rot! mach mal pause! ban the bomb!*«): »laß mich
im unbeschriebenen« lauten die zum politischen Credo werdenden
Schlüsselworte (vgl. M. Gustafsson, S. 113), und sie belegen ebenso
die Gratwanderung des Autors zwischen *Negation* und *Gebunden-
heit an Zeitläufe*, die Diskrepanz zwischen propagierter politischer
Aktivität und dem Wissen um ihre Erfolglosigkeit wie auch die
Suche nach dem Unformulierten und das Beharren auf künstleri-
scher Autonomie.
    Finden sich in »lachesis lapponica« deutliche Anklänge an
Brechts »Schlechte Zeit für Lyrik« (»In mir streiten sich/Die

Begeisterung über den blühenden Apfelbaum/Und das Entsetzen über die Reden des Anstreichers./Aber nur das zweite/drängt mich zum Schreibtisch«, Brecht, Bd 9, S. 743 f.), so ist Enzensbergers »weiterung« ein metapoetischer Kommentar zu Brechts »An die Nachgeborenen«. Hieß es bei Brecht: »Ihr, die ihr auftauchen werdet aus der Flut/In der wir untergegangen sind/[. . .] wenn es so weit sein wird/Daß der Mensch dem Menschen ein Helfer ist/ Gedenkt unsrer/Mit Nachsicht« (Brecht, Bd 9, S. 722 ff.), liest man bei Enzensberger: »wer soll da noch auftauchen aus der flut,/wenn wir darin untergehen? [. . .] wer soll da unsrer gedenken/mit nachsicht? [. . .] keine nachgeborenen/keine nachsicht//nichts weiter«. Angesichts der ›real existierenden sozialistischen Länder‹ mißtraut Enzensberger dem marxistischen Fortschrittsoptimismus; Pessimismus macht sich breit, gerade angesichts *atomarer Bedrohung* und *Naturzerstörung.* Beides wird wiederum bei Enzensberger zum Thema. Dabei haben seine Gedichte nichts mit romantischer Naturlyrik zu tun, im Gegenteil: Natur, ebenso wie häusliche Stilleben, bilden Anlässe zur Reflexion. In der »flechtenkunde« erscheint dem Spaziergänger die tausendjährige Flechte als Symbol, als Gleichnis und Vorbild eines durch nichts zu zerstörenden Überlebenswillens (»niemals strauchelt die flechte./ihre werke mißlingen nicht./vergesellschaftet hat sie,/höre ich, ihre produktionsmittel,/die ehrwürdige kommunistin«). Wird die Natur hier zum Lernmodell (vgl. Zimmermann) der Problemerkenntnis und -bewältigung für den Menschen, so arbeitet Enzensberger auch in der beharrlichen Schilderung autobiographischer Situationen ohne jedes Pathos, ohne große mahnende Gebärde und Lehre fast beiläufig die über den Anlaß hinausweisenden, verallgemeinerten Aspekte heraus. Nie war Enzensberger vorher »so genau«, »so geduldig und konkret«, »seine eigene Person so anwesend«, vermerkte die Kritik (Baumgart, b). Von Abendnachrichten beim Abendessen ist die Rede, alten Graphiken, zugefrorenen Buchten, langen Spaziergängen und Fjord-Fahrten. Ein Gedicht mit dem Titel »historischer prozeß« ist kein Rekurs auf Theorie, sondern durch die Einkleidung der Gedanken in das Bild anlegender und abfahrender Fischkutter beinahe eine klassische Variante des Themas ›Kommen und Gehen, Leben und Tod‹. Die Kargheit der Dinge und Beobachtungen führt die Gedichte zuweilen in die Nähe der ›Kahlschlag-Literatur‹ der Nachkriegszeit. Die, stellvertretend für viele Dichter, damals von W. Weyrauch postulierte Kahlheit der Sprache, die sich vom Ballast der faschistischen Sprachdeformationen absetzen wollte, wurde am sinnfälligsten in Eichs »Inventur«-Gedicht: »Dies ist meine Mütze,/dies ist mein Mantel,/hier mein Rasierzeug/im Beutel aus Leinen« (Eich, S. 10) lautete die lakonische Aufzählung der übriggebliebenen Dinge.

In Enzensbergers »nänie auf den apfel« wird die *Kahlschlag-Geste* aufgenommen, die geschilderte Apokalypse erscheint aus der Perspektive des Erinnernden. Unbeteiligt wird registriert: »hier lag der apfel/hier stand der tisch [. . .] ein schönes gestirn/auf dem es äpfel gab/und esser von äpfeln«. Ähnlich verfährt der Dichter im Gedicht »küchenzettel«: In drei parallel komponierten Strophen werden mit akribischer Inventur-Gebärde die einfachsten Dinge aufgezählt, die den alltäglichen Frieden ausmachen, »eine milchkanne ein zwiebelbrett/einen katzenteller«. Erst die vierte Strophe erbringt den dissonanten, traumatischen Einbruch der Realität in den häuslichen Frieden: von »vergossene[r] milch« und »tränen auf zwiebelbrettern« ist jetzt die Rede, ja sogar von »anti-raketenraketen« und »klassenkämpfe[n]«. Der fast zum Rückzug in die Idylle verkommene Gestus von Häuslichkeit und Naturbetrachtung wird immer wieder spielerisch durchbrochen, ad absurdum geführt, die Wohligkeit des Idylls durch kontrastierende Partikel verneint.

Daß die Gedichte somit zu einer »Botschaft von der Unmöglichkeit des Idylls« (Weber, c, S. 99) werden, demonstrieren auch die »abendnachrichten«: Aus dem vermeintlich idyllischen Abendessen, dem auf die Dachziegel trommelnden Märzregen wird durch das Einbeziehen der Abendnachrichten schnell ein »massaker um eine handvoll reis«, ein »trommelfeuer/auf dünnen hütten« der Länder des Armuts und Hungers.

Insgesamt ist für diesen dritten Lyrikband zu konstatieren, daß Enzensberger sein poetisches System offen und beweglich hält, stets auf der Suche nach neuen Ausdrucksweisen, entsprechend seiner poetisch-politischen Grundstimmung, ist. Das Zurücktreten der vorher fast überbordenden Metaphorik ist unverkennbar, ebenso der Verzicht auf artistische Brillanz zugunsten sprachlicher Einfachheit, das Aussparen und Verkürzen, das reduzierende, spröde und knappe Sprechen, die »objektivierende Tendenz in dem ganz sachlich gewordenen Gestus des Zeigens« (Knörrich, a, S. 592).

Von der laut protestierenden Haltung – die zur Leerformel werden kann – führt ihn der Weg zur *Kultivierung des ›Zweifels‹*, durchaus im Sinne der Adorno'schen Negation. In dem ebenso utopischen wie programmatischen »zweifel«-Gedicht heißt es: »ich sage: fast alles, was ich sehe,/könnte anders sein. aber um welchen preis? [. . .] meine wünsche sind einfach. einfach unerfüllbar? [. . .] ist es erlaubt auch an den zweifeln zu zweifeln? [. . .] etwas neues, das wäre gut./(das gute alte kennen wir schon . . .)«. Enzensberger nimmt die Welt gleichsam durch eine »camera obscura« wahr. In dem gleichnamigen Gedicht betrachtet er die Welt wie durch ein winziges Loch. Die Dinge erscheinen vergrößert und in ihrer Isolation klarer. Doch die Kamera leuchtet ebenso in Traumwelten, Erinnerungen und Vorahnungen von Katastrophen hinein. Alles wird gespiegelt, gebrochen, herausgehoben, vorgezeigt, auf Details reduziert, nicht in einen Lehrsatz, sondern in zweifelndes Fragen gekleidet. Es stimmt wohl: »Enzensbergers Gedichte geben keine Lösungen. Aber Wachheit zum Fragen« (Weber, c, S. 105).

Rezeption: Die Aufnahme der Gedichte war so heterogen und widersprüchlich wie bei den vorhergehenden Bänden, vielleicht diesmal sogar noch zugespitzter. Dazu trug mit Sicherheit bei, daß sowohl Freunde als auch Feinde verunsichert oder enttäuscht wurden. Mit Genugtuung registriert Heise die vermeintliche Entfernung vom politisch-programmatischen Engagement. Das Leise, Monologische, Elegische der Gedichte findet Heises höchstes Lob, schon meint er, Enzensberger wende sich dem »echten Dichtertum« (Heise, a) zu.

Ähnlich wie R. Hartung, der ein Verstummen des wortgewaltigen Zornes vernimmt, sieht auch Schonauer die weitausholende Geste demonstrativer Rhetorik verschwunden. Das Registrieren von Sachverhalten, die Einfachheit der Sprache interpretiert er als »Rückzug auf sich selbst«, »Regression in die Idylle«, skeptisches Verhalten (Schonauer). Natürlich versuchte das bürgerliche Feuilleton Enzensberger als einen der ihren zu vereinnahmen, ihn gleichsam als neuen Moralisten und Idylliker zu entpolitisieren (vgl. Hohoff, b). Kritiker wie Weber, der die vermeintliche Idylle als »Botschaft von der Unmöglichkeit des Idylls« deutete (Weber, c, S. 99), Karasek, der für eine Interpretation der Gedichte als ›politische Lyrik‹ votierte (Karasek, b), Baumgart, der die durch die autobiographischen Anlässe durchscheinenden politischen Reflexionen herausstellte (Baumgart, b) oder G. Müller, der den gesellschaftlichen Charakter der individuellen Erfahrungen betonte und von einer Verdichtung der Kritik sprach, stellten die kleine, aber erlesene Ausnahme dar.

Von ›linker Seite‹ meinte man, Enzensberger Resignation und Ratlosigkeit vorwerfen zu müssen. Hamm vermißt denn auch die explizit politischen Gedichte und wirft ihm programmatische Orientierungslosigkeit vor (Hamm, a). Ähnliches konnte man auch im ›Neuen Deutschland‹ (Bellin) oder bei Schlenstedt lesen, der meint, den Gedichten die »Enttäuschung des Intellektuellen«

ansehen zu können. »Böse«, so sein Verdikt, »werden sie [die Gedichte] durch die Überheblichkeit, die sein Besserwissen in Verachtung umschlagen läßt, die bloß zu moralischer Kritik fähig ist; verzweifelt werden sie, weil sich hier einer ausspricht, der seine partiellen Einsichten in totale Gegebenheiten aufbläht und der nicht weiß, wem er sich verbinden kann; borniert werden sie, weil seine Unfähigkeit zur Assoziation zum Ausgangspunkt gemacht wird« (Schlenstedt, c, S. 160). Ist bei ihm von Selbstmitleid, Banalität und Koketterie mit der Katastrophe die Rede, spricht Rödel von anti-kommunistischen Affekten und einem Verhaftet-sein an permanentem Zögern.

Ist der ›Linken Kritik‹ vorzuhalten, daß sie Enzensbergers Theorie von Negation und Zweifel schlichtweg als unpolitisches Zögern und lediglich gestische Haltung abqualifizierte, so ist von bürgerlicher Seite zweifellos der politische Gehalt der reflektierenden kleinen Schritte unerkannt geblieben. »Über die ahnungslose Alternative zwischen engagierter oder nicht engagierter Literatur jedenfalls ist dieses Buch hinaus«, erkannte Baumgart (b) ebenso richtig wie Schonauer, den der neue Ton der Gedichte immerhin zu der prophetischen Vermutung veranlaßte:

»Möglicherweise, daß wir ›blindenschrift‹ als Zwischenbericht aufzunehmen haben, als einen vorläufigen Versuch; ebenso möglich jedoch ist, daß der Band das Ende des Lyrikers Enzensberger ankündigt. Man wird sehen!?« (Schonauer)

Die Vermutung ging in die richtige Richtung: Denn es blieben, mit Ausnahme von fünf im ›Kursbuch‹ (Nr. 10/1967) veröffentlichten Gedichten, über sieben Jahre hinweg die letzten lyrischen Äußerungen Enzensbergers, der – das mag die Konsequenz aus dem Wissen um die geringe politische Wirkung von Literatur einerseits und der Involviertheit in die sich zuspitzenden gesellschaftspolitischen Widersprüche andererseits gewesen sein – sich in Gänze den politisch-publizistischen Tätigkeiten (als solche sind auch seine Herausgaben zu verstehen!) zuwandte.

2.4. Einzelheiten (1962; rev. 1964)

Die sowohl im politischen als auch im literarischen Sinne wohl wichtigste Sammlung von Essays, Rezensionen und Reflexionen veröffentlichte Enzensberger 1962 unter dem Titel »Einzelheiten«. Auf knapp 400 Seiten bot er dem Leser eine Auswahl seiner bisherigen für Hörfunk und Zeitschriften verfaßten Arbeiten, angereichert durch einige wenige neue Überlegungen. In 4 Kapitel untergliedert lieferte er Detailanalysen zur ›Bewußtseins-Industrie‹ (I), Polemiken und aktuelle Kommentare zur Kulturpolitik (II), Rezensionen und Reflexionen zu zeitgenössischen Autoren wie Böll, Grass, Johnson, Walser, Nelly Sachs (III) sowie Problematisierungen zum Themenkomplex ›Poesie und Politik‹ (IV). Wie stets so war auch hier der Titel mit Bedacht gewählt. In einer Nachbemerkung stellt Enzensberger fest, daß gerade an lokalisierbaren Einzelheiten Methoden der Beobachtung ausgebildet werden können, »die aufs Ganze gehen, aufs Ganze übertragbar sind«. Verstanden wissen will er seine Analysen wiederum (wie schon die ›Gebrauchsanweisungen‹ der ersten beiden Gedichtbände verrieten) als kritische »Handreichungen«. Der Enzensbergers Gesamtschaffen prägende *Kritik-Begriff* wird als intentionale Kategorie auf den Nenner gebracht: »Kritik«, so Enzensberger, »hat nicht Bewältigung oder Aggression im Sinn«, sie »will ihre Gegenstände nicht abfertigen oder liquidieren, sondern dem zweiten Blick aussetzen: Revision, nicht Revolution ist ihre Absicht.« Man wird später zu konstatieren haben, wie sich dieses Wirkungs-Kalkül während der Phase strikter Politisierung – zwischen 1965 und 1971 – zugunsten der politischen Alphabetisierung der Bevölkerung mittels Literatur (vgl. die verschiedenen *Gemeinplätze*) wandelte.

In der 1964 erscheinenden zweibändigen Taschenbuchausgabe verzichtet Enzensberger konsequent auf die aktuell-polemischen, eher feuilletonistischen Überlegungen der Kapitel II und III. Das vormalige Kapitel I erscheint jetzt unter dem Titel »Einzelheiten I: Bewußtseins-Industrie«, das ursprüngliche Kapitel IV – erweitert um einen Essay über den peruanischen Dichter César Vallejo – als »Einzelheiten II: Poesie und Politik«. – Diese vereinfachten und reduzierten »Einzelheiten« widerspiegeln exakt jene beiden Themenkomplexe, die für Enzensbergers gesamtes Werk bestimmend sind. Selbst seine (vor allem in ›Die Zeit‹ oder ›Der Spiegel‹ publizierten) aktuellen Eingriffe in kulturpolitische Vorgänge oder seine kaum mehr überschaubaren Rezensionen, einleitenden Bemerkungen zu den von ihm herausgegebenen Übersetzungen oder Textsammlungen (z. B. *Museum*; *Allerleirauh*; *Vorzeichen*; *Gadda*) kreisen immer um die Themen: Wie ist die kapitalistisch-industrielle Bewußtseins-Industrie beschaffen, welche Rolle spielt der Intellektuelle bzw. Künstler in ihr; welche politisch-aufklärerischen Funktionen kommen dem Poetisch-Literarischen zu; wie kann die Politik zur Magd der Poesie werden, und nicht umgekehrt? Beide Themen belegen einen steten Reflexionsprozeß des Autors über die Bedingungen, Möglichkeiten und Grenzen seiner Arbeit.

2.4.1. Poesie und Politik

Enzensbergers metapoetische Reflexionen äußern sich in den Jahren 1955 bis 1964 in den biographischen Essays über Dichter wie W. C. Williams, Pablo Neruda oder César Vallejo, daneben in verschiedenen literaturtheoretischen Arbeiten. In den »Einzelheiten« sind das:

– »Weltsprache der modernen Poesie« (eine revidierte Fassung seiner Einleitung zum *Museum der modernen Poesie* von 1960),
– »Die Aporien der Avantgarde« (Vorüberlegungen hierzu konnte man 1956 unter dem Titel *Die Kunst und das Meerschweinchen: Was ist ein Experiment?* lesen),
– »Poesie und Politik« (eine programmatische Zusammenfassung all jener Thesen, die bisher verstreut oder am biographischen Beispiel expliziert wurden).

Von erheblicher Relevanz ist in diesem Kontext aber auch Enzensbergers Vortrag über »Die Entstehung eines Gedichts« (1962) sowie sein Beitrag zur erweiterten Taschenbuchausgabe von Benders »Mein Gedicht ist mein Messer« von 1961. Unter dem bezeichnenden Titel »Scherenschleifer und Poeten« nimmt Enzensberger dort eine Abrechnung mit der ›ars poetica‹ der 50er und frühen 60er Jahre vor, so daß sich sein Aufsatz wie eine *Kontrafaktur* zu Benns berühmter Rede von 1951 über die »Probleme der Lyrik« liest. Der Benn'sche Lyrik-Kanon, eigentlich nicht mehr als eine »Sammlung von Lesefrüchten« (Grimm, b, S. 328), die dem deutschen Publikum in ihrer eigenwilligen Kombination nur deshalb neu erschienen, weil die Tradition der modernen Poesie im Faschismus abgebrochen war, zeichnet sich aus durch ein unverbundenes Nebeneinander von Poesiedefinitionen, die zum einen die rationale, technologische Seite, zum anderen Irrationalität und Innerlichkeit beschwören (vgl. auch Eggers, S. 48). Von Machbarkeit und Kunstprodukt ist deshalb ebenso die Rede wie von Erfülltwerden und strahlender Schöpfung. Das Prinzip der »reinen Form« und eine Artistik, die den Versuch darstellt, »innerhalb des allgemeinen Verfalls der Inhalte sich selber als Inhalt zu erleben«, steht metaphysischen Begriffen wie Selbstkontemplation oder »Transzendenz der schöpferischen Lust« gegenüber. Das Programm einer »monologischen Kunst«, die sich an niemanden richtet (außer an den Dichter, der sich im Werk selbst erschafft), ist die Konsequenz des Benn'schen *absoluten Gedichts*. Dieses »absolute Gedicht«, so Benn, ist »das Gedicht ohne Glauben, das Gedicht ohne Hoffnung, das Gedicht an niemanden gerichtet, das Gedicht aus Worten« (Benn, S. 494 ff.).

In sein »Museum der modernen Poesie« nahm Enzensberger 7
Gedichte Benns auf, davon waren allerdings 5 schon zwischen 1912
und 1916 entstanden. Wenn Enzensberger im Vorwort betont, daß
»kein faschistischer Autor« vertreten sei, unter den hundert
Dichtern »nur zwei sich vorübergehend und konfus mit der
Barbarei eingelassen« (*Museum*, S. 17) hätten, ist dies als deutlicher
Seitenhieb auf Benn zu verstehen. Auch die bio-bibliographische
Notiz über Benn spricht Bände:

»(. . .) 1933 trat er für die Hitlerei ein, verstummte aber wenige Jahre später
und zog sich aus dem literarischen Leben in die Armee zurück. Ein paar
Jahre nach dem deutschen Zusammenbruch trat er von neuem hervor. Erst
kurz vor seinem Tode ist er zu internationalem Ansehen gelangt« (ebd.,
S. 382).

Was Enzensberger schließlich in einer Rezension der ›autobiographischen und vermischten Schriften‹ Benns schrieb, faßte Hildebrand nicht zu Unrecht mit der Bemerkung zusammen, dies sei
nicht als Kritik, sondern »als Abrechnung, als Pamphlet zu
qualifizieren« (Hildebrand, S. 26). Enzensberger in der Buchbe-
sprechung:

»Gottfried Benn hat sich zeit seines Lebens für einen Denker gehalten. [. . .]
Leser und Kritiker ließen sich blenden [. . .]. Das ist verblasen gedacht und
schlammig formuliert [. . .]. Philosophie als Rührei [. . .]. Gedanken waren
nie seine starke Seite gewesen. [. . .] Auf 500 Seiten Dünndruck zwei Stücke
großer Prosa [. . .]. Der Rest ist Schamott: die Grammatik zweifelhaft, die
Theorie aus vierter Hand [. . .]. Er war kein Opportunist. Er war der letzte
Dichter der deutschen Rechten« (*Zu: Gottfried Benn*).

Sachlicher und fundierter ist allerdings Enzensbergers Auseinandersetzung mit Benn im Aufsatz »Scherenschleifer und Poeten«.
Das Gedicht, so heißt es da, dürfe nicht ohne Gegenstand sein und
nicht die unterkühlte und »lauwarme« Sprache Benn'scher Ästhetik sprechen. Nicht um zeitüberdauernde Gebilde oder Konsum-
güter, sondern um Gedichte als *Produktionsmittel* von Wahrheit,
als *Gebrauchsgegenstände*, als *Kommunikationsmittel* geht es Enzensberger. Aufgabe des Gedichts sei es, »Sachverhalte vorzuzei-
gen, die mit anderen, bequemeren Mitteln nicht vorgezeigt werden
können«. Deshalb müsse es auch »an jemand gerichtet, für jemand
geschrieben sein«: »Es gibt kein Sprechen, das ein absolutes
Sprechen wäre.« Gedichte ohne Gestus, so sein Fazit, gibt es nicht:
»Sie können jeden Gestus annehmen außer einem einzigen: dem,
nichts und niemanden zu meinen, Sprache an sich und selig in sich
selbst zu sein« (*Scherenschleifer*, S. 146 f.)

Trotz dieser scharfen Abgrenzung gegen Benn ist nicht zu übersehen, daß Enzensberger sich gerade in seiner frühen Lyrik, aber auch in seinem Vortrag über die »Entstehung eines Gedichts« auf Benn bezieht, in gewisser Weise an ihn anknüpft. Bridgwater hat am Beispiel von »verteidigung der wölfe« herausgearbeitet, wie Enzensberger charakteristische Techniken Benns benutzt, z.T. auch ironisch verfremdet (vgl. Bridgwater; ähnliches versuchen auch Grimm, a; Eggers; Zimmermann; Knörrich, a; Holthusen, a). Hildebrands »Marginalien« zum Verhältnis von Enzensberger zu Benn basieren auf den Gedichtanalysen Bridgwaters, bestimmen Gemeinsamkeiten und Unterschiede im Biographischen (mit durchaus anfechtbaren Thesen) wie im Literarischen (mit stimmigen Aussagen zu Thematik und Stil der Lyrik) und kommen zum Ergebnis, daß beide das Gedicht als Kunst- bzw. künstliches und damit herstellbares Produkt, das intellektuelles Raffinement voraussetzt, fassen (Hildebrand, S. 24). Während bei Benn sich allerdings Sinn und Zweck dieses Produkts im metaphysischen Nebel verlieren, insistiert Enzensberger auf Verwendbarkeit und Nützlichkeit des Gedichts im kommunikativen und politischen Kontext. Diese Differenz wird plastisch in jenem Vortrag, in dem er die »Entstehung eines Gedichts« zwar in fast werkimmanenter Manier beschreibt und lediglich die Frage nach der Genese *eines* Werkes beantworten will, die er als die vielleicht zentrale Frage der modernen Ästhetik bestimmt (*Die Entstehung*, S. 61), dann aber in der Kategorie vom »literarischen Ingenieur« einen literaturhistorischen Bogen spannt von Poe über Valéry, Benn und Pound bis zu Brecht und Majakowski. Die Ästhetik der ›poésie pure‹ berühre sich in den Fragen der Machbarkeit und Reflexion auf die Entstehungsgeschichte des Werkes mit der marxistischen Geschichtsauffassung, »derzufolge die Entwicklung der Produktivkräfte alles menschliche Handeln und somit auch Dichten bestimmt« (ebd., S. 60). Wie vor ihm Poe in »Die Methode der Komposition« skizziert auch Enzensberger am Beispiel *eines* Gedichts (*an alle fernsprechteilnehmer*) die einzelnen Phasen des Wachsens und Veränderns lyrischer Texte nach. Betätigt er sich zunächst als *Sprachingenieur*, der wie besessen ist von der Suche nach dem richtigen Wort, der treffenden Metapher, dem passenden Rhythmus, so bahnt sich in der Frage nach Sinn und Zweckhaftigkeit des Gedichts der entscheidende Unterschied zur Ästhetik Benns an:

»Was hier entsteht, ist also ohne Zweifel ein politisches Gedicht. [. . .] Man kann sich fragen, ob ein Gedicht möglich ist, das politisch wäre und sonst nichts. Vermutlich ginge es an seiner propagandistischen Absicht zugrunde.

Ich glaube, [. . .] daß die politische Poesie ihr Ziel verfehlt, wenn sie es direkt ansteuert. Die Politik muß gleichsam durch die Ritzen zwischen den Worten eindringen, hinter dem Rücken des Autors, von selbst« (ebd., S. 72).

Hier nun verläßt Enzensberger den Boden der ›poésie pure‹, aber auch den des orthodoxen Marxismus. Die bereits am Beispiel der ersten Gedichtbände diskutierte *Affinität zur Theorie Adornos vom Autonomen Kunstwerk* scheint unverkennbar durch.

Ohne Adornos kunstsoziologische Schriften systematisch darstellen zu wollen, sei doch – um einen Einblick in eine »Wahlverwandtschaft [. . .], die bisher wenig Beachtung fand« (Schultz, S. 237), zu geben – auf einige Adorno-Thesen hingewiesen, die sich in ähnlicher Form bei Enzensberger wiederfinden. Wesentlicher Baustein des Adorno'schen Gedankengebäudes ist die Herausarbeitung der Industrialisierungs- und Entfremdungsprozesse im menschlichen Zusammenleben und in der Kultur. Einzig der Bereich der ästhetischen Produktion sei nicht vollständig gesellschaftlichen Verwertungszusammenhängen unterworfen. Der Künstler, dem noch authentische Erfahrungen möglich seien, werde so zur Instanz von Wahrheit. Adornos methodischer Ansatz besteht darin, das Verhältnis von Kunst und Gesellschaft nicht mit von außen herangetragenen Begriffen zu untersuchen (wie dies z. B. in soziologischen Methoden der Fall ist), sondern die gesellschaftlichen Implikationen der Kunst, ihre Erkenntnis- und Wahrheitsgehalte in ihr und aus ihr heraus offen zu legen, mithin werkimmanent zu verfahren. Das Kunstwerk ist in seinen spezifischen Funktionen charakterisiert durch die Begriffe *Autonomie* und *Negation*: Ihr gesellschaftliches Wesen erhalten Kunst und Literatur nicht durch die Art und Weise der Produktion, sondern durch die gesellschaftliche Herkunft ihrer Stoffgehalte. Zum Gesellschaftlichen werden sie durch »ihre Gegenposition zur Gesellschaft«, die sie als autonome beziehen müssen: Indem sie sich nämlich als »Eigenes« in sich kristallisieren, »anstatt bestehenden gesellschaftlichen Normen zu willfahren und als ›gesellschaftlich nützlich‹ sich zu qualifizieren« (Adorno, a, S. 335), kritisieren sie zugleich die Gesellschaft durch ihr bloßes Vorhandensein. Das autonome Kunstwerk ist zugleich ein emanzipiertes, da es Realität in ihrer Negation vermittelt. *Kritik, Protest* und *Antizipation* wird zu seiner Aufgabe, damit das »Unentstellte, Unerfaßte, noch nicht Subsumierte« in Erscheinung tritt und der »Traum einer Welt, in der es anders wäre« (Adorno, b, S. 75 ff.), zum subversiven Potential wird. Das autonome Kunstwerk ist zwar »die bestimmte Negation der bestimmten Gesellschaft« (Adorno, a, S. 335), sein Dilemma allerdings ist offenkundig: Gibt es von der Autonomie ein Stück preis, so verschreibt es sich »dem Betrieb der bestehenden Gesellschaft« (ebd., S. 352). Bleibt es aber einzelgängerisch für sich, so bietet es sich durch seine Absage an die Gesellschaft »als Vehikel der Ideologie« an, denn in der autonomen Distanz läßt es die Gesellschaft, vor der ihm »schaudert, auch unbehelligt« (ebd., S. 335). Der Objektivitätsgehalt von Kunst, so Adorno, wird im subjektiven Verfahren bzw. Schaffensprozeß allein von der Sache her bestimmt und vermittelt sich durch die subjektive Vernunft des Künstlers; Objektivität kann deshalb auch nie in ›herbeizitierter‹ Weltanschauung, sondern einzig im Material selber stecken, mit dem der Künstler arbeitet (Adorno, c, S. 17). Nicht das ›Ausgedrückte‹, sondern das in der Form Objektivierte und dadurch ›rational gemachte Gesellschaftliche‹ sei der wirkliche Ausdruck des Kunstwerks. Material, Form und Technik sind die konstituierenden Momente des autonomen Kunstprodukts. Für Adorno schließlich sind alle Kunstwerke »a priori polemisch«. Selbst im vermeintlich konservativen Rückzug aus der Wirklichkeit bekundet sich in der Abkehr eine latente politische Unzufriedenheit und der Wille, die Wirklichkeit möge »anders werden« (Adorno, a, S. 264).

Schon durch ihr ständiges Hinterfragen, durch *Zweifel* und *Negation* ist Kunst unvereinbar mit Macht. Dabei geht es ihr nicht um eine Positivität (das wäre »erneute Verblendung«, Adorno, d, S. 162), im Gegenteil. »Kunst heißt nicht: Alternativen pointieren, sondern, durch nichts anderes als ihre Gestalt, dem Weltlauf widerstehen, der den Menschen immerzu die Pistole auf die Brust setzt« (Adorno, e, S. 114).

In einem Essay über die Dichterin Nelly Sachs (deren Gedichte er auch herausgab) zitiert Enzensberger jenen berühmten Satz Adornos, wonach es nach Auschwitz nicht mehr möglich sei, ein Gedicht zu schreiben. »Wenn wir weiterleben wollen«, so Enzensberger, »muß dieser Satz widerlegt werden«. Zu den Wenigen, die dieses vermögen, zählt er Nelly Sachs. »Ihrer Sprache wohnt etwas Rettendes inne«. Dies Rettende sieht er in der negativen Kraft der Sprache: »Das Gedicht spricht, wovon es schweigt«. Lyrik gewinnt seine Qualität im Prozeß der Erfindung, das Gedicht, so Enzensberger ganz im Sinne Adornos, »ist eine Erinnerung von besonderer Art: eine Erinnerung nicht nur an die Vergangenheit, sondern vielmehr eine Erinnerung an die Zukunft« (*Die Steine der Freiheit*, S. 771 f.).

Nicht nur in seiner dichterischen Praxis beschäftigt sich Enzensberger mit Adorno (z. B. *schwierige arbeit*; *zweifel*), sein Aufsatz über »Poesie und Politik« stimmt in mehreren Punkten (das haben auch Eggers und Schultz analysiert) mit Adornos »Rede über Lyrik und Gesellschaft« überein: *Beide* gehen von einer historisch-politischen Aussonderung der Poesie aus dem Gebiet der Machtpolitik aus; *beide* bestimmen den gesellschaftlichen Charakter des Gedichts in dessen Sprache; *beide* weisen der Poesie eine utopisch-antizipatorische Funktion zu.

Ausgangspunkt und methodisches »Brecheisen [. . .], um die Krusten aufzustemmen, unter denen verborgen liegt, was Poesie und Politik verbindet und was sie von ihr scheidet« (*Poesie und Politik*, S. 127), ist ein chronologischer Überblick über die Geschichte der Poesie als politische Affirmation: Das Herrscherlob, als Vermögen der Poesie, Vergängliches zu verewigen, wird nicht nur zum Politikum, sondern als Gattung zum schulmäßigen System von Topoi ausgebaut. Mit dem Untergang des Feudalwesens verliert die Poesie diese affirmative Funktion und charakterisiert sich fortan durch eine kritische Haltung gegenüber jener Macht, die sie vorher besungen und legitimiert hatte. Sind für Enzensberger Kleists Verse »An Franz den Ersten, Kaiser von Österreich« der letzte legitime Versuch poetischen Herrscherlobs, so zeigt er an Herrscheroden von Fontane oder J. R. Becher nicht nur deren »dümmliche Vergleiche«, »lügenhaft aufgeblasene Metaphern« und Klischees, sondern er rekonstruiert jenen »objektiven Sachverhalt«, um den es ihm geht: Die »poetische Sprache versagt sich jedem, der sie benutzen will, um den Namen des Herrschenden zu tradieren« (ebd., S. 126). – Ähnlich wie Adorno will Enzensberger die gesellschaftliche Deutung von Lyrik mit *immanenten* Verfahren durchgeführt wissen. Hieß es bei Adorno: »Gesellschaftliche Begriffe sollen nicht von außen an die Gebilde herangetragen« (Adorno, b, S. 76) werden, so polemisiert Enzensberger sowohl gegen marxistische Literaturtheorien, die durch »Ableitung von außen« den politischen Gehalt eines poetischen Werkes zu isolieren suchen, als auch gegen eine bürgerliche Ästhetik, die der Poesie jeden gesellschaftlichen Aspekt absprechen und sie der »politische[n] Quarantäne« überantworten möchte. »Der politische Aspekt der Poesie muß ihr selber immanent sein«, lautet seine These. Somit habe man den objektiven gesellschaftlichen Gehalt »nirgends sonst als in Sprache« (*Poesie und Politik*, S. 127 ff.) zu suchen. Vehement stemmt er sich gegen die Verquickung der Poesie in politische Kämpfe, polemisiert er gegen politisch-propagandistische Auftragskunst. Am Beispiel von Brechts Gedicht »Radwechsel« glaubt er »mustergültig« belegen zu können, »daß Politik nicht über es [das Gedicht] verfügen kann: das ist sein politischer Gehalt« (ebd., S. 133). – Ganz im Duktus Adornos lauten Enzensbergers Schlußthesen, es sei der *politische Auftrag* des Gedichts, »sich jedem politischen Auftrag zu verweigern und für alle zu sprechen noch dort, wo es von keinem spricht [. . .], von dem, was nicht ist«; durch seinen kritischen Impetus sei das Gedicht nicht nur anarchisch und der Macht unerträglich, es sei schon »durch sein bloßes Dasein subversiv«; Poesie, so paraphrasiert Enzensberger Adornos Thesen zum subversiv-autonomen und negativ-antizipatorischen Kunstwerk, »tradiert Zukunft«, sie erinnert an das Selbstverständliche, das unverwirklicht ist«, ja sie ist – wie bei Adorno – »Antizipation und sei's im Modus des Zweifels, der Absage, der Verneinung« (ebd., S. 136).

Daß Enzensberger bereits seit 1955 dem Kunstverständnis der negativen Dialektik verpflichtet war, belegt seine Studie über den chilenischen Dichter Pablo Neruda, die er in jenem Jahr in ›Texte und Zeichen‹ publizierte, für die »Einzelheiten« von 1962 allerdings erweiterte (zudem verfaßte er 1956 über Neruda einen Hörfunkbeitrag). Am Beispiel der künstlerischen Entwicklung des Dichters läßt Enzensberger schon die Kernthese von »Poesie und Politik« aufscheinen: *Politisches Engagement und Poesie sind unvereinbar.* Lobt Enzensberger zunächst das frühe poetische Programm Nerudas (die Einbeziehung aller Realitätspartikel, die Vielfältigkeit seiner stilistischen Mittel), so nennt er den Werdegang des späteren Stalin-Preisträgers zum Parteilyriker von »polemischen Tiraden und platten Hymnen« den »Fall Neruda« (*Der Fall*, S. 104 f.). Nicht das Insistieren auf Politischem im Gedicht hält Enzensberger Neruda vor – im Gegenteil, angesichts der sozialen Lage der Bevölkerung in Chile findet er das nur zu verständlich –, sondern die parteidoktrinäre Unterordnung der Poesie unter totalitäre Plakatsprache, »die nur Genossen kennt und Untermenschen«. Enzensbergers vielzitiertes Fazit über die politischen Verirrungen dieser Poesie lautet:

»Auf den Dichter, der die Zwickmühle sprengt, der weder die Dichtung um ihrer Zuhörer noch ihre Zuhörer um der Dichtung willen verrät, und der nicht die Poesie zur Magd der Politik, sondern die Politik zur Magd der Poesie, will sagen, zur Magd des Menschen macht: auf diesen Dichter werden wir vielleicht noch lange, und vielleicht vergeblich, warten müssen« (ebd., S. 112).

Verurteilt Enzensberger Nerudas Weg zum Parteilyriker, so ist er voll des Lobes für den peruanischen Dichter César Vallejo. Trotz aller politischer Invektiven sei dessen Lyrik kein politischer Sinn

»auf die Stirn geschrieben«, sie zeichne sich vielmehr aus durch bodenlose Grübelei, selbstquälerische Enttäuschungen, individuelle Frustrationen, eine unerhörte, völlig autonome Sprache, die gegen alle Regeln verstößt. Gerade die utopische und religiöse Färbung des Vallejo'schen Kommunismus findet Enzensbergers Zuspruch. Ähnlich wie Vallejo, der »Poesie und Existenz zur Deckung« (*Die Furien*, S. 86 ff.) brachte und verarmt und desillusioniert 1938 im Pariser Exil starb, beurteilt Enzensberger auch den US-amerikanischen Einzelgänger W. C. Williams. (Alle drei genannten Autoren übersetzte er auch ins Deutsche.) Wie in einem *versteckten Selbstporträt* ist Enzensberger davon angetan, daß Williams sich keinen literarischen Vorbildern verpflichtet fühlte, sich nicht um das Urteil der professionellen Literaturkritik scherte, seine Einsichten nie zu einer ideologisch fixierten Poetik verfestigte, sich durch die Kunst des Aussparens einen Blick fürs Detail aneignete und mit disparatesten Materialien und Formen arbeitete. Wie Enzensberger selber, so konnte auch Williams »sich keiner Doktrin unterwerfen, nicht weil er ihren so oder anders gearteten Inhalt bestritte, sondern des abstrakten Charakters wegen, der jeder Heilslehre eignet« (*William Carlos Williams*, S. 43).

Die Affinitäten, die häufig zwischen den behandelten Gegenständen oder Personen und dem eigenen literarischen Schaffen bestehen, wären eine gesonderte Untersuchung wert.

Die intensive Beschäftigung mit den eben behandelten Autoren (zu ergänzen wären noch andere wie W. H. Auden, F. Pessoa oder G. Seferis) dürfte mit dazu beigetragen haben, das Projekt eines »Museums der modernen Poesie« zu realisieren und in einem Vorwort dazu die Vision einer »Weltsprache der modernen Poesie« zu entwerfen. Nach einer historisch-kritischen Sichtung der poetischen Moderne kommt Enzensberger zum Ergebnis, daß sich nicht vergleichbare, qualitative Veränderungen ergeben haben, die zur Aufhebung der nationalen Grenzen von Dichtung beitragen. Als Beweis führt er an, daß die Rolle der kulturellen Metropolen ausgespielt ist, eine Universalität im Denken und Dichten Platz gegriffen hat. In den Werken verschiedenster Autoren bilde sich ein gemeinsames Bewußtsein, zeichne sich die Entstehung einer dichterischen Weltsprache ab, denn in vielen Zonen der Welt kämen Autoren, »die nie voneinander gehört haben, zu gleicher Zeit, unabhängig voneinander, auf vergleichbare Aufgaben, vergleichbare Lösungen« (*Weltsprache*, S. 16). In diesem Aufsatz finden sich wiederum Variationen einiger seiner poetischen Grundsätze: In Anlehnung an Poe wird (wie in *die Entstehung eines Gedichts*) der Poet als Technologe beschrieben; wie in »Poesie und Politik« wird mit der Behauptung, das Gedicht sei »die Antiware schlechthin« (ebd. S. 23) gegen vulgärmarxistische Literaturtheorie gewettert; wieder wird der Zwist zwischen Form und Inhalt wie der zwischen ›poésie pure‹ und ›poésie engagée‹ als »Scheinproblem« (ebd., S. 27) abgetan; ebenso wird an Adorno erinnert, wenn es heißt, daß die angeblich unverständliche moderne Poesie letzten Endes »das Selbstverständliche« ausspricht, was »vergessen sein, vergessen bleiben soll, weil es von der Gesellschaft nicht geduldet, nicht eingelöst wird«. Das bloße Vorhandensein der Poesie, so die an Adorno gemahnende Wendung, »stellt das Vorhandene in Frage« (ebd., S. 25). Erneut kann man auch die gegen Benn gerichtete (und in *Scherenschleifer und Poeten* ausgebreitete) These begutachten, daß die moderne Poesie »von *etwas*« spricht, ja ausspricht, »was uns betrifft« (ebd., S. 27).

Seine gegen die Benn-Ästhetik plazierten Vorwürfe vertieft Enzensberger in »Die Aporien der Avantgarde« zu einer Kritik modernistischer Kunst. Neben einer Exemplifizierung seiner Thesen zur ›Bewußtseins-Industrie‹ holt Enzensberger zu einer Polemik gegen jene Künstler aus, die meinen, »Freiheit doktrinär durchsetzen« zu können: Sie glauben, »die Zukunft für sich gepachtet zu haben« und diktieren willkürlich, »was morgen gelten soll«. Gleichzeitig aber unterwerfen sie sich dem Gebot einer Zukunft, »die sie selber verhängen«. Diese Aporien seien nie eklatanter geworden als angesichts dessen, »was sich heute als Avantgarde ausstellt« (*Die Aporien*, S. 67). Damit zielte Enzensberger auf den Tachismus ebenso wie auf monochrome Malerei oder die Konkrete Poesie. Die Beliebigkeit der Texte, so seine Kritik, drücke sich »in einem abgebrühten akademischen Jargon aus«, in Kommentaren, die das »Delirium als Sinnarbeit« (ebd., S. 69) auftischen möchten. Zeichnen sich Avantgarden zum einen durch Anfälligkeit für extrem irrationalistische und mystische Lehren aus, so besteht die Kehrseite in einer gleichermaßen extremen Wissenschaftsgläubigkeit, mit deren Hilfe sich die Beliebigkeit der literarischen ›Aktion‹ als exakt rechtfertigen läßt. Enzensberger greift das Nomenklatura-Verwirrspiel (von Konstellationen, Mikroartikulationen, Rastermodulation bis zum meist ›kühnen‹ und ›mutigen‹ Experiment) auf und weist nach, daß das Experiment in der Kunst allemal ein »Bluff« ist, der zwar mit wissenschaftlichen Methoden kokettiert, aber nicht daran denkt, sich ernstlich mit ihnen einzulassen, um etwa Nachprüfbarkeit und Stringenz zu erfüllen (ebd., S. 74). Die heutige Avantgarde, so Enzensbergers Fazit, ist (im Gegensatz z. B. zum Surrealismus) »Wiederholung, Betrug oder Selbstbetrug« (ebd., S. 79).

Die Rekonstruktion der poetisch-politischen Prämissen Enzensbergers wäre unvollständig, würde man nicht noch einmal auf seine spezifische *Affinität zur literarischen Theorie und Praxis Brechts* hinweisen. Den frühen Gedichtbänden standen in Form der beigegebenen ›Gebrauchsanweisungen‹ Brechts ›Anleitung zum Gebrauch der einzelnen Lektionen‹ Modell; beide Dichter, auch dies wurde anhand der Gedichte bereits deutlich, verfügen über ein ähnliches formal-syntaktisches Instrumentarium, mithin über vergleichbare Techniken des Verkürzens, Schachtelns, Fügens und Verschiebens. Mit der Betonung des ›Gebrauchswerts‹ von Gedichten, die Enzensberger in seinem »Scherenschleifer«-Aufsatz ausweitet zu den Feststellungen, das Gedicht müsse Produktionsmittel von Wahrheit sein, Sachverhalte vorzeigen und die Frage nach seiner Brauchbarkeit beantworten können, macht er sich Brechts ›Nützlichkeitsstandpunkt‹ (vgl. Brecht, Bd 18 u. 19) ebenso zu eigen wie dessen ästhetische Überzeugung, Lyrik müsse »zweifellos etwas sein, was man ohne weiteres auf den Gebrauchswert untersuchen können muß« (Brecht, Bd 18, S. 55). In seinen Marginalien zum Verhältnis von Enzensberger und Brecht stellt Buck fest, daß für beide Dichter gilt: Kunst soll nicht länger Stimmungsgehalte transportieren, sondern Einsichten herbeiführen (vgl. Buck, S. 5). Mit einer funktional an den vermeintlichen Bedürfnissen der Gesellschaft orientierten Lyrikkonzeption einer pragmatischen Dichtung materialistisch-dialektischer Weltsicht, ging es Brecht um den Abbau kulinarischer Verbraucherhaltungen. Während er eine realistische und kämpferische Kunst anvisierte, für die ein didaktisch-erzieherischer Impetus ebenso Voraussetzung war wie ein Zusammengehen von Engagement und Parteinahme (»Die sozialistisch-realistischen Künstler behandeln die Realität vom Standpunkt der werktätigen Bevölkerung und der mit ihr verbundenen Intellektuellen, die für den Sozialismus sind«, Brecht, Bd 19, S. 549), geht Enzensberger in den Fragen von Adressat und Wirkungsstrategie gänzlich andere Wege. Seine an Adorno geschulte negative Dialektik verbietet ihm die Unterordnung der Poesie unter die Forderungen (partei-)politischer Standorte. Äußert Enzensberger im Essay über Neruda angesichts dessen Unterordnung seine ganze Verachtung, so behauptet er in »Poesie und Politik« das ›Erstgeburtsrecht‹ (S. 135) der Poesie gegenüber politischer Herrschaft. Die Poesie ist das »Steinalte« (*Die Entstehung*, S. 55), das humanistische Gewissen, die Erinnerung an das Selbstverständliche. Ihre Aufgabe kann deshalb nur im *Widersprechen* bestehen, in *Negation, Antizipation* und subversivem *Zweifeln*. Der Brecht'sche Instrumentalcharakter von Kunst, verbunden mit einem optimistischen Fortschrittsglauben, der die Arbeiterklasse zum missionarischen Werkzeug des befreienden Weltgeistes macht, ist bei dem Fortschritts-Zweifler Enzensberger nicht vorhanden. Nicht die Frage, ob Dichtung zu einem politischen Verständigungsprozeß beitragen sollte, trennt Brecht und Enzensberger, sondern die strategische Frage nach dem *politischen Auftrag der Poesie*: Besteht der bei Enzensberger darin, daß das Gedicht – als autonomes Artefakt – sich jedem politischen Auftrag verweigert, so erfüllt er sich bei Brecht, indem Poesie die »praktikablen Abbildungen der Gesellschaft« macht, die »imstande sind, sie zu beeinflussen« (Brecht, Bd 16, S. 672) – entsprechend den »Bedürfnissen unseres Kampfes« (Brecht, Bd 19, S. 349). Die virtuos-listige Handhabung der Dialektik bewahrte Brecht davor, vom parteilichen Dichter zum Parteidichter zu verkommen. Auch wenn Brecht und Enzensberger auf völlig unterschiedliche Weisen politische Sachverhalte im Gedicht zur Sprache bringen, in ihren Zielen liegen sie nicht allzuweit voneinander entfernt. »Beide wollen«, so Peter Beckes, »durch Beschreibung, Analyse, Kritik, Warnung etc. das Bewußtsein ihrer Leser schärfen, vielleicht sogar verändern« (Bekkes, S. 149). Beide wollen auch nicht auf platte und plakative Weise ideologische Denksysteme vermitteln, sondern fordern mit Hilfe dialektischer List den Leser zum Mitdenken auf.

Die Rezeption der poetischen Prämissen Enzensbergers hatte immer wieder wütende Attacken und Fehlinterpretationen zur Folge. Der Versuch Enzensbergers, sowohl lyrische Anleihen bei Benn zu tätigen als auch den Brecht'schen Gebrauchswertcharakter des Gedichts um den Autonomiegedanken Adornos zu erweitern, führten zu divergierenden Schlußfolgerungen: Während Hiebel meinte, »Enzensbergers monologisches Ich steht zwischen Benn und Brecht: paradox verneint es den Horizont der Veränderung und hält ihn dennoch offen« (Hiebel, S. 117), brachte Linder den politischen Tenor Enzensberger'scher Lyriktheorie und -praxis auf den Nenner: »Es könnte und müßte anders sein [. . .]. Aber daß es anders wird, dazu trägt er selbst nicht bei« (Linder, S. 92). Kepplinger gar verstieg sich angesichts der offenen Form des kritischen Gestus' der autonom-subversiven Widerspruchsmentalität zur Feststellung, Enzensberger schwelge in »Totalkritik und Arroganz gegenüber der Realität« und liefere insgesamt »ästhetisierende Betrachtungen eines Unpolitischen« (Kepplinger, S. 111 u. 117).

Die Tatsache, daß Enzensberger zwei so konträre ästhetische Theorien wie die von Adorno und Brecht für sich ausbeutet und handhabbar macht, ohne sich den politisch-ideologischen Implika-

tionen beider Theorien zu stellen (vgl. Eggers, S. 71), und statt
dessen ein Programm der Offenheit und des Widerspruchs propa-
giert, rief stets Konfusionen – bei Freunden und Feinden – hervor.
Als Enzensberger schließlich 1966 sich empört gegen linke Verein-
nahmungstendenzen mit den Worten zur Wehr setzte:

»Die Moralische Aufrüstung von links kann mir gestohlen bleiben. Ich bin
kein Idealist. Bekenntnissen ziehe ich Argumente vor. Zweifel sind mir
lieber als Sentiments. Revolutionäres Geschwätz ist mir verhaßt. Widerspruchsfreie Weltbilder brauche ich nicht. Im Zweifelsfall entscheidet die
Wirklichkeit« (*Peter Weiss und andere*, S. 176),

da bewies er einmal mehr seine individualistischen Ambitionen, die
er auch nicht in Zeiten kollektiver politischer Aufbruchstimmung
aufzugeben gedachte. Die im Gefolge der Studentenbewegung
anrollende Politisierungswelle der Literatur, an der Enzensberger
als Herausgeber des ›Kursbuchs‹ und Autor vielgelesener Aufsätze
entscheidenden Anteil hatte, ließ ihn zwar in die Nähe marxistischer Literaturtheorie rücken, vereinnahmen konnte ihn der vor-
herrschende Agitprop der späten 60er Jahre allerdings nie. Enzensbergers spezifisch *dokumentarischer Ansatz* war ein relativ eigen-
ständiger Weg in die 70er Jahre, zu deren Ende er schließlich zur
Literatur im Sinne von »Poesie und Politik« zurückfand.

2.4.2. Bewußtseins-Industrie

Zentraler und vielleicht weitreichendster Begriff der ästhetischen
Theorie Adornos ist der der *Kulturindustrie*. In Zusammenarbeit
mit Horkheimer entwickelte Adorno ihn in der 1947 erschienenen
Abhandlung über die »Dialektik der Aufklärung«. Weil der
zunächst kreierte Begriff der *Massenkultur* den Fehlschluß zuließ,
es handle sich um eine spontane aus den Massen aufsteigende
Kultur, wurde er durch den der *Kulturindustrie* ersetzt. In ihr
werden nun keine Produkte der Volkskunst offeriert, sondern
seriell gefertigte Extrakte planvoll hergestellt; sie sind auf den
Konsum der Massen zugeschnitten und in »weitem Maß« (Adorno,
f, S. 60) bestimmen sie ihn auch. Der Teilbegriff ›Industrie‹ ist bei
Adorno nicht wörtlich zu nehmen, denn er bezieht ihn hauptsäch-
lich auf die Standardisierung der Sache selbst sowie auf die
»Rationalisierung der Verbreitungstechniken«. In diesem ›Produk-
tionsvorgang‹ bestünden neben technischen Verfahrensweisen der
Arbeitsteilung, Maschinenbenutzung usw. gleichwohl »individuelle Produktionsformen« weiter. Das sich als individuelle Produktion ausgebende Kunstwerk diene in seiner ideologischen Form

lediglich der Verschleierung der »kommerziellen Exploitation« (ebd., S. 62 f.). Die Kulturindustrie spekuliert nicht nur auf den »Bewußtseins- und Unbewußtseinsstand der Millionen« Bürger, sie will zudem – und dies ist ihre eigentliche Funktion – die »Integration ihrer Abnehmer von oben« erreichen. Der Kunde ist dann weder der vielbeschworene König noch ist er Subjekt, er wird schlicht zum ökonomischen und ideologischen Objekt degradiert (ebd., S. 60 f.). – Ohne Adornos Konzept in seiner dialektischen Verwicklung zu entwirren (z. B. der These nachzugehen, daß selbst in den klischeehaften Bildern affirmativer Kultur Momente der Subversion stecken, weil in ihnen – wenn auch verzerrt – Momente des Uneingelöst-Selbstverständlichen verborgen sind), muß auf die Ambivalenz der Kulturindustrie hingewiesen werden: Sie besteht darin, daß sie einerseits eine Ersatzbefriedigung schafft, andererseits dem Menschen damit eine in der Realität angeblich vorhandene Ordnung und Sinnhaftigkeit suggeriert, kurz: Die Kulturindustrie betrügt den Menschen letztlich um das Glück, »das sie ihm vorschwindelt«. Sie wirkt insgesamt antiaufklärerisch, da sie nichts dazu beiträgt, daß die technische Naturbeherrschung zur wachsenden Freiheit wird, im Gegenteil: Sie wird zum »Mittel der Fesselung des Bewußtseins« und zum »Massenbetrug«. Eine demokratische Gesellschaft, die sich nur mit Hilfe politisch mündiger Bürger entfalten und erhalten könnte, wird verhindert, da die Bildung der Voraussetzung, nämlich »autonomer, selbständiger, bewußt urteilender und sich entscheidender Individuen« (ebd., S. 69), durch die Kulturindustrie verhindert wird.

Enzensbergers Thesen zur *Bewußtseins-Industrie* müssen als *Analogie* und *kritische Weiterentwicklung* der Vorgaben Adornos verstanden werden. Ohne Adorno beim Namen zu nennen, lehnt Enzensberger den Begriff ›Kulturindustrie‹ ab, da er die Erscheinung verharmlost und die »gesellschaftlichen und politischen Konsequenzen [verdunkelt], die sich aus der industriellen Vermittlung und Veränderung von Bewußtsein ergeben« (*Bewußtseins-Industrie*, S. 9). Die Bewußtseins-Industrie ist für Enzensberger die eigentliche »Schlüsselindustrie des zwanzigsten Jahrhunderts« (ebd., S. 10); ihr gesellschaftlicher Auftrag ist es, »die existierenden Herrschaftsverhältnisse, gleich welcher Art sie sind, zu verewigen« (ebd., S. 13). Diese Industrie umfaßt s. E. nicht nur traditionell künstlerisch-kulturelle Branchen, sondern daneben auch Bereiche wie den Tourismus, die Mode, die religiöse Unterweisung, den Journalismus oder das industriell induzierte wissenschaftliche Bewußtsein. Inhalte und Folgen dieses »immateriellen« Produktionsprozesses sind nicht mehr mit Kategorien marxistischer

Warenanalyse zu fassen, denn in einer Gesellschaft, die selbst Erziehung und Unterricht industrialisiert, die das Lied zum Schlager und den Gedanken von Marx »zum blechernen Slogan« (ebd., S. 9) verarbeitet, werden nicht Güter, »sondern Meinungen, Urteile und Vorurteile, Bewußtseins-Inhalte aller Art« (ebd., S. 13) verabreicht. Die materielle Ausbeutung – die durch eine »ständig primitiver werdende Massenversorgung mit Poesie-Ersatz« (*Weltsprache*, S. 25) und eine reibungslose Versorgung mit »Ästhetik aus fünfter Hand« (*Die Aporien*, S. 62) aus dem allgemeinen Bewußtsein getilgt werden soll – wird durch eine »immaterielle Ausbeutung« vervollkommnet. Das traurige Resultat dieses Prozesses der »immateriellen Verelendung« (*Bewußtseins-Industrie*, S. 14) bewirkt die Zustimmung der Bevölkerung zur bestehenden Herrschaft, ohne die sie nicht denkbar ist. Als ein an Adorno geschulter Dialektiker weiß Enzensberger aber auch – und darin gründen sich die Chancen des freiheitssüchtigen Intellektuellen – um die Ambivalenz der Bewußtseins-Industrie. Zum einen müssen Kräfte, die man auszubeuten und zu domestizieren gedenkt, erst erweckt werden, zum anderen muß die Bewußtseins-Industrie »ihren Konsumenten immer erst einräumen [. . .], was sie ihnen abnehmen will« (ebd., S. 15). Liegt hier die Chance des kritischen Konsumenten, so fußt die des Intellektuellen – als stetem Belieferer der Industrie mit kulturellen Ideen und Produkten – darauf, daß er zugleich ihr Partner als auch ihr Gegner sein kann.

Den Spielraum möglicher Kulturkritik mit Hilfe jener industriellen Apparate, über die man nicht verfügt, voll auszuschöpfen, d. h. sich nicht ohnmächtig den Forderungen der Bewußtseins-Industrie zu unterwerfen, sondern »sich auf ihr gefährliches Spiel einzulassen«, definiert die Aufgabe und die soziale Rolle des Intellektuellen. Das selbstkritische Fazit Enzensbergers lautet denn auch:

»Freiwillig oder unfreiwillig, bewußt oder unbewußt, wird er [der Intellektuelle, d. Verf.] zum Komplizen einer Industrie, deren Los von ihm abhängt wie er von dem ihren, und deren heutiger Auftrag, die Zementierung der etablierten Herrschaft, mit dem seinen unvereinbar ist« (ebd., S. 17).

Die komplizierte Dialektik von Anpassung und Subversion, die Enzensberger hier theoretisch zu fassen sucht (als Originalbeitrag zum *Einzelheiten*-Band), kann man als nachträgliche Rechtfertigung und Vergewisserung bisheriger und kommender Arbeit im kulturellen Überbau verstehen. In den »Einzelheiten« bot er 5 aus Hörfunk und Publikationen bekannte sowie eine neue Betrachtung aus dem weiten Bereich der Bewußtseins-Industrie an:
»Eine Theorie des Tourismus« (1958) kommt, nach einer histori-

schen Aufarbeitung und aktuellen Begutachtung der touristischen Meriten, zum Ergebnis, daß der Tourismus »eine einzige Fluchtbewegung aus der Wirklichkeit« darstellt und zugleich ein Indiz dafür ist, »daß wir uns daran gewöhnt haben, Freiheit als Massenbetrug hinzunehmen« (*Eine Theorie des Tourismus*, S. 204 f.).

»Das Plebiszit der Verbraucher« (1960) beschäftigt sich mit dem, was Enzensberger in den »Aporien« als »Ästhetik aus fünfter Hand« beschrieben hat. Es geht um den »Bestseller des Jahres«, der unter »Ausschluß der (literarischen) Öffentlichkeit erschienen ist«, nämlich den Herbstkatalog eines Versandhauses, gedruckt in einer Auflage, von der moderne Literatur nur träumen kann, und zugleich – bunt bebildert und voller reaktionären Unrats – ein Zeugnis dafür, daß die Mehrheit der Bevölkerung sich »für eine kleinbürgerliche Hölle« (*Das Plebiszit*, S. 167 f.) entschieden hat. Konzentriert sich Enzensberger in diesem Beitrag ganz auf die Analyse sprachlicher und graphischer Ästhetik – um dabei zu, unter Linken tabuisierten, Folgerungen wie jener zu gelangen: »Das deutsche Proletariat und das deutsche Kleinbürgertum lebt heute, 1960, in einem Zustand, der der Idiotie näher ist denn je zuvor« (ebd., S. 171) –, so geht es ihm in seiner Analyse der Taschenbuchproduktion (*Bildung als Konsumgut*, 1958, rev. 1962) vor allem um die ökonomischen und soziokulturellen Veränderungen sowohl auf dem industriellen Sektor der Herstellung als auch auf dem des lesenden Konsumenten. Die neuesten Taschenbuchreihen gelten ihm als Indiz dafür.

Unter dem bezeichnenden Titel »Scherbenwelt« (1957) versucht Enzensberger am Beispiel der Anatomie einer Wochenschau aufzuzeigen, was bei diesem allwöchentlichen Kino-Blick in die Welt unsichtbar bleibt. Methoden und Auswahlkriterien dieses in den 50er Jahren mächtigen Instruments der publizistischen Industrie entlarvt er ebenso wie ein stark getrübtes und zweifelhaftes Weltbild, »dessen größere Hälfte Sport und Unterhaltung bestreiten« (*Scherbenwelt*, S. 108). Eine Wochenschau sollte demgegenüber all das vereinen, was der affirmativen Kulturvermittlung fehlt: »Intelligenz, Mut, Phantasie und publizistische Lauterkeit«. Sie könnte dann – unabhängig von Institutionen und pressure groups – »statt eines Scherbenhaufens ein triftiges Bild unserer Welt an die Wand malen« (ebd., S. 132 f.).

Wiederabgedruckt fand sich in den »Einzelheiten« auch Enzensbergers Beitrag über »Die Sprache des *Spiegel*«, den er 1957 für den Süddeutschen Rundfunk erarbeitet hatte und der, seiner brisantesten Stellen entledigt, sogar in dem angegriffenen Nachrichtenmagazin abgedruckt worden war. Diese Arbeit, »die Enzensbergers

Namen bekanntgemacht hat« (Walter, S. 152) und 1962 bereits als ›berühmtes, historisches Stück‹ (Demetz) galt, versucht mit den Mitteln der Sprachanalyse darzulegen, daß der ›Spiegel‹ Tatsachen eher verdunkelt als erhellt; streng genommen sei es kein Nachrichtenmagazin, sondern ein mit artifiziellem Jargon (der das Bezeichnete nicht nur verzerrt, sondern zugleich die Anonymität des Verfassers sichert) und der Darstellungsform der Story (die auf der Vorstellung beruht, daß Geschichte nur von großen Köpfen gemacht wird, Prozeßhaftigkeit also nicht erfassen kann) vermischtes Surrogat, welches sich in einer skeptisch-scheinradikalen Haltung von Allwissenheit gefällt (vgl. dazu auch Schlenstedt, b, S. 99). Der ›Spiegel‹, so Enzensbergers Folgerungen aus der Analyse einiger Artikel zu J. P. Sartre und der fiktiven Kurzbiographie Goethes im ›Spiegel‹-Jargon, »übt nicht Kritik, sondern deren Surrogat«, der Leser »wird nicht orientiert, sondern desorientiert« (*Die Sprache des ›Spiegel‹*, S. 100). Gleichwohl hält er dieses Magazin, solange es kein besseres gibt, für nützlich und unentbehrlich, da es das einzige Blatt sei, welches weder zu freiwilliger Selbstzensur bereit ist noch Rücksicht auf politische oder ökonomische Interessenverbände nehmen muß. In zwei aktuellen Zusätzen verwahrt Enzensberger sich sowohl gegen den Beifall von der falschen Seite, der ihn nach der Veröffentlichung im ›Spiegel‹ erreichte, als auch gegen die prüden Vorwürfe, er hätte diese Arbeit nicht in einer Institution der kritisierten Bewußtseins-Industrie publizieren dürfen. Eine kritische Analyse, so Enzensbergers Entgegnung, »will nicht nur getan, sie will auch verbreitet sein; sonst bleibt sie sinn- und folgenlos« (ebd., S. 101). Was Schlenstedt in einem Verriß als das ›Dilemma der kritischen Position‹ festmachte, will Enzensberger bewußt gestalten: Um Alternativen zum bestehenden Schlechten auszumalen, gilt es, die Spielräume der Industrie zu nutzen, mit dialektischer List sich nicht an die Ränder zurückzuziehen, sondern sich der Medien zu bedienen.

Was er so erfolgreich am ›Spiegel‹ erprobt hatte, führte er (als Originalbeitrag) in den »Einzelheiten« am Beispiel der ›Frankfurter Allgemeinen Zeitung‹ (FAZ) weiter aus. Und wieder liefert Enzensberger keine ›Enthüllungen‹ oder Hintergrundanalysen, sondern »begnügt sich mit dem, was für alle greifbar ist« (Karasek, a, S. 141): mit dem zur Analyse ausgeweiteten genauen Lesen des fertigen Produkts. Zur Debatte stehen neun aufeinanderfolgende Nummern der FAZ, »über einen kurzen, willkürlich gewählten Zeitraum hinweg betrachtet« (*Journalismus als Eiertanz*, S. 24). Leitidee und Arbeitsmethode entspricht werkimmanenter Betrachtung:

»Die folgende Untersuchung [. . .] bringt keinerlei Informationen mit, die
nicht jedem Zeitungsleser zugänglich wären; sie enthält sich aller ›Enthüllungen‹ von Personen, die für die untersuchte Zeitung verantwortlich sind,
und lehnt jeden Blick ›hinter die Kulissen‹ der Redaktion ab. Sie hält sich an
das, was für jedermann verifizierbar ist, an den Vergleich und die
Interpretation von Texten« (ebd., S. 23).

Enzensberger fand beim Lesen heraus, daß die FAZ, im Vergleich
zu wichtigen europäischen Zeitungen, Nachrichten nicht nur
unterdrückt, sondern auch verstümmelt, retuschiert und im irre-
führenden Kontext wiedergibt. Seine Vorwürfe richten sich gegen
miserables Deutsch ebenso wie gegen die zum Ausdruck kom-
mende »abgründige Verachtung« demokratischer Grundsätze. Die
FAZ, so das Fazit, spreche die Sprache der Herrschaft, dem Leser
werde nur das mitgeteilt, was der Herrschaft ›bekömmlich‹ sei.
    Die FAZ, das darf nicht wundern, bemühte als Reaktion auf
Enzensbergers Essay die Feder ihres Mitherausgebers B. Reifenberg zu einer »tierisch-ernsten und umständlich-gereizten Erwiderung, die man schlicht als nichtgekonnte Polemik bezeichnen
kann« (Flach). Auch D. E. Zimmer zeigte sich befremdet, daß
»ausgerechnet derjenige der sechs Herausgeber, der sich gewiß am
wenigsten getroffen fühlen konnte«, in die Bresche sprang, um mit
der »melancholischen Strenge eines enttäuschten Pädagogen«
(Zimmer, a) zum Gegenschlag auszuholen, der vor allem eines
bewies: daß Enzensberger nicht widerlegt werden konnte. Natürlich war Enzensbergers Methode eher ein »pseudo-induktives
Verfahren« (ebd.), doch sowohl die Entgegnung Reifenbergs als
auch die noch ein Jahr später von der FAZ herausgebrachte
Broschüre (»Enzensberger'sche Einzelheiten. Korrigiert von der
Frankfurter Allgemeinen Zeitung«) belegten nur, daß die Widerle-
gungsversuche »in der Sache zumeist unerheblich« (Walter, S. 145)
waren. Nicht nur konnte man nicht genügend Beweismaterial für
angebliche Fehler Enzensbergers beibringen, in den Erwiderungen
versuchte man gleichsam »die Argumentation des Kritikers' mit
Gechwätz« (Wagenbach, S. 684) zu überrollen. Enzensberger, der
vermeintliche Sieger der Kontroverse mit diesem so unangreifbar
scheinenden Hausblatt des Establishments, konnte es sich nicht
verkneifen, in der Taschenbuchausgabe von 1964 ironisch darauf
hinzuweisen, daß er den Text aufgrund der Intervention seitens der
FAZ in vier Punkten geändert habe:

»[. . .] drei Sätze wurden gestrichen, drei Sätze hinzugefügt, ein Satz erfuhr
eine geringfügige Veränderung. Im übrigen bestätigt die Broschüre meine
Analyse Punkt für Punkt. Sie verteidigt den Eiertanz durch Eiertänze.

Überraschend ist das nicht; Unterschlagung, in die Ecke getrieben, sucht ihr Heil bei neuer Unterschlagung. Antwort auf solche Antworten erübrigt sich« (*Journalismus als Eiertanz*, S. 70).

Was Enzensberger sowohl im theoretischen Zugriff als auch im Detail zu den Mechanismen und Funktionen einer Industrie, die nicht nur die kulturellen Bedürfnisse planiert, sondern auch das Bewußtsein der Menschen dem status quo anpaßt, herausfand und wissenschaftlich wie essayistisch-literarisch aufbereitete, bezeichnete Baumgart als seltene »Demonstration von Mut«. Das Buch, so sein Urteil über diesen Versuch, in den verschlungenen Einzelheiten die Mechanismen des Ganzen durchscheinen zu lassen, »wiegt eine ganze Bibliothek zeitkritischer Romane auf und sollte nicht unter der Nachttischlampe vor dem Einschlafen gelesen werden, sondern bei Tageslicht und am Schreibtisch« (Baumgart, a, S. 138).

2.5. Politik und Verbrechen (1964)

Sechs Essays, die zwischen 1958 und 1963 als Abendstudiosendungen in verschiedenen deutschen Hörfunkanstalten liefen, sowie zwei theoretisch angelegte Reflexionen bildeten Enzensbergers erste größere Publikation, die ausschließlich der Politik galt.

Die Pointe des Buches, so versuchte J. Gross Komplexität und Brisanz des Themas herunterzuspielen, liege im Titel, denn »stünde statt der Konjunktion ›und‹ ein gleichmachendes ›ist‹, so wüßte der Leser alles, was darin steht« (Gross, S. 160). Die Botschaft des Buches auf die simple Formel ›Politik = Verbrechen‹ bringend, fiel es Gross auch nicht schwer, Enzensbergers »ordentlich dokumentierte, materialreiche und klug kommentierte Berichte« (Habermas, S. 154) als polemische Traktate und hohlen Protest leerlaufen zu lassen. Daß die Gleichung nicht von dieser Schlichtheit war, zeigt nicht zuletzt die von »Politik und Verbrechen« inspirierte großräumige Untersuchung H. M. Kepplingers, der immerhin über 300 Seiten benötigt, um nachzuweisen, daß Enzensberger zu den »Rechten Leuten von links« zähle, einer Spezies, deren »außerordentliche politische Bedeutung und Gefahr [. . .] in ihrer entschieden und ausdrücklich antipolitischen Haltung« bestehe. Enzensberger gilt ihm geradezu als Modell für das Umschlagen »humaner Theorie in inhumane Praxis« (Kepplinger, S. 8 f.), Politik- und Staatsbegriff Enzensbergers sieht er in Parallelität zu dem von Carl Schmitt, dem wissenschaftlichen Anwalt des Nationalsozialismus (ebd., S. 18, 77, 83).

Warum diese Aufregung, wieso statt kritischer Auseinanderset-

zung polemische Exekution wie: »E.s politische Kolportagen
bieten nicht, wie sie vorgeben, Aufklärung, sondern Verklärung«,
sie seien vergleichbar mit »drittklassigen Illustriertenstories« (ebd.,
S. 21)?

Zunächst einmal geht es Enzensberger, wie er in einer Nachbemerkung schreibt, nicht darum, Antworten zu finden, sondern
»verkappte Fragen« zu stellen. Die Kolportagen versteht er deshalb
auch nur als Versuche, einen Zusammenhang auszuleuchten, »an
dem alle sterben können, für den aber niemand zuständig ist«, den
Zusammenhang nämlich zwischen Politik und Verbrechen« (*Politik und Verbrechen*, Nachbemerkung). Nach der in den »Einzelheiten« bewährten Maxime, daß sich im Detail das Ganze offenbart, verfährt er auch hier: Der rote Faden, das gemeinsame
Interesse der Essays liegt in der Kenntlichmachung der Symmetrie
von legalen und illegalen Handlungen.

»Raffael Trujillo. Bildnis eines Landesvaters« präsentiert den
langjährigen Diktator der Dominikanischen Republik (1930–1961)
als überdimensionalen Verbrecher, der sein blutiges Regime bürokratisch-exakt und mit Duldung und Förderung nicht nur der
Vereinigten Staaten, sondern auch des Papstes installierte, galt es
doch als Bollwerk gegen den kommunistischen Atheismus (vgl.
auch R. Schmid, S. 168 f.). Das Paradigmatische des Falles liegt
darin, daß Trujillo kein Irrer, sondern ein ganz normaler, gewöhnlicher Mensch war. Wer die blutigen Meriten als Auswüchse ferner
›Bananenrepubliken‹ wegschieben möchte, dem schreibt Enzensberger ins Stammbuch:

»Trujillos System war eine Parodie. Wie alle Parodien, hat es die charakteristischen Züge des Originals auf die Spitze getrieben, sie in äußerster
Reinheit gezeigt, und dadurch bloßgestellt. Dieses Original ist nichts
anderes als die bisherige Politik, nämlich alle bisherige Politik, als Staatskunst der Prähistorie« (*Pol. u. Verbr.*, S. 93).

Nur wenige Male ist Enzensberger von solcher Deutlichkeit, was
die Transferierung des Beispiels aufs Allgemeine betrifft. Nahe
kommt dieser Intention noch die »Chicago-Ballade«. Das organisierte Verbrechersyndikat Al Capones wird hier als »Modell einer
terroristischen Gesellschaft« definiert. Dieses Modellhafte – das
wird neben allen Details über die kriminellen Aktivitäten der
zweifelhaften Helden deutlich – findet sich in der Symbiose
vorkapitalistischer Herrschermentalität mit kapitalistischen Formen des Erwerbs und der Ausbeutung (vgl. Peter, S. 369 f.). Hier
auch eruiert Enzensberger Parallelen zum Hitler-Faschismus, die
aber dort enden, wo Verbrechen zum Mythos stilisiert werden:

»Bei den Faschisten hat es zum Mythos nie gereicht, oder vielmehr: ihre Verbrechen schlossen jede Mythologisierung aus« (*Pol. u. Verbr.*, S. 135 f.). – Gangster als beschlagene Wirtschaftskapitäne, mustergültige Familienväter, Kirchgänger und Patrioten, ja Stützen der Gesellschaft, dies ist auch das Thema von »Pupetta oder Das Ende der Neuen Camorra«, exemplifiziert jetzt am neapolitanischen Verbrechersyndikat, das zu einem Staat im Staate wurde. – In Italien spielt auch die Geschichte von »Wilma Montesi«. Ihr »Leben nach dem Tode« enthüllt eine Skandalgeschichte ungeheuren Ausmaßes, in deren mörderisches Ränkespiel die Spitzen aus Politik und Wirtschaft involviert sind.

Der zweite Fall, der unmittelbar mit den USA zu tun hat, ist »Der arglose Deserteur«. Enzensberger nennt den Beitrag die »Rekonstruktion einer Hinrichtung«. Es geht um den Fall des Soldaten E. D. Slovik, dem einzigen amerikanischen Deserteur, der während des 2. Weltkrieges hingerichtet wurde. Zeigte Enzensberger in der »Chicago-Ballade« die kapitalistische Logik des Verbrechens, so präsentiert er hier »das Individuum als Opfer dieser Logik« (Peter, S. 369). Rekonstruiert wird aber nicht nur die Hinrichtung selbst, sondern das Leben eines ewigen Verlierers, dessen Versuche, ehrlich und moralisch integer zu bleiben, ihm zum Verhängnis wurden.

»Die Träumer des Absoluten« ist eine zweiteilige Auseinandersetzung mit den sozialrevolutionären Terroristen im zaristischen Rußland. Natürlich ist das zentrale Thema zunächst die Logik des Terrors selber, seine Beweggründe, Mittel und Ziele. Als verbrecherisch offenbart sich aber auch das zaristische Regime, zugespitzt in den Machenschaften seiner Geheimpolizei, die nicht nur die Revolutionäre bespitzelt, sondern auch am Terrorismus partizipiert. Als der kompetenteste und hochrangigste Organisator des Terrors, Asew, gar als Agent der zaristischen Ochrana entlarvt wird, meint Enzensberger:

»Vielleicht hat Asew sogar jenes äußerste Kalkül angestellt, in dem die Geheimpolizei selber als ein Vollzugsorgan der Revolution auftritt. Es ist ein Gesichtspunkt denkbar, unter dem die Konspiration und ihre Gegner, die Polizei, als Komplizen erscheinen« (*Pol. u. Verbr.*, S. 358).

Zeigt Enzensberger hier am Beispiel, wie sich Politik und Verbrechen funktional bedingen (zum Teil wörtlich greift er 1985, im 4. Bd seiner ›Anderen Bibliothek‹, auf Formulierungen von *Die Träumer des Absoluten* zurück), so bilden sein erstes und letztes Kapitel gewissermaßen die theoretische Folie, auf der das Puzzle zum vermeintlichen staatsrechtlichen Wurf wird. In seiner »Theorie des Verrats« versucht er, den Begriff ›Verrat‹ sprachlich zu entschlüsseln. Vergeblich, denn der Begriff transportiert eine mehrtausendjährige Geschichte eines magischen Verbots mit sich: des Herrscher-Tabus, jenes Berührungsverbots, das zugleich die Bedingung von Herrschaft darstellt. Aus dem Herrscher-Tabu wird das Verrats-Tabu: Je nach Herrschaftsform, Bündnissituation usw. definieren die Herrschenden, wer als Verräter zu betrachten ist. Als Instrument der Herrschaft hat das Tabu seinen Sinn darin, »daß es jedermann zum potentiellen Verräter und jede Handlung zum potentiellen Verrat macht« (ebd., S. 371). Schmids Beobachtung, daß Enzensbergers Schlußkapitel von der ›Spiegel-Affäre‹ veranlaßt und inspiriert sein dürfte (Schmid, S. 169), trifft wohl zu; bedenkt man, daß die damalige Bundesregierung unliebsame journalistische Recherchen als einen ›Abgrund an Landesverrat‹ ansah, scheint sich Enzensbergers Satz zu bewahrheiten, daß das »Staatsgeheimnis zu einem Herrschaftsinstrument ersten Ranges« (*Pol. u. Verbr.*, S. 376) geworden ist.

Doch mehr als dieser stieß der zweite Originalbeitrag der Essaysammlung – »Reflexionen vor einem Glaskasten« – auf Resonanz. Der Titel bezieht sich auf den jetzt leerstehenden Glaskasten des Jerusalemer Eichmann-Prozesses, er spitzt – als Metapher – die argumentative Logik der Reflexionen aufs schärfste zu: Denn Enzensberger versucht nicht nur nachzuweisen, daß Politik und Mord seit altersher in unauflösbarem Zusammenhang stehen, Politik durch einen verbrecherischen Akt gestiftet und seitdem mit dem Odem des Verbrecherischen behaftet ist (Enzensberger bringt dafür Belege aus der Freud'schen Ödipus-Theorie), die Sprache der Politik(er) diesen Zusammenhang auch heute noch kenntlich macht; Enzensberger will auch deutlich machen, daß, wenn Auschwitz die Konsequenz aller bisherigen Politik ist, die Weiterentwicklung der ›nuklearen Geräte‹ (der Atomwaffen) die Ausrottung allen Lebens auf der Erde nach sich ziehen muß.

Steht Eichmann für Auschwitz, so zitiert Enzensberger für den Wahnsinn atomarer Vernichtung den amerikanischen Strategen H. Kahn, der sich bereits Gedanken zu den ›überschaubaren Nachkriegs-Bilanzen‹ einer atomaren Auseinandersetzung machte. Zwischen beiden ›Endlösungen‹ sieht Enzensberger allerdings wichtige Unterschiede, die Aufzählung gleicht einem politischen Pamphlet:

»[. . .] Die ›Endlösung‹ von gestern ist nicht verhindert worden. Die Endlösung von morgen kann verhindert werden. [. . .] Die ›Endlösung‹ von gestern war das Werk einer einzigen Nation, der Deutschen. Das Gerät für die Endlösung von morgen ist im Besitz von vier Nationen. [. . .] Die Planung und Verwirklichung der ›Endlösung‹ von gestern geschah insgeheim. Die Planung der Endlösung von morgen geschieht öffentlich. 1943 gab es Personen, die keine Mitwisser waren. 1964 gibt es nur noch Mitwisser« (ebd., S. 38).

»Daß aber Auschwitz ›die Wurzel aller bisherigen Politik bloßgelegt‹ habe, kann er doch selbst nicht glauben«, schrieb Hannah Arendt an die Redaktion des ›Merkur‹, um zu erklären, weshalb sie »Politik und Verbrechen« nicht rezensieren werde: »Es würde mir zuviel Mühe bereiten, das ganz Ausgezeichnete von dem Verfehlten zu scheiden« (Arendt, S. 172 f.). In einer Erwiderung wehrte sich Enzensberger mit dem Hinweis auf die zu verhindernde atomare ›Endlösung‹ vehement gegen den Vorwurf des Escapismus, er betonte noch einmal das Verbrecherische einer Politik, die die Ausrottung allen Lebens kaltherzig einkalkuliert (*Ein Briefwechsel*, S. 174 ff.). In einer erneuten Replik zog Arendt allerdings den entgegengesetzten Schluß, als sie schrieb: »Die der Entwicklung nuklearer Geräte in der Kriegsführung inhärente ›politische‹ Konsequenz ist ganz einfach die Abschaffung des Krieges als Mittel der Politik – es sei denn, man dichtet den Geräten eine Konsequenz an, die sie doch nur haben können, wenn Menschen die Konsequenzen ziehen« (Arendt, S. 178). Entschieden kann diese ins Staatsrechtliche weisende Kontroverse, ob Politik auf Gewalt beruht, der Staat politisch handelt, indem er Gewalt anwendet, weder vom Literaten Enzensberger noch von seinen Kritikern. Zwar verdeutlicht Enzensberger am Einzelfall, daß Rechtssysteme Gewaltverhältnisse sanktionieren; Verbrechen als Politik enthüllt aber noch nicht die Gleichsetzung von Politik und Verbrechen.

Das Recht, so Habermas, als »Instrument der Herrschaft ist noch kein Beweis für Herrschaft als organisierte Rechtsbeugung, also für substanzielle Gleichheit von Politik und Verbrechen« (Habermas, S. 156). Die Analyse des Zusammenhangs – und deshalb wurde dieses literaturferne Thema hier so ausführlich behandelt – zwischen beiden Begriffen ist für Enzensberger über die Jahrzehnte so zentral, daß er jeden Versuch einer Befreiung von Herrschaftsverhältnissen stets mit dem Hinweis in Frage stellt, daß sich alle bisherigen Revolutionen am vorherigen Zustand infiziert und die Grundstruktur der Herrschaft geerbt hätten (vgl. *Pol. u. Verbr.*, S. 13). In einem Gespräch von 1985 strich er diese Erkenntnis noch einmal besonders heraus, sehr wohl wissend, daß dies die Verwirklichung wahrhaft freier Zustände für ewig verhindern könne (Arbeitsgespräch).

II POLITISIERUNG UND DOKUMENTARISMUS:
STRATEGIEN GEGEN DIE HARMLOSIGKEIT DER LITERATUR
(1965 – 1975)

1. Stichworte zum politisch-kulturellen Kontext

Der Blick auf die politisch-kulturelle Situation der 60er Jahre zeigt
eine Politisierung an, die alle Bereiche der Gesellschaft erfaßt.
Ausdruck und Motor dieser Politisierung ist die *antiautoritäre
Studentenbewegung*, die im Kontext einer umfassenden Kritik an
der Ordinarien-Universität, der lustfeindlichen und repressiven
Gesellschaft und des aggressiven Imperialismus in den Ländern der
3. Welt entsteht. Sowohl die in der Studentenbewegung politisier-
ten Intellektuellen als auch jene Autoren, die aufgrund der
Rezeption marxistischer Literaturtheorie oder der Rekonstruktion
der Kultur der Arbeiterbewegung die Thematisierung der Arbeitswelt und der politischen Unterdrückung ins Zentrum der Literatur
stellen, bemühen sich um die Entwicklung eines *operativen Literaturbegriffs*, der Forderungen nach realistischer Schreibweise ebenso
aufnimmt wie den ›kategorischen Imperativ‹ verändernden Eingrei-
fens mittels Literatur.

1.1. Politisierung von Gesellschaft und Literatur

»Die Studenten- und Jugend-Revolte«, so heißt es in einer Dokumentation
über die Protestbewegungen der 60er Jahre rückblickend, »ist heute
Geschichte. Häufig mythologisiert, zur Legende verzerrt oder banalisiert
und verteufelt. [. . .] Die Provokationen der ›68er‹-Generation haben die
politische Kultur in der Bundesrepublik wesentlich verändert. [. . .] Das
Neue, Faszinierende an der antiautoritären Revolte, an der Außerparlamentarischen Opposition der 60er Jahre war, zum einen, die – existentiell
empfunden – Verschmelzung verschiedenster Probleme und Impulse:
Aktionskunst, Rockmusik, Kongo, Bundeswehrbewaffnung, Provos, Ha-
schisch, Marxismus, Kulturrevolution, Psychoanalyse, Kuba, Ordinarien-
universität, flower- und black-power. Und es waren, zum anderen, die
spektakulären Formen und ihre Unbedingtheit der Kritik und des Protests«
(Miermeister/Staadt, S. 7 f.).

Die Autoren deuten damit nicht nur wesentliche Momente und
Anlässe des studentischen Protests der 60er Jahre an, sie belegen –
vielleicht ungewollt – das wirre In- und Nebeneinander politischer
und kultureller Prozesse, die für die Rebellen von damals nur
schwerlich auseinanderdividiert und hinreichend analysiert werden

konnten. Trotz einer Vielzahl autobiographischer und dokumentarischer Publikationen hat sich das bis heute nicht grundlegend geändert (aus der Fülle sei verwiesen auf Bauß; Mosler; Baumann). Auch wenn Enzensberger eine der wenigen Ausnahmen darstellte, war für die Zeit von 1945 bis 1960 zu konstatieren, daß sich die meisten deutschen Autoren – parallel zu Restauration, Re-Militarisierung, Kaltem Krieg und Antikommunismus – auf die Beschäftigung mit formal-ästhetischen Problemen zurückzogen und auf diese Weise, das ist unbestritten, die westdeutsche Literatur zu Weltgeltung brachten. Sporadisch und partiell übten Autoren wie Böll, Koeppen oder Andersch Kritik an der verfehlten Faschismusaufarbeitung oder der offiziellen Regierungspolitik. Ihre literarische Kritik wandte sich gegen Autoritätsmißbrauch, die Unfähigkeit der Regierung, klug und menschlich zu handeln, sowie gegen die Irrwege der Kirche. Durch die Arbeiten von Grass, Rühmkorf, Meckel und vor allem von Enzensberger artikulierte sich schließlich zu Beginn der 60er Jahre in wachsendem Maße das Unbehagen weiter Kreise der Intellektuellen an der ihnen zugedachten Rolle als ›Hofnarr‹ der Gesellschaft: Geduldet waren, wie Enzensberger immer wieder polemisierte, kritische Einsprengsel, folgenlose Ästhetik. Ansonsten aber wurde jenen das Lob gesungen, die den Alltag verschönerten und die Widersprüche harmonisierten. Von Adorno und Enzensberger assistiert, trat die Analyse über Ausmaß und Funktion der ›Bewußtseins-Industrie‹ auf den Plan, mit deren Hilfe die politischen Möglichkeiten von Literatur ausgelotet werden konnten. Lokalisiert wurden jetzt konkrete und politische ›Einzelheiten‹, um an ihnen Methoden der Beobachtung, Kritik und Veränderung auszubilden. – Die Kritik hatte zu diesem Zeitpunkt noch nicht die später anvisierte ›Kulturrevolution‹ im Sinn, sie wollte ihre Gegenstände »nicht abfertigen oder liquidieren, sondern dem zweiten Blick aussetzen« (*Einzelheiten*, Nachwort).

Die ›Spiegel-Affäre‹ von 1962 – als erste einschneidende Erfahrung staatlicher Machtvollkommenheit gegenüber kritischem Journalismus – bewirkte, daß Schriftsteller, die bislang wenig Solidarität verband, in einem Fall, »wo Fragen nach Macht und Herrschaft sich nicht in abstrakter, schwer faßbarer Weise stellten« (Thomas/Bullivant, S. 48), sondern durch die Besetzung der Redaktionsräume des ›Spiegels‹ seitens der Polizei handgreiflich und sichtbar wurden, sich zusammenfanden, in Manifesten protestierten und zugleich demonstrierten, daß sie ihre Kritik an den Ereignissen als eine Aufgabe im Interesse der Allgemeinheit definiert wissen wollten. Staatliche Repression gegenüber intellektueller Gesellschaftskritik wurde zum Paradigma einer repressiven Gesellschaft (vgl. Schöps).

Enzensberger brachte in »Klare Entscheidungen und trübe Aussichten« (1967) den Widerstand, aber auch die Niederlage der reformistischen intellektuellen Opposition, die »sich auf die Bundestagswahlen von 1965 datieren« (S. 228) läßt, auf einen polemischen Nenner. Die Wiederaufrüstung der Bundesrepublik, die Einbeziehung der Bundeswehr in das westliche Bündnis und die Lagerung atomarer Waffen auf dem Boden der neuen deutschen Republik stießen auf heftigsten Protest, der aber letzten Endes – mit der Konstituierung der SPD als ›staatstragender Volkspartei‹ seit ihrem Godesberger Programm – im politischen Leerraum verpuffte. Die imperialistische Ausbeutung der Dritten Welt, insbesondere die Vietnam-Politik der USA, der CIA-gesteuerte Versuch einer Konterrevolution in Kuba, die Ermordung Lumumbas und die Verhinderung eines sozialistischen Kongos, all dies erzeugte vornehmlich in studentischen Kreisen ein wachsendes Unbehagen an den ›Segnungen‹ der westlichen Welt. Die Desillusionierung über den ›Freund‹ und ›Verbündeten‹ USA war angesichts des Vietnam-Debakels offenkundig und verschaffte sich auf verschiedenste Weise Ausdruck. Enzensberger in seiner Begründung zur Aufgabe der ihm verliehenen Fellowship an der Wesleyan University, USA (1968):

»Ich halte die Klasse, welche in den Vereinigten Staaten von Amerika an der Herrschaft ist, und die Regierung, welche die Geschäfte dieser Klasse führt, für gemeingefährlich. [. . .] Sie liegt mit über einer Milliarde von Menschen in einem unerklärten Krieg; sie führt diesen Krieg mit allen Mitteln, vom Ausrottungs-Bombardement bis zu den ausgefeiltesten Techniken der Bewußtseins-Manipulation. Ihr Ziel ist die politische, ökonomische und militärische Weltherrschaft. Ihr Todfeind ist die Revolution« (*Offener Brief*, S. 233).

Was auf literarischer Ebene vor allem in agitatorisch-propagandistischer Literatur seinen Ausdruck fand (vgl. »Agitprop«; »Denkzettel«), fand sein aufklärerisches Pendant in Enzensbergers 1965 gegründeter Zeitschrift ›Kursbuch‹.

1.2. ›Kursbuch‹ – Eine neue Zeitschrift

»Enzensbergers Arrangierwerk«, so vermerkte der ›Spiegel‹ mit der ihm eigenen Süffisanz, »ist das nationale Ersatzstück einer abenteuerlichen Trans-Europa-Verbindung« (anonym, a). Richtig daran war, daß das Projekt von 21 europäischen Autoren, gemeinsam eine literarische Revue herauszugeben, deren Hefte in drei Sprachen und Ländern (Frankreich, Italien, Bundesrepublik) erscheinen sollten, außer umfangreicher Korrespondenz und einer italienischen Null-Nummer namens ›Gulliver‹ keine sichtbaren Ergebnisse erbrachte. Enzensbergers schließlich im Alleingang ins Leben gerufenes ›Kursbuch‹ ist Rückgriff auf weniger komplizierte, bewährte Strukturen. Zunächst vom norwegischen Tjöme, ab 1965 dann von West-Berlin aus (bis zu seinem Umzug 1979 nach München hat er seinen Hauptwohnsitz in Berlin, falls man wegen seiner längeren Südamerika-Reisen, den Aufenthalten auf Kuba und in New York von einem solchen überhaupt sprechen kann) edierte er, unterstützt vom Suhrkamp-Lektor K. M. Michel, seine bis 1970 im Suhrkamp-Verlag erscheinende Zeitschrift. Als 1970 mit Heft 20 (Über ästhetische Fragen; u. a. mit Enzensbergers *Baukasten zu einer Theorie der Medien*) für Verlagschef S. Unseld »die Grenze des Zumutbaren« (zit. n. anonym, c) erreicht ist, trennen sich Zeitschrift und Verlag. Da die durchschnittliche Erstauflage von 5000 auf 20000 gestiegen ist (mit Nachdrucken erreicht man gelegentlich sogar 50000 Exemplare einer Nummer), scheint die ökonomische Basis für eine Selbständigkeit der Zeitschrift gegeben. In Kooperation mit dem Wagenbach Verlag gründet Enzensberger 1970 den *Kursbuch Verlag* in Berlin. Über alle politischen Wirrungen und Strömungen hinweg behauptet sich die Zeitschrift (aus deren Redaktion sich Enzensberger 1974 zurückzieht, seitdem erscheint sie lediglich ›unter seiner Mitwirkung‹) bis heute als vielleicht wichtigstes Organ der marxistisch orientierten literarischen Linken in der Bundesrepublik.

Enzensbergers programmatische »Ankündigung einer neuen Zeitschrift« entspricht exakt seiner (bis zur ›Anderen Bibliothek‹ von 1985 durchgehaltenen) Maxime, sich nicht in Einbahnstraßen zu verrennen, offen zu bleiben für Tendenzen, Prozesse – und Utopien:

»*Absicht*. Kursbücher schreiben keine Richtungen vor. Sie geben Verbindungen an, und sie gelten so lange wie diese Verbindungen. So versteht die Zeitschrift ihre Aktualität. – *Programm*. Eine Revue, von der sich, noch ehe sie vorhanden ist, angeben ließe, wie sie es meint und was darin stehen wird, wäre überflüssig; man könnte an ihrer Statt ein Verzeichnis von Ansichten publizieren. Derartige Programme können weder das Bewußtsein dessen verändern, der sie niederschreibt, noch das Bewußtsein ihrer Leser; sie dienen der Bestätigung dessen, was schon da ist. Was schon da ist, muß aber erst aufgeklärt, und das heißt revidiert werden. – *Thema*. Die Gegenstände einer solchen Revision lassen keine Beschränkung zu. Sie sind nur durch die Fähigkeit und die Kenntnisse der Mitarbeiter begrenzt, die das *Kursbuch* findet« (*Ankündigung*).

Trotz dieses bewußt vagen Programms, das natürlich zu Irritationen und Kritik führte (vgl. Zimmer, b; Enzensbergers Antwort: *Nachträge*; Zimmer, c), aber auch zu beherztem Lob (z. B. Pasero); trotz eines »einmal-hin, einmal-her Konzept[s]« (Karsunke, a, S. 187) zwischen Literatur und Politik entwickelte sich das ›Kursbuch‹ schnell zu einem Forum internationaler Politik. Beiträge von Fanon und Castro in Heft 2, Dossiers über Apartheid-Politik in Südafrika oder die Unterdrückung im Iran, machten deutlich, worum es dem politischen Aufklärer Enzensberger jetzt ging: In seinem Essay über die »Europäische Peripherie«, der zu einer heftigen Kontroverse mit P. Weiss führte, verletzte er Tabus eingefahrener – auch marxistischer – Sichtweisen und postulierte eine Solidarität mit den ausgebeuteten Ländern, die sich daran zu orientieren hätte, daß die Welt nicht mehr in Ausbeuter und Ausgebeutete, Kapitalismus und Kommunismus, sondern in Reichtum und Armut zerfällt: »Ein gemeinsames ›Klassenbewußtsein‹ zwischen armen und reichen Völkern ist nicht möglich« (*Europäische Peripherie*, S. 170), die reichen sozialistischen Länder haben mithin ihren Anteil an der Ausbeutung der Dritten Welt und der Aufrechterhaltung dieses Zustandes. – Als P. Weiss Enzensberger daraufhin politischen Illusionismus vorwarf und er, wie auch Mader, den Autor an die Prinzipien sozialistischer Parteilichkeit erinnerten (vgl. Weiss; Mader), verwahrte sich Enzensberger gegen die »Moralische Aufrüstung von links«, um demgegenüber ein Weltbild zu entwerfen, das auf Zweifel und Widerspruch – auch gegenüber dem fälschlicherweise kanonisierten Marxismus – basierte (*Peter Weiss und andere*, S. 176).

›Der Spiegel‹, der sogleich einen »Riß in der Riege« – nämlich der linken Intelligenz – vermutete (vgl. anonym, b), verstand, wie die bürgerliche Öffentlichkeit insgesamt, nicht die Zeichen der Zeit. Enzensberger hatte ein Thema angepackt, das zu einem Fokus des revolutionären Protests werden sollte. Als er zwei Jahre später (1968) formulierte, »daß wir alle an der Ausplünderung der Dritten Welt teilhaben«, und die armen Länder, »die wir unterentwickelt haben, faktisch unsere Wirtschaft subventionieren« (*Offener Brief*, S. 236), brachte er die Analyse der internationalen Studentenbewegung auf den Nenner.

Welchen Stellenwert das Thema ›Dritte Welt‹ im Schaffen Enzensbergers einnimmt, und welche katalytische Wirkung seine essayistischen und literarischen Beiträge auch in den Ländern der Dritten Welt selbst haben, belegt die Untersuchung A. B. Sadjis von 1984.

Als Karsunke in einer Zwischenbilanz über das ›Kursbuch‹

meinte, es habe endlich – 1969 – einen Kurs genommen, »der in Richtung Effektivität verläuft« (Karsunke, a, S. 194), beschrieb er damit den politischen Aspekt der Zeitschrift hinreichend, die Vernachlässigung der literarischen Ambitionen Enzensbergers waren damit allerdings nicht benannt (vgl. auch Buselmeier, a).

1.3. »Staatsgefährdende Umtriebe« – Enzensberger und die Studentenbewegung

Die studentischen Proteste gegen Repräsentanten der Unterdrükkung eskalierten – vor allem anläßlich der Besuche von US-Vizepräsident Humphrey und des Schahs von Persien im Juni 1967 – zur nackten Gewalt, dessen tödliches Opfer der Student Benno Ohnesorg wurde. Dieses Ereignis war für viele, dem Staat gegenüber kritisch eingestellte Jugendliche, Studenten und Intellektuelle, ein Zeichen dafür, daß sich das demokratisch nennende Gemeinwesen seiner angeblich ›faschistischen Fratze‹ enthüllte. In der Biographie der an der APO aktiv Beteiligten ist der Tod Ohnesorgs entscheidender Anlaß zur radikalen Politisierung und Abwendung von herrschenden Normen und Werten (die sog. ›Bewältigungsromane‹ ehemaliger Rebellen zeigen dies deutlich; vgl. auch Götze; Lützeler).

Nicht allein die Tötung Ohnesorgs, sondern auch das »Verhalten der politischen Repräsentanten Westberlins nach dem 2. Juni« (Bauß, S. 55), das vor allem in abwiegelnden und zynischen Kommentaren bestand, rief in breiten Kreisen der Studentenbewegung helle Empörung hervor. Enzensbergers ›Kursbuch 12‹ vom April 1968, die ›Dokumentation und Analyse eines Berliner Sommers‹ mit dem Titel: »Der nicht erklärte Notstand«, kann als Muster-Beispiel engagiert-aufklärerischer politischer Journalistik angesehen werden. Eine Solidarisierungswelle von bisher kaum gekanntem Ausmaß war die Folge. Demonstrationen, Manifeste und Kongresse drückten nicht nur die Betroffenheit der politischen Opposition aus, sie beinhalteten auch eine Analyse des Geschehens im Hinblick auf seine gesellschaftspolitischen Implikationen. »Benno Ohnesorg ist das zufällige Opfer eines planmäßigen Versuchs zur Unterdrückung einer außerparlamentarischen Opposition« (Nevermann, S. 5), las man, oder es hieß, Ohnesorgs Tod markiere »eine Entwicklungsstufe in der Stabilisierung der im parlamentarischen Sinn faktisch oppositionslosen, autoritären Leistungsgesellschaft« (Negt, S. 12). Enzensberger formulierte in einem offenen Brief an Justizminister Heinemann:

»Allzuviel Optimismus, Reformfreude, blindes Vertrauen auf die Staatsgewalt, das ist es, was ich mir vorzuwerfen habe. Noch im März dieses Jahres dachte ich, man riskiere wegen seiner politischen Gesinnung in diesem Lande weiter nichts, als vor Gericht gestellt zu werden. Inzwischen weiß ichs anders. Wegen seiner politischen Gesinnung, ja selbst des Versuchs wegen, sich eine politische Gesinnung zu verschaffen, die man noch gar nicht hat: bei dem Versuch herauszufinden, was bei uns auf offener Straße geschieht, kann man auf offener Straße erschossen werden« (*Staatsgefährdende Umtriebe*, S. 26 f.).

Um die politische und ökonomische Krisensituation in der Mitte der 60er Jahre in den Griff zu bekommen, wurde die SPD erstmals seit Weimarer Tagen an der Regierungsverantwortung beteiligt. Vor dieser ›Großen Koalition‹ warnte nicht nur G. Grass. Er prophezeite, daß dadurch die jüngere, kritische Generation zur Aufgabe ihrer noch vorhandenen politischen Zurückhaltung veranlaßt würde, der Weg zu außerparlamentarischen und gewaltvollen Aktionen vorgezeichnet sei (vgl. Grass, a). Enzensbergers Kommentar zum Eintritt der SPD »als Juniorpartner in die bankerotte Regierung«:

»Der sell-out war vollständig. Seitdem gibt es in Deutschland keine organisierte Opposition mehr. Die parlamentarische Regierungsform ist vollends zur Fassade für ein Machtkartell geworden, daß der verfassungsmäßige Souverän, das Volk, auf keine Weise mehr beseitigen kann. Abstimmungen im Bundestag gleichen seitdem der Prozedur, die in den Volksdemokratien üblich ist; Debatten sind überflüssig geworden. Die Regierung ist dabei, diese Situation durch Manipulation des Wahlrechts und durch Notstandsgesetze zu zementieren. Das Ende der zweiten deutschen Demokratie ist absehbar« (*Klare Entscheidungen*, S. 229).

Die Notstandsgesetze waren zweifellos ein enormer Politisierungsfaktor für die Linke. Diese Gesetze, die – wie Enzensberger formulierte – »gewisse Teile der Verfassung im Falle der Bedrohung der Staatssicherheit außer Kraft« (*Berliner Gemeinplätze*, S. 190) setzen können, kamen einem »zentralen Angriff auf die bürgerlich-demokratischen Rechte im allgemeinen wie auf die Zugeständnisse, die nach der Niederwerfung des Faschismus an die antikapitalistische Massenstimmung« (Bauß, S. 112) notwendig waren, gleich.

Enzensberger, Mitglied eines Kuratoriums gegen die Notstandsgesetze, hielt auf einem von 58 Gewerkschaftern, Pfarrern, Schriftstellern und Professoren einberufenen »Kongreß Notstand und Demokratie« am 30. Okt. 1966 eine engagierte Rede: »Was da im Bunker sitzt, das schlottert ja«, polemisierte er an die Adresse jenes ›Clans‹, »der da noch in der Agonie nach dem Ermächtigungsgesetz schreit« und die Abschaffung der Demokratie probt. »Leben wir in einer Bananen-Republik?« fragte Enzensberger und meinte, dem Notstand, »der sich selber zum Gesetz erhebt, ist nur auf eine Weise zu begegnen: mit Widerstand, mit Streik und mit Sabotage«. Daß es ihm 1966 *noch nicht* um eine revolutionäre Veränderung der Gesellschaft ging (ähnlich wie noch 1963 anläß- lich seiner Büchner-Preis-Rede, in der er, Büchner variierend, sagte: »*Wenn in unserer Zeit etwas helfen soll, so ist es* dies«: Mut, List, Phantasie, eben Politik und »nicht Gewalt«, *Darmstadt,* S. 22), belegt sein versöhnender Schlußsatz: »Die Republik, die wir haben, wird noch benötigt« (*Notstand,* S. 188 ff.).

Der Mordanschlag auf den Studentenführer Rudi Dutschke, der auf groteske Weise Zeugnis ablegte von der Manipulation durch einseitige Massenmedien und den Anti-Springer-Kampagnen neue Nahrung gab, bewahrheitete die Thesen Enzensbergers zur inte- grativen Funktion der Bewußtseins-Industrie. Daß ins Arsenal politischer Mittel, neben der bekannten Manipulation, jetzt auch die direkte Aufforderung zur Lynchjustiz geriet, war allerdings etwas neues. »Das Publikum, die sogenannte Bevölkerung, soll das Sonderkommando zur Treibjagd antreten«, stellte Enzensberger in ›Kursbuch 11‹ (1968) fest. In Anlehnung an das »Manifest der Kommunistischen Partei« von Marx und Engels sah er in euphori- scher Überschätzung der damaligen politischen Konstellationen ein ›Gespenst umgehen‹ in Europa: das »Gespenst der Revolution«. Gedanken seiner »Klaren Entscheidungen« vom Mai 1967 aufgrei- fend, führt Enzensberger aus, daß die Revolution zwar ein Schatten und keineswegs eine »materielle Gewalt« sei, doch sei das, was da so ungeniert die Ruhe störe und sich nicht abweisen lasse, »die Zukunft. Sofern das Wort noch einen Sinn hat in Europa« (*Berliner Gemeinplätze,* S. 151). Das Wort ›Revolution‹ sei in Deutschland immer ein Fremdwort geblieben, denn wie schon 1848 und 1919, so wurde auch 1945 die Chance für eine wirkliche Revolution in Deutschland vertan. Stattdessen entschloß sich die Bundesrepublik »zu konvertieren«. An die Stelle von Umwälzung, Umsturz und Revolution trat moralische Wandlung, Umkehr und Stabilisierung der gesellschaftlichen Verhältnisse. Währungsreform, Kalter Krieg, totale Ideologisierung der sozialen Marktwirtschaft und Massen- konsum trugen dazu bei, der ›Konterrevolution‹ das Spiel leicht zu machen. Wurden in den 50er Jahren alte Machtpositionen gefestigt, so sah die Linke die Bundesrepublik in den 60er Jahren auf einen neuen Faschismus zusteuern, der in der Gestalt eines alltäglichen, institutionell gesicherten und maskierten Faschismus auftrete, schrieb Enzensberger im Juni 1968 (*Berliner Gemeinplätze II,*

S. 191). Das politische System schien für viele irreparabel: Entweder, so Enzensberger stellvertretend für die Linke, sei dem System zuzustimmen, »oder man muß es durch ein neues System ersetzen. Eine dritte Möglichkeit ist nicht abzusehen« (*Berliner Gemeinplätze*, S. 157). Diese Sätze, fast wortgleich schon in den ›Klaren Entscheidungen‹ geäußert, nahm der ›Spiegel‹ zum Anlaß, eine Broschüre mit dem Titel »Ist eine Revolution unvermeidlich? – 42 Antworten auf eine Alternative von Hans Magnus Enzensberger« herauszugeben.

Den Kern einer revolutionär gesinnten Opposition sieht Enzensberger 1967/68 in einem Teil der Studenten heranreifen, auch wenn ihre Strategie »unsicher«, ihr Programm »vage« und ihre zahlenmäßige Stärke »gering« (*Berliner Gemeinplätze*, S. 157) sei. Bei allem übertriebenen Optimismus hinsichtlich der geschichtsbildenden Kraft der neuen Opposition wußte aber auch Enzensberger, daß weder Studenten noch andere Intellektuelle ›das revolutionäre Subjekt‹ sein können. Die entscheidenden Komponenten der Politisierung lagen nach Dutschke nicht in Führer- oder Avantgarde-Prinzipien, sondern in »Selbsttätigkeit, Selbstorganisation, Entfaltung der Initiative und der Bewußtheit des Menschen« (Dutschke, S. 54) auf der Basis dezentraler Organisationen. Nur in diesem Kontext bekommt der Hinweis Enzensbergers Berechtigung, »daß es stets Minderheiten sind, die den revolutionären Prozeß in Gang setzen«. Die Systemopposition kann sich deshalb auch nicht auf die vielzitierte ›Arbeiterklasse‹ und ihre Kaderparteien beschränken, im Gegenteil: Die »wirklichen und potentiellen Gegner« des Systems finden sich in Randgruppen und sind »disparat bis zur Groteske«. Die Klassenbasis dieser aus Schülern, Arbeitslosen, Hippies und marginalisierten Gruppen bestehenden Opposition sei zwar »schwach und uneinheitlich«, da sie aber extrem dezentralisiert ist, sei sie zugleich schwer von der Staatsgewalt zu kontrollieren (*Berliner Gemeinplätze*, S. 163 f.).

Aufgrund dieser ›Randgruppen-Strategie‹ (die in Marcuse einen prominenten Förderer hatte; vgl. auch Enzensbergers *Fragen an Herbert Marcuse*, ›Kursbuch 22‹, und *Ein Gespräch über die Zukunft*, ›Kursbuch 14‹) war nach allgemeinem Konsens an eine Parteiengründung nicht zu denken. Angesichts politischer Programmatik, in dessen Zentrum reale Demokratie, Dezentralisierung und Kooperation stand, war dies auch nicht wünschenswert. Ziel war es, die Forderungen einer zukünftigen Gesellschaft in den außerparlamentarischen Aktionen zu antizipieren (vgl. *Berliner Gemeinplätze*, S. 167). Wurden Antizipation und Utopie zu konstituierenden Momenten antiautoritärer Politik (vgl. auch *Konkrete*

Utopie), so konnte die ›befreite‹ Gesellschaft lediglich als langfristiges Prozeßresultat definiert werden (vgl. Dutschke, S. 43).

Enzensbergers Konstruktion einer ›ölfleckartigen Ausbreitung‹ des Unbehagens zum Massenprotest mußte angesichts elitärer studentischer Politik und der hinlänglich (auch von Enzensberger selber) analysierten Integration der Arbeiterklasse ins politische System scheitern (vgl. *Europäische Peripherie* oder *Das Plebiszit*). Sollte die neue Opposition Entwürfe für die Zukunft liefern, »ohne naiver Projektmacherei anheimzufallen«, sollte sie von den unmittelbaren Bedürfnissen der Menschen ausgehen, »ohne den internationalistischen Kampf aufzugeben«, sollte sie sich gegen staatliche Repression wehren wie auch gegen die »Umklammerung durch Parteikommunisten«, sollte sie schließlich die Störung des autoritären Systems ebenso betreiben wie die Bildung von Gegeninstitutionen (*Berliner Gemeinplätze II*, S. 196 f.), so mußte die Opposition an ihren eigenen Ansprüchen scheitern.

1.4. Tod der ›spätbürgerlichen Literatur‹? ›Kursbuch 15‹ und die Folgen

Wo die akademische und künstlerische Intelligenz zum vehementen Befürworter gesellschaftlicher Umwälzung wurde, mußte zwangsläufig ein *Prozeß der Neudefinition der Aufgaben und Möglichkeiten von Kunst und Literatur* im ›spätkapitalistischen‹ Staat erfolgen. Die linke Intelligenz, so Enzensbergers Selbstkritik, war zwar 20 Jahre lang »literarisch fleißig, doch politisch im tiefsten Sinn unproduktiv«. Die einzige Verbundenheit unter Künstlern war ihr stets bekundeter Antifaschismus. Ihre politischen Vorstellungen allerdings waren, laut Enzensberger, zutiefst moralisch, ihr Sozialismus blieb reine Kopfgeburt, nebulös, »schon aus Mangel an Kenntnissen« (*Berliner Gemeinplätze*, S. 157). Weder hatte sich die linke Intelligenz hinreichend mit wissenschaftlichen, technischen und ökonomischen Fragen beschäftigt, noch hatte sie eine politische Theorie, »die diesen Namen verdienen würde«, hervorgebracht. Zu politischen Erfolgen hatte sie es demzufolge allein in der »Vertretung ihrer eigenen Interessen und der Behauptung ihrer eigenen Privilegien« gebracht. Nach der Niederlage der reformistischen Intelligenz in Deutschland (Indikator war die ›Große Koalition‹) war es vorbei mit »ihrem Narrenparadies«. »Die Zeit der schönen Selbsttäuschungen«, meinte Enzensberger, hatte nun »ein Ende« (ebd., S. 158). Die Zeiten der »diffusen, der halbangepaßten« literarischen Opposition, »die alle fünfe gerade sein läßt, sind vorbei. Es ist vielleicht nicht schade um sie. Doch die Aussichten für die deutsche Politik und für die deutsche Literatur, und erst recht für das Verhältnis von Literatur und Politik in Deutschland, sind trübe« (*Klare Entscheidungen*, S. 232).

Etablierte sich zum einen im Kontext der Rezeption marxistischer Klassiker und der Konstituierung einer ›Literatur der Arbeitswelt‹ eine neue ›Agitprop-Literatur‹, die a priori von der Wirkungs- bzw. Veränderungsfunktion der Literatur überzeugt war, so machte zum anderen die literarische Metapher vom ›Tod der Literatur‹ die Runde. Das ›Kursbuch 15‹ (Nov. 1968) spielte in diesem weitreichenden Streit über das Selbstverständnis ›bürgerlicher Literatur‹ im angeblich ›kulturrevolutionären Prozeß‹ eine katalytische Rolle. Enzensberger war der erste, der sich in seinen »Gemeinplätzen, die Neueste Literatur betreffend« über die Rhetorik des Absterbens lustig machte, und der ihm assistierende K. M. Michel wies nach, daß diese sich revolutionär gebärdende literarische Metapher keineswegs neu war, sondern bereits seit 150 Jahren »zum heiligen Bestand eben jener Kultur«, gegen die sie ausgespielt wird, zählte und »zum schönen Ritual wehmütiger Klage oder prophetischer Verheißung« (Michel, S. 170) zu rechnen war.

Im Hinblick auf die deutsche Literaturszene war das neue Selbstverständnis vieler Autoren – ein Selbstverständnis der eigenen Negation – eine ›Trauerfeier für Minderheiten‹. Die oft zitierten ›Massen‹ hatten andere, durch Rezession und politische Unsicherheit bedingte Sorgen, sie mochten vom Ableben der Literatur, »die nie bis an den Kiosk« gedrungen war, »ebensowenig Notiz nehmen wie von ihrem Leben« (*Gemeinplätze*, S. 188). Anknüpfend an seine Thesen aus den »Berliner Gemeinplätzen«, nach denen die historische Chance der Umwälzung der Macht- und Besitzverhältnisse bereits nach dem Kriege vertan wurde, definierte Enzensberger die Rolle des Kultur- und Literaturlebens als Alibifunktion im Überbau. Daß in einer Gesellschaft ohne reale Demokratie die Literatur mit »Entlastungs- und Ersatzfunktionen« aufgeladen war, denen sie nicht standhalten konnte, war für ihn ebenso bewiesen wie die Tatsache, daß sie einstehen sollte für ein ansonsten nicht vorhandenes »genuin politisches Leben« (ebd., S. 190). Auch wenn in den ›Redaktionellen Anmerkungen‹ versichert wird, daß die Essays von Enzensberger, Michel und Boehlich unabhängig voneinander entstanden sind, so bilden sie doch eine thematisch-argumentative Einheit.

Mit Blick auf 20 Jahre Nachkriegsliteratur stellte Michel in seinem Beitrag fest, daß die international so erfolgreiche deutsche

Kunst durch ihre bewußt ästhetisierende Darstellung zur »Entpolitisierung der Leser« und zur »Neutralisierung von politischen Potenzen« beigetragen hatte, die sich sonst hätten aktualisieren und entzünden können. Weil die Literatur die intellektuellen Interessen in einer Weise fesselte und befriedigte, als wären es unmittelbar gesellschaftliche oder politische, wurden letztere nur noch verzerrt wahrgenommen. Die von der Literatur aufgegriffene Unzufriedenheit und Unruhe wurde damit zugleich »in einen Käfig gesperrt, wo Scheinkämpfe ausgefochten und Scheinsiege errungen wurden, während nebenher die Geschäfte ihren Lauf nahmen« (Michel, S. 178 f.).

Der kometenhafte Aufstieg der westdeutschen Literatur, so Enzensberger, wurde mit »theorieblindem Optimismus«, »naiver Überheblichkeit und zunehmender Unvereinbarkeit von politischem Anspruch und politischer Praxis« (*Gemeinplätze*, S. 190) erkauft. Die Versuche, mittels Straßentheater und Agitprop aus dem Kulturghetto auszubrechen, galten für viele Kritiker schon 1968 als gescheitert. Der im spätbürgerlichen Milieu verwurzelte Autor mußte einsehen, daß er außerstande war, »für die Bedürfnisse des Proletariats eine Sprache zu finden« (ebd., S. 192). Einige literatursoziologische und -theoretische Erkenntnisse lagen deshalb für Enzensberger offen zutage:

a) Die schon von Benjamin analysierte Fähigkeit des Kapitalismus, Kulturgüter von beliebiger Sperrigkeit »zu resorbieren, aufzusaugen, zu schlukken«, war durch die verfeinerten Techniken der Kulturindustrie enorm gestiegen. Wo aber die gesellschaftlichen Gehalte von Literatur ausgeleert sind und ihr »kritisches Potential zum bloßen Schein« (ebd., S. 194) verkümmert ist, da stoßen auch die provozierendsten politisch-ästhetischen Experimente auf keinen ernsthaften Widerstand mehr und lassen sich mühelos assimilieren und konsumieren.

b) Die *politische Harmlosigkeit der Literatur* war trotz ihres gesellschaftsverändernden Anspruchs so offensichtlich, daß Enzensberger für sie »eine wesentliche gesellschaftliche Funktion in unserer Lage« (ebd., S. 195) nicht mehr anzugeben vermochte. Mit diesem häufig mißverstandenen Verdikt ging es ihm nicht darum, die Schädlichkeit von Literatur oder gar die Nichtigkeit ihrer Existenz nachzuweisen, sondern um die grundsätzliche Infragestellung des gesellschaftlichen Sinns literarischer Produktion. Um die »Selbsttäuschungen« der Literatur, die sich mal dem schönen Schein und ein anderes Mal der Revolution verschreibt, ging es Enzensberger, nicht darum, der Literatur gänzlich den Garaus zu machen. In Gesprächen mit Andersch und Kesting verwies Enzensberger noch 10 Jahre später eindringlich auf jene Mißverständnisse, die sein Beitrag in der ›Die-Literatur-ist-tot-Debatte‹ ausgelöst hatte (vgl. Andersch, d, S. 85 ff.; Kesting, S. 122 ff.).

Zum Vorwurf, er hätte damals quasi ein ›Berufsverbot‹ über Schrift-

steller verhängt, meinte Enzensberger lakonisch: »Die Armen, die Armen
können mir richtig leid tun, wie sie davor erschrocken sind. Im übrigen
konnten die Leute, die sich da betroffen fühlten, nicht einmal richtig
lesen. Was ich damals behauptet habe, war etwas ganz anderes« (Kesting,
S. 127).

In einer Replik relativierte H. C. Buch (›Kursbuch 20‹) die Fragestellung, indem er zu bedenken gab, daß eine ›wesentliche Funktion‹, im Sinne eines Einflusses von Kunst auf materielles Sein, in
der Literaturgeschichte eher »die Ausnahme als die Regel« darstelle. Vom Standpunkt schriftstellerischer Pragmatik warnte er
deshalb vor übertriebenen Wirksamkeitspostulaten und auch davor, ins entgegengesetzte Extrem zu verfallen und die Literatur
›liquidieren‹ zu wollen (Buch, S. 45 f.).

c) Zum Risiko schriftstellerischer Produkte gehöre es von vornherein, so
Enzensberger, »nutz- und aussichtslos« (*Gemeinplätze*, S. 195) zu sein.
Dem revolutionären Gefuchtel, das in der Liquidierung der Literatur
»Erleichterung für die eigene Ohnmacht sucht«, trat er allerdings mit recht
bescheidenen Alternativen für eine neue literarische Praxis entgegen. Seine
›relativierende Bescheidenheit‹ brachte ihn dazu, die politische Publizistik,
die Reportage- und Dokumentationstechniken von Wallraff und Meinhof
als Vorbild zu apostrophieren. Auch Nirumand's Persien-Buch und
Alsheimer's Bericht aus Vietnam wollte er gelten lassen (ebd., S. 196). Als
übergeordnete Vision zu solch· bescheidener Pragmatik entwarf er das
gigantische Projekt einer »politischen Alphabetisierung Deutschlands« auf
der Grundlage einer »Alphabetisierung der Alphabetisierer«. Ein neues,
gleichberechtigtes und kommunikatives Verhältnis von Leser und Autor
sollte sich in einem Prozeß kritischen Feed-backs anbahnen. Durch
Korrektur und Widerstand sollten Folgen spürbar werden, so daß das, was
der Autor sagt, »und was ihm gesagt wird«, anwendbar und gemeinsame
Praxis werden kann (ebd., S. 196 f.).

Verglichen mit dieser Vision nahm sich Boehlichs »Autodafé« als
kompromißloses politisches Programm aus. Anläßlich einer Kritik
der ›Großkritiker‹ wandte er sich strikt gegen jede Trennung von
Kultur und Politik. Er forderte, die »gesellschaftliche Funktion
jeglicher Literatur als das Entscheidende« anzusehen und demzufolge die »künstlerische Funktion als eine beiläufige« (Boehlich) zu
betrachten.

Das Dilemma aller Autoren und Kritiker, die in diese ›Selbstver-
ständnis-Debatte‹ involviert waren, bestand darin, nach dem Abgesang auf die ästhetischen Kategorien eine neue Literatur zu
entwerfen, die sowohl den Erfordernissen der Studentenbewegung
und gesellschaftlicher Transformationen gerecht wird als sich auch
dem Zugriff der kulturellen Apparate entziehen kann. Michels

polemische Alternative, daß sich die Welt von heute nicht mehr politisieren, sondern nur noch verändern lasse, muß eher als Eingeständnis von Konzeptionslosigkeit denn als tragfähiger Neuansatz gelesen werden. Buchs Replik auf das ›Triumvirat‹ Enzensberger/Michel/Boehlich beharrte mit gutem Recht und Enzensberger'scher Diktion darauf, daß sie dabei wären, »die endgültige Kapitulation vor den allmächtigen Apparaten der Bewußtseinsindustrie« zu vollziehen. Gerade Enzensbergers Empfehlung, sich mit Reportagen und Dokumentationen zu bescheiden, stieß auf Buchs Widerspruch. Solche Formen könnten zwar nützlich sein, um eine Literatur der Arbeitswelt zu konstituieren und Ausbeutung und Unterdrückung transparent zu machen, sie seien aber niemals ein ernsthafter Ersatz für literarische Techniken »komplexerer Art, auf die der Schriftsteller nach wie vor angewiesen« (Buch, S. 44) sei. Auch die Vision schriftstellerischer ›Alphabetisierung‹ war letztlich nicht mehr als ein – von Enzensberger nie wieder aufgegriffenes – Versprechen, aus dem sich »romantische und elitäre Sehnsüchte heraushören« ließen (Wellershoff, S. 156; zur Reaktion des bürgerlichen Feuilletons auf ›Kursbuch 15‹ vgl. Baumgart, c; Bohrer, b; Karasek, c; Vormweg, a).

Als Wondratschek schließlich 1972 hinsichtlich der postulierten Ziele und Wirkungsabsichten der neueren Literatur feststellte, daß ihre Wirkung einzig in ihrer »Wirkungslosigkeit« und »Bedeutungslosigkeit« liege, konnte ihm ernsthaft niemand widersprechen. Ging es Enzensberger noch um die »Harmlosigkeit« der gegenwärtigen und um die dokumentarischen Aufgaben einer zukünftigen Literatur, so wurde im übrigen die Debatte von Peter Schneider mit einem Beitrag zur »Phantasie im Spätkapitalismus« und den Aufgaben der Literatur im Prozeß der ›Kulturrevolution‹ auf eine Ebene verlagert, deren Voluntarismus und Naivität offen zutage lag. Schneiders Aufsatz (in ›Kursbuch 16‹, März 1969 veröffentlicht), der selbst dem Autor 10 Jahre später das Gefühl von »Fremdheit« (Schneider, c, S. 229) vermittelte, war zeitverhaftet wie kaum ein anderer.

Fruchtbarer als alle Überlegungen zum ›Tod der Literatur‹ und alle ›kulturrevolutionären Visionen‹ waren letzten Endes so pragmatische Theorien wie jene von Wellershoff über die Literatur als ›Simulationsraum‹ und ›Spielfeld für fiktives Handeln‹ oder von H. C. Buch zur Veränderung der kulturellen Apparate durch stete Belieferung derselben mit kritischer Literatur. Buchs These, daß die Apparate der Bewußtseinsindustrie »zu Instrumenten der Selbstbestimmung ihrer Produzenten« werden könnten, somit »ein Stück sozialistischer Utopie« (Buch, S. 48) vorweggenommen würde, weist deutliche Parallelen zu Enzensbergers medientheoretischen Überlegungen auf, die im selben ›Kursbuch‹ als »Baukasten« vorgestellt wurden.

In Anlehnung an Brechts ›Radiotheorie‹ von 1932 und ausgehend davon, daß der Buchdruck strukturell »ein monologisches Medium« ist, und Schreiben »als spezielle Technik in absehbarer Zeit verschwinden wird« (*Baukasten*, S. 182), entwickelt Enzensberger hier die Vision eines ›emanzipatorischen Mediengebrauchs‹, die er gegenüber dem vorherrschenden ›repressiven Mediengebrauch‹ so zusammenfaßt: Denzentralisierte Programme; jeder Empfänger ein potentieller Sender; Mobilisierung der Massen; Interaktion der Teilnehmer, feedback; politischer Lernprozeß; kollektive Produktion; gesellschaftliche Kontrolle durch Selbstorganisation (ebd., S. 173).

Diese Ansätze einer Medientheorie sind Zeugnis eines Zeitgeistes, der in politischer Euphorie zu Überschätzungen der Möglichkeiten kritischer Interventionen im Kulturapparat geführt hat (zu Enzensbergers Medientheorie vgl. Baumgart, e; Harder, a, b; Zimmer, d). Bezeichnenderweise griff Enzensberger seine emanzipatorischen Baukasten-Elemente nie wieder auf.

2. Das literarische Werk, Editionen und Essays (1965–1975)

Peter Hamm vermerkte 1968, Enzensberger habe – »jedenfalls bis auf weiteres – die Produktion von Rauschmitteln eingestellt«. Für Hamm ist dies die konsequente Entwicklung eines Autors, der versucht, »der affirmativen Kultur den Rücken zu kehren bzw. ihr in den Rücken zu fallen. Mit allen möglichen Mitteln« (Hamm, b, S. 254). Diese Interpretation ist übertrieben und entspricht keineswegs den Intentionen Enzensbergers, dem es immer um die Herstellung von Gebrauchswerten geht, auch wenn ihm die Harmlosigkeit der Literatur ebenso unzweifelhaft ist wie er die Originalitätsvorstellungen des bürgerlichen Autors belächelt hat. Den Autor hält er (trotz der ›Kursbuch‹-Polemiken von 1967/68) »immer noch für wichtig. Ich halte den Schriftsteller für einen gesellschaftlichen Spezialisten, der die Aufgabe hat, die gesellschaftliche Realität zum Sprechen zu bringen« (Interview, S. 77).

Richtig ist, daß Enzensberger zwischen den »blindenschrift«-Gedichten von 1964 und den »Mausoleum«-Balladen von 1975 mit keinem Werk an die Öffentlichkeit trat, welches ihn als Autor im traditionellen Sinn auswies. Eine gewisse Ausnahme bildeten die »Gedichte 1955–1970«, die zur Überraschung des Publikums 1971 erschienen und neben einem Querschnitt durch seine drei bisherigen Lyrikbände 30 neue Gedichte enthielten. Ansonsten basiert sein in dieser Zeit durchaus opulentes Werk auf der konsequenten Weiterentwicklung des Selbstverständnisses als Autor mit der Funktion, politischen und historischen Prozessen nachzuspüren, aufzuklären und einzugreifen.

Neben zwei Essay-Sammlungen (*Deutschland, Deutschland unter anderm*, 1967; *Palaver*, 1974) bereits anderenorts publizierter Aufsätze und der Veröffentlichung eines ›Offenen Briefes an Bundesjustizminister Heinemann‹ (*Staatsgefährdende Umtriebe*, 1968), finden sich lediglich zwei Bücher, für die Enzensberger voll verantwortlich zeichnet: »Das Verhör von Habana« (1970), seine erste Theaterarbeit, und »Der kurze Sommer der Anarchie« (1972), sein erster und bisher einziger ›Roman‹.

Die Gründung des ›Kursbuchs‹ (1965) stellt, da ist Hamm zuzustimmen, »im Grunde den Anfang einer neuen Linken in der Bundesrepublik« (Hamm, b, S. 255) dar. Enzensbergers Herausgebertätigkeit bis 1974 (seitdem fungiert er beim ›Kursbuch‹ lediglich als Mitarbeiter und Gesellschafter) ist – gerade im Kontext der Studentenbewegung – nicht hoch genug zu veranschlagen.

Als Herausgeber und Verfasser von Nachworten finden wir ihn zwischen 1965 und 1975 bei (auf den deutschen Buchmarkt bezogen) mindestens 11 wichtigen Projekten. Ein flüchtiger Blick auf seine Bibliographie vermerkt zudem etwa 25 Aufsätze von politischer Relevanz. Wichtige Themen seiner Essayistik und politischen Publizistik sind dabei

– die ›Deutsche Frage‹ (*Am I a German*; *Katechismus zur deutschen Frage*; *Brief an den Bundesminister für Verteidigung*; *Versuch, von der deutschen Frage Urlaub zu nehmen*),
– die Probleme der Dritten Welt (*Europäische Peripherie*; *Peter Weiss und andere*, *Zum ›Hessischen Landboten‹*, *Las Casas*),
– die kritische Auseinandersetzung mit dem Sozialismus (*Kronstadt*; *Bildnis einer Partei*; *Revolutions-Tourismus*; *Entrevista*),
– Die Kommentierung aktueller politischer Ereignisse und Prozesse (*Notstand der Demokratie*; *Eine neue Phase des Kampfes*; *Politische Kriegsdienstverweigerung*; *Ein Gespräch über die Zukunft*; *Fragen an Herbert Marcuse*; *Kapitalverflechtung*; *Zur Kritik der politischen Ökologie*),
– die Kulturkritik aus dem Blickwinkel des Literaten (*Rede vom Heizer Hieronymus*; *Klare Entscheidungen*; *Berliner Gemeinplätze I und II*; *Konkrete Utopie*; *Gemeinplätze, die Neueste Literatur betreffend*; *Baukasten zu einer Theorie der Medien*).

Hielt sich Enzensberger in seiner ›Büchner-Preis-Rede‹ von 1963, trotz heftigster Kritik an der von interessierter Seite aufrechterhal-

tenen Spaltung Deutschlands, an die Spielregeln des Kulturbe-
triebs, so stellte seine Rede zur Verleihung des *Kulturpreises der
Stadt Nürnberg* (vom 16. 3. 1967) eine Provokation dar. Nicht nur,
daß er von der ›herrschenden‹ Kultur nichts wissen wollte, er
entwarf auch mit Hilfe der Person des ›Heizers Hieronymus‹ einen
Kulturbegriff, der sich auf Widerstand, Parteinahme zugunsten der
Verfolgten und Ausgebeuteten und auf die politische Kultur des
›einfachen Volkes‹ gründet. Mit der Geldsumme, die den Preis
begleitete, eröffnete Enzensberger ein Postscheckkonto:

»Unterstützt werden Leute, die wegen ihrer politischen Gesinnung in der
Bundesrepublik vor Gericht gestellt worden sind, auch die Angehörigen
von Verurteilten. [. . .] Wenn der Heizer Hieronymus noch lebt, wenn man
ihn noch einmal vor Gericht gestellt haben sollte, so bitte ich ihn um ein
Lebenszeichen« (*Rede vom Heizer Hieronymus*, S. 224).

In seinen beiden »Berliner Gemeinplätzen« sowie in den »Gemeinplätzen, die Neueste Literatur betreffend« (darauf sind wir bereits
hinreichend eingegangen) hatte er vehement gegen die kapitalistische Restauration im Nachkriegsdeutschland und die Rolle der
Literatur polemisiert: Mit dem Narrenparadies einer, wenn auch
reformistischen, so doch elitären Kultur sei es angesichts von
›Großer Koalition‹ und Notstandsgesetzen vorbei; die Literatur,
die eintreten sollte für das, was es in der Bundesrepublik nicht gab,
nämlich für ein »genuin politisches Leben« (*Gemeinplätze*, S. 190),
habe in dieser Situation keine wesentliche gesellschaftliche Funktion« (ebd., S. 195) mehr. Postulierte er in den »Gemeinplätzen« als
Alternative die Reportagen Wallraffs, die Kolumnen Meinhofs, den
Vietnam-Bericht Alsheimers und die Persien-Analysen Nirumands
(zu letzteren schrieb er selbst ein Nachwort), so nahm das
Dokumentarische (die Recherche, das Material, das Interview) jetzt
eine zentrale Rolle in seinem Schaffen ein.
    Anläßlich seines Dokumentar-Stückes »Verhör von Habana«
meinte Enzensberger, es sei eigentlich kein Theaterstück »in
irgendeinem herkömmlichen Sinne«, sondern erst zu einem Stück
gemacht worden, indem die Theaterleute sich seiner Textcollage
bemächtigt hätten. Auf die Frage nach der Autorschaft eines
lediglich aus Dokumenten bestehenden Stückes, meinte er, es sei
»ein Aberglaube, daß die Schriftsteller ihre Texte selbst verfassen
müssen. [. . .] Da steckt doch eine Originalitätsvorstellung dahinter, die mir außerordentlich fragwürdig ist«. Den Schriftsteller hielt
er – im Gegensatz zu manchen Gefährten während der Studentenbewegung, die den Weg in die Betriebe der Schreibtischarbeit
vorzogen – trotzdem für einen wichtigen »gesellschaftlichen Spe-

zialisten«, weil er die gesellschaftliche Realität zum Sprechen bringen und als Interpret, »wenn Sie wollen, sogar als [. . .] Bauchredner der anderen« (Interview, S. 56 f.), eine politische Aufgabe erfüllen kann.

Auch wenn Enzensberger 1975 über Theorie und Praxis der Dokumentarliteratur (die im Kontext von Agitprop und Arbeitswelt eine wahre Flut erlebte) urteilte, sie sei inzwischen »in ihrer eigenen Sackgasse verharrt«, der Begriff des Dokuments sei »hohl« geworden (*Der Weg ins Freie*, Nachb., S. 113), so plädierte er doch weiterhin für einen Dokumentarismus, der sich davor hüten müsse, daß der Autor als »Zwischenträger« sein Material »planiert, ihm seine Widersprüchlichkeit austreibt«. Gegen diese, vor allem von marxistischer Seite geübte Tendenz, die zur Vernachlässigung des subjektiven Faktors führt, stellt er einen *Dokumentarismus-Begriff*, der »beim Entziffern der Überlieferung gerade auf die Brüche und Risse im Text [. . .], auf Diskontinuitäten und Widersprüche, auf das Übersprungene, Ausgelassene und Kontradiktorische« (ebd., S. 115) zu achten habe.

Seine arrangierende Rolle stellt Enzensberger immer zur Disposition, weil sie auf Subjektivität beruht. Jedes Interview impliziert nicht nur ein Interesse, sondern setzt »eine ganze Reihe von Eingriffen« voraus. Schon die bloße Anwesenheit der technischen Apparatur

»wirkt sich auf jede Äußerung aus, ebenso wie die Tatsache, daß das Protokoll, das Interview veröffentlicht werden soll. Jeder einzelne Arbeitsgang, ob Ansage, Schnitt, Transkription, Auswahl oder Übersetzung, deformiert das ›ursprüngliche Material‹« (ebd., S. 114).

Die Kategorien von Fiktion und Nichtfiktion, von echt und unecht, von dokumentarisch und erfunden hält Enzensberger für »außerordentlich fragwürdig« (Interview, S. 77), echt im Sinne des literarischen Dokuments ist für ihn »entweder alles – also auch jede Milchrechnung, jedes Gebrabbel, jeder Parkzettel – oder nichts: denn das Recht zu reden schließt das Recht zu lügen ein« (*Der Weg ins Freie*, Nachb., S. 114).

Enzensberger, der weiß, daß die Fragwürdigkeit der Quellen prinzipieller Art ist und selbst die Lüge noch ein Moment von Wahrheit enthält, versteht sich als »Rekonstrukteur«, als ein Glied in einer langen Kette von Nacherzählern. Er, der wegläßt, übersetzt, schneidet, montiert und in das Ensemble der Fiktion seine eigene Fiktion einbringt, kann nicht unparteiisch sein, »er greift in das Erzählte ein. Sein erster Eingriff besteht bereits darin, daß er diese und keine andere Geschichte wählt«, konstatiert er in der ›Ersten Glosse‹ seines Durruti-Romans (*Der kurze Sommer*, S. 15).

2.1. Der Hessische Landbote (1965)

Hatte Enzensberger sich 1963 anläßlich seiner Büchner-Preis-Rede bereits intensiv mit Zeit, Werk und dem Fortwirken Büchners befaßt, so fungierte er 1965 als Herausgeber des »Hessischen Landbotens«, jenes etwa zehnseitigen Aufrufs zur Revolution aus dem Jahre 1834. Warum es ihm wichtig war, diesen in Büchner-Ausgaben hinlänglich publizierten Text erneut vorzulegen, wird bereits deutlich, wenn *Ludwig Weidig* als gleichberechtigter *Mitautor* des Landboten erscheint. In einem Nachwort zu dem mit Briefen und Prozeßakten aufgefüllten Band unternahm Enzensberger nicht nur den Versuch, den politischen Kontext des Jahres 1834, sondern auch die Autorenschaft Weidigs neu zu rekonstruieren.

Der Butzbacher Pfarrer und Rektor Weidig hat die Büchner-Schrift gründlich *revidiert* und mit einem *neuen Schluß* versehen. Die »entscheidende Retouche« besteht darin, daß er überall, wo Büchner gegen die ›Reichen‹ polemisiert, die ›Vornehmen‹ eingesetzt »und damit die Stoßrichtung der Flugschrift, ihre politische Intention gründlich verändert« (*Zum ›Hessischen Landboten‹*, S. 113) hat. Doch weder dies noch die eingefügten Bibelzitate mag Enzensberger dem Pfarrer Weidig vorwerfen. Denn eher als der Theoretiker Büchner, der von der französischen Aufklärung und Revolution geprägt war und aus dem Verrat des Bürgertums an den Interessen des Volkes in der Revolution von 1830 den Schluß zog, daß nur eine gewaltsame Veränderung der Besitzverhältnisse die Gesellschaft wirklich befreit, war Weidig »ein erfahrener Politiker«, der wußte, was bei Bauern ankam:

»Wenn überhaupt etwas, so waren es Bibelzitate, nicht Statistiken; und wenn es Autoritäten für sie gab, so waren es Ezechiel und Jesaias, und keineswegs Robespierre und Babeuf« (ebd., S. 114).

Um Weidigs Texteingriffe neu zu bewerten, trennt Enzensberger die Texte Büchners und Weidigs durch zwei verschiedene Drucktypen. Kennzeichnet er die deutschen Verhältnisse in seinem ›politischen Kontext 1834‹ als zutiefst zurückgeblieben – sowohl in ökonomischer als auch in politischer Hinsicht –, so stellt er in seinem ›politischen Kontext 1964‹ einen Bezug der alten Büchner-Weidig-Schrift zur aktuellen Gegenwart her: Auch wenn laut einer regierungsamtlichen Anzeigenkampagne der Klassenkampf zu

Ende sei, ist der Widerspruch zwischen Arbeit und Kapital nicht aufgehoben, sind Besitzverhältnisse und Verfügungsgewalt über Produktionsmittel nicht gerecht verteilt. »Das Regime«, so Enzensbergers Fazit, beruht *heute* »nicht auf Repression, sondern auf Zustimmung« (ebd., S. 118). Auch wenn man den Revolutionär Büchner in der Bundesrepublik zwar feiert, »aber nicht ernstnimmt« (ebd., S. 118), so hat er doch jenen Ländern immer noch viel zu sagen, für die die euphemistische Bezeichnung ›Entwicklungsländer‹ gefunden wurde. Durch geringe Wortumstellungen macht Enzensberger aus Büchners Text den ›Persischen Landboten‹ und demonstriert damit, wie aktuell die Analyse des damals politisch-ökonomisch zurückgebliebenen Hessen heute ist:

»Was 1964 am *Landboten* gilt, gilt nicht für Hessen, es gilt für den Nahen Osten, den indischen Subkontinent und Südostasien, für große Teile Afrikas und für viele Länder des lateinischen Amerika« (ebd., S. 119).

Das Verhältnis zwischen armen und reichen Völkern, so seine Folgerung (die er im selben Jahr im ›Kursbuch‹-Aufsatz über die *Europäische Peripherie* weiterführt), »ist das einzig revolutionäre Element in der Welt« (ebd., S. 122; vgl. auch sein *Nachwort* zu Nirumands Persienbuch).

Der wahre Grund für die Neuausgabe des Büchner-Weidig-Textes muß also hier gesucht werden: in dem Fruchtbarmachen eines revolutionären Klassikers für die Analyse der Probleme der Dritten Welt und als Handlungsanleitung zu deren Lösung. Nur wird die »Milliarde Menschen« (ebd., S. 119), die er als Adressaten im Kopf hat, seinen Text nie zu Gesicht bekommen.

2.2. *Las Casas oder Ein Rückblick in die Zukunft (1966)*

Ebenfalls an die Adresse der Dritten Welt gerichtet ist der Bericht über die grausame Kolonialherrschaft der Spanier in Mittelamerika, der »Kurzgefaßte Bericht von der Verwüstung der Westindischen Länder von Bartolomé de Las Casas«.

Auch hier wieder dieselbe Vorgehensweise: Enzensberger verbindet die neuerliche Herausgabe dieses Textes von 1542 mit einem ebenso profunden wie engagierten Essay. Sein ›Rückblick in die Zukunft‹ zeigt sogleich, worum es ihm auch hier wieder geht: Er rekonstruiert die historisch-politische Situation, belegt die auf schnellen Profit ausgerichtete Ausrottungspolitik der Conquistadoren an Beispielen, zeigt schließlich den Kampf Las Casas' (er war Priester und später Bischof von Chiapa in Mexiko) für eine umfassende Regelung der sog. ›Indischen Frage‹. Enzensberger analysiert die Reaktionen von Adel und Kirche, die Diffamierungen Las Casas' als Hochverräter und Lutheraner, ja auch die Verunglimpfungen seitens der konservativen Historiker-Zunft, die seit Jahrhunderten die Echtheit der Dokumente anzweifelt, sich über die Anzahl der ausgerotteten Indianer in die Haare gerät und Las Casas vorwirft, die ›Ehre Spaniens‹ besudelt zu haben.

Spätestens mit dem Einflechten eines Zitats von Frantz Fanon, dem Befreiungstheoretiker der Dritten Welt, wird klar, was Enzensbergers Intention ist: Es gilt, Las Casas' *Aktualität* zu beweisen, denn der Prozeß, der mit der Conquista begann, »ist nicht zu Ende. Er wird in Südamerika, in Afrika und Asien geführt« (*Las Casas*, S. 138). In seiner Treue zu Krone und Kirche war Las Casas gewiß weder Revolutionär noch Reformist, er war sich aber bewußt, daß die unterdrückten Völker einen »gerechten Kampf« führen. Dieser Kampf, so Enzensberger, spielt sich auch heute vor unseren Augen ab:

»Der Krieg in Vietnam ist die Probe aufs Exempel: das Regime der reichen über die armen Völker, das Las Casas als erster beschrieb, steht dort auf dem Spiel. Die Schlagzeilen, die wir jeden Morgen im Briefkasten finden, beweisen, daß die Verwüstung der indischen Länder weitergeht. Der *Kurzgefaßte Bericht* von 1542 ist ein Rückblick in unsere eigene Zukunft« (ebd., S. 151).

2.3. Schiller: Gedichte (1966)

Parallel zur Aufarbeitung historischer Dokumente aus der ›Unterdrückungsgeschichte‹ des Menschen widmet sich Enzensberger einem literarischen Klassiker. Aus dem – zunächst scheinbar – unpolitischen Unterfangen spitzt sich schnell eine Kontroverse über den Umgang mit Klassikern zu. Die von ihm ausgewählten Gedichte Schillers für den dritten Band der im Insel Verlag herausgegebenen ›Werke‹ rufen Widerspruch hervor: Unter dem Titel »Kein Lied mehr von der Glocke« meldet Reich-Ranicki ernsthafte Bedenken gegen die Auswahl von Schillers Lyrik an, in der nicht nur »Das Lied von der Glocke«, sondern ebenso eine Reihe der bekanntesten Balladen fehlten. »Eine Begründung dieser immerhin ungewöhnlichen Auswahl«, so Reich-Ranicki, »ist in der Edition nicht vorhanden«. – Unter der Überschrift »Festgemauert aber entbehrlich« lieferte Enzensberger die Begründung dafür nach (beide Beiträge in ›Die Zeit‹). Abgesehen davon, daß er Schiller die ›sonderbar philiströsen‹ politischen Ansichten vorwirft, die in der »Glocke« zum Ausdruck kämen, verlegt er sich auf eine fast

literaturwissenschaftliche Argumentation: Textimmanent untersucht Enzensberger die sprachlichen und intellektuellen Qualitäten
der »Glocke« und weist nach, daß sich zwischen dem eigentlichen
Gedicht und dem von Schiller eingefügten kommentierenden
Versen formal und substanziell ein »extremes Niveaugefälle«
auftut:

> »Auf der einen Seite äußerste Ökonomie, auf der anderen uferlose Sprüche;
> feste rhythmische Form, lustlose Reimerei; strikte Kenntnis der Sache,
> unverbindliche Ideologie; verschwiegene Einsicht, plakatierte Trivialität;
> Größe der Beschränkung, aufgehäufter Plunder. An der Unvereinbarkeit
> des einen mit dem andern scheitert das Gedicht« (*Festgemauert aber
> entbehrlich*).

Mit Brecht verwahrt sich Enzensberger gegen das ›kritiklose
Nachplärren‹ der Klassiker, gegen die Kanonisierung populären
und häufig politisch mißbrauchten Schunds. Und da auch Reich-
Ranicki die »Glocke« zu den »schwächeren Arbeiten« Schillers
zählt, das Lied gar für »abgegriffen und abgeleiert« hält, wundert
sich Enzensberger, warum selbiger Kritiker sich »übers Ohr
gehauen« fühlt, wenn er etwa »ein Zitat verifizieren will und dabei
feststellen muß, daß in seiner Ausgabe die meistzitierten Gedichte
Schillers fehlen« (Reich-Ranicki). Diese Argumentation »läuft auf
das Verlangen hinaus, unserm Schiller-Verständnis den Pelz zu
waschen, es dabei aber keinesfalls naß zu machen. Da soll überprüft
und revidiert werden, nach Herzenslust: doch wehe dem, der aus
dieser Überprüfung die Konsequenzen zieht!« (*Festgemauert aber
entbehrlich*)
    Enzensberger nahm Schiller ernst – und Widerspruch war ihm
gewiß, wie bei fast jeder seiner Äußerungen.

2.4. Freisprüche. Revolutionäre vor Gericht (1970)

Ein *politisches Lesebuch* stellt die 1970 von Enzensberger herausgegebene Sammlung von Gerichtsreden dar: 25 Revolutionäre aus
den letzten 175 Jahren (vom Franzosen Babeuf, 1797, bis zu den
Polen Kuron und Modzelewski, 1965) nehmen als Angeklagte
Stellung (meist in Form einer Schlußrede) zu den ihnen vorgewor-
fenen Tatbeständen, die vom Vergehen gegen Zensurbestimmun-
gen bis zum Hochverrat, von der Zusammenrottung bis zum
Mord, von der Brandstiftung bis zum bewaffneten Umsturz
reichen. Die Wahrheit aber ist, daß die Handlungen der Angeklag-
ten mit keinem Strafgesetzbuch zu fassen sind.
    Enzensbergers Vorgehen als dokumentierend-recherchierender

Herausgeber ist ebenso einfach wie überzeugend: Nach den Rede-Auszügen (von denen die Hälfte zum erstenmal in Deutschland vorgelegt wird, andere Reden stammen aus entlegenen Quellen, die kaum zugänglich sind) gibt Enzensberger Anmerkungen zum Text, danach biographische Angaben zum Redner, schließlich einen Kommentar. Er beschließt den jeweiligen Abschnitt mit Quellenangaben und Literaturhinweisen, wenn er nicht, wie im Falle Karl Marx, auf weiterführende Literatur verzichtet, da sie einerseits zu umfangreich, andererseits »bibliographisch so gut erschlossen und so leicht zugänglich« (*Freisprüche*, S. 91) ist. Das Buch handelt, mit Ausnahmen, vom revolutionären Kampf gegen die Bourgeoisie, wobei Enzensberger den Führern der Befreiungsbewegungen der Dritten Welt einen besonderen Platz einräumt. Das kann nicht verwundern, da er durch Reisen nach Südamerika und seinen längeren Kuba-Aufenthalt (wie das »Verhör von Habana« und mehrere Essays zeigen) den sozialistischen Befreiungsbewegungen stark verbunden ist.

In einer zehnseitigen Nachbemerkung erörtert Enzensberger Grundsätzliches zur Dialektik von revolutionärem Handeln und herrschender Justiz. Der revolutionäre Akt ist s. E.

»seiner Natur nach nicht justitiabel. Er ist dazu da, den ganzen Apparat der Repression über den Haufen zu werfen und die Rechtsordnung, die ihm den Weg versperrt, aus den Angeln zu heben. Nicht die Revolution, nur ihr Scheitern kann vor Gericht stehen« (ebd., S. 469).

Im Gegensatz zum Kriminellen setzt der Revolutionär mit seiner Aktion neues Recht, das mit dem alten unvereinbar ist. Das Urteil der Justiz kann deshalb nie Rechts-, sondern lediglich Machtverhältnisse ausdrücken. Der Titel des Buches (*Freisprüche*) nimmt somit die Revision der oftmals drakonischen Urteile vorweg. Er erinnert an den Satz Fidel Castros, den er vor dem Standgericht in Santiago de Cuba (1953) ausrief: »Verurteilt mich; das hat nichts zu bedeuten; die Geschichte wird mich freisprechen« (ebd., S. 364).

Im übrigen kam es Enzensberger weder auf den juristischen Aspekt der Prozesse noch darauf an, die sensationellsten Verhandlungen darzustellen. Seine Auswahl sollte die Möglichkeiten des revolutionären Kampfes und nicht

»irgendwie ›korrekte‹, mustergültige, abstrakte Revolutionstheorie abbilden und belegen, sondern im Gegenteil die konkrete historische Vielfalt dieses Kampfes zeigen« (ebd., S. 475).

Wie stets in seinen Dokumentationen dieser Jahre stand der Bezug zur aktuellen Gegenwart im Mittelpunkt seines Interesses. Revolutionäres Handeln sollte ebenso paradigmatisch vorgeführt werden wie die Reaktion der herrschenden Justiz: Von beidem könne man lernen und Erkenntnisse für eigenes Handeln gewinnen, dies umso mehr, als sich zwar die gesellschaftlichen Verhältnisse nicht grundsätzlich geändert hätten, die »große Zeit der revolutionären Gerichtsrede« aber »überhaupt vorbei« (ebd., S. 476) sei. Die elektronischen Medien hätten die Prozesse »entweder zum terroristischen Verwaltungsakt oder zur bloßen Farce« (ebd., S. 477) verkommen lassen.

Auffallend ist, daß Enzensberger keinen Fall bürgerlicher ›Klassenjustiz‹ für die letzten 50 Jahre in den USA oder Westeuropa dokumentiert. Die Reaktionen der Kritik auf diesen Band waren spärlich und vage: P. Gralla z. B. sieht zwar in Enzensbergers Reflexionen »einen Punkt von größter politischer Relevanz« (vor allem hinsichtlich des von Enzensberger konstatierten Widerspruchs zwischen ökonomisch-militärischer Macht der Bourgeoisie und ihrer ideologischen Impotenz), seine Einschätzung allerdings, daß Enzensbergers Begrifflichkeit (wie ›Revolutionär‹, ›monopolistischer Staatskapitalismus‹, ›bürgerlicher Rechtsstaat‹ oder ›politische Justiz‹) »wenig wissenschaftskonform« sei, besagt noch nicht, daß Enzensberger deshalb unrecht hätte. Und Grallas Folgerung, daß die Begrifflichkeit es der bürgerlichen Gesellschaft ermöglicht, »sich nicht angesprochen zu fühlen« (Gralla), verkennt schlichtweg, wer Enzensbergers eigentlicher Adressat ist: Nicht das Bürgertum oder die Repräsentanten und Stützen der Gesellschaft, sondern der politisch Opponierende, den er munitionieren wollte mit einer historisch fundierten Perspektive für die Zukunft (immerhin erschien das Buch zur Zeit der großen studentischen Demonstrationen, die eine Lawine von Prozessen nach sich zogen).

2.5. Das Verhör von Habana (1970)

»Ich bin eben von einer Reise nach Cuba zurückgekehrt. Ich sah die CIA-Agenten auf dem Flugplatz von México jeden Passagier nach Habana vor ihre Kameras kommandieren; ich sah die Silhouette der amerikanischen Kriegsschiffe vor der cubanischen Küste; ich sah die Spuren der amerikanischen Invasion in der Schweinebucht; ich sah die Hinterlassenschaft der imperialistischen Wirtschaft und die Narben, die davon in der Gesellschaft und im Bewußtsein eines kleinen Landes geblieben sind [. . .]. – Ich möchte im Herbst dieses Jahres nach Cuba gehen, um dort für längere Zeit zu arbeiten. Dieser Entschluß ist kein Opfer, ich habe einfach den Eindruck, daß ich den Cubanern von größerem Nutzen sein kann als den Studenten der Wesleyan University, und daß ich mehr von ihnen zu lernen habe« (Offener Brief, S. 238).

Enzensberger begründete mit diesen Sätzen, warum er die mit einem Stipendium verbundene Gastdozentur in Connecticut vorzeitig aufzugeben gedachte. Der Brief war eine radikale Absage an die imperialistische Politik der USA und ein Bekenntnis zum revolutionären Cuba, wenn auch kein »bedingungsloses«, wie manche Kritiker (z. B. Loetscher; Grimm, c) meinten. Die Dominanz der auf die Geschichte kolonialistischer Ausbeutung sowie auf die gegenwärtigen revolutionären Bewegungen in Mittelamerika bezogenen Thematik ist im Werk Enzensbergers zwischen 1965 und 1975 evident. Doch *kritische Parteilichkeit* führt bei ihm nie zu kritikloser Kanonisierung. Sein im ›Kursbuch 18‹, parallel zum »Habana«-Stück publizierter Essay zur Kommunistischen Partei Cubas (PCC) gibt darüber ebenso Aufschluß wie das gesamte Cuba gewidmete Heft. Enzensberger untersucht in diesem Aufsatz Rolle und Funktion der PCC, ihre Vorgeschichte und Struktur. Er zeigt, daß man zwar zu einer Partei, aber noch zu keiner Ideologie gekommen ist, daß sich die Revolution in der Person Fidel Castros zentriert und nicht in einer verbindlichen Theorie, von der Castro in seinem revolutionären Eklektizismus weit entfernt ist. Enzensbergers Fazit lautet:

»Fidel braucht die Partei und kann sie nicht leiden. Sie ist ihm lästig. [. . .] Er will sie und will sie nicht. Fidels Dilemma ist somit auch das Dilemma der PCC, einer Institution, die seit vielen Jahren gleichzeitig aufgebaut und destruiert wird« (*Bildnis einer Partei*, S. 215).

Auch wenn Enzensbergers Feststellungen zur PCC – sie sei »Partei ohne gewählte Gremien, ohne Parteitage, ohne Statuten, ohne Programm [. . .], der Schatten einer Partei, die es vielleicht niemals geben wird« (ebd.) – heute überholt sind, denn die PCC ist durch ihre Annäherung an die UdSSR organisatorisch und programmatisch straffer institutionalisiert als früher, so belegen sie doch seine kritische Haltung zur Revolution auf Cuba.

Von seinem Cuba-Aufenthalt 1968/69 brachte Enzensberger ein über tausend Seiten langes Tonband-Protokoll jenes legendären »Verhörs von Habana« mit, bei dem im April 1961, während an der Playa Girón (Schweinebucht) und in den Sümpfen von Zapata der Kampf der revolutionären Volksmilizen gegen die Invasoren seinem Ende entgegenging, im Theatersaal des cubanischen Gewerkschaftsbundes in Habana an vier Abenden 41 Gefangene öffentlich verhört wurden. Enzensbergers Auswahl beschränkt sich auf 10 Verhöre und stellt bereits »eine politische Interpretation« dar, wie er in einem dem Stück vorangestellten äußerst umfangreichen Essay mit dem bezeichnenden Titel »Ein Selbstbildnis der

Konterrevolution« klarstellt (S. 52). Blieb die Reihenfolge der Verhöre in Habana dem Zufall überlassen, so hat es seine neue Einrichtung auf Kontrast abgesehen, auf die Kenntlichmachung bestimmter (Stereo-)Typen. In seiner Übersetzung, die nicht wörtlich wiedergibt, sondern die szenischen Möglichkeiten des Textes entfalten will, sei »schon Parteinahme« (*Autor und Wirklichkeit*, S. 20); gestrichen hat er lange Dialogstellen voller Wiederholungen und cubanischer Interna. Stehen blieb dagegen alles, was für das »Selbstbildnis der Konterrevolution von struktureller Bedeutung« (*Ein Selbstbildnis*, S. 54) ist. Die ›Konterrevolution‹, das ist die vom CIA geplante und finanzierte Invasion der Exil-Cubaner in der Schweinebucht. Nach Darlegung der historischen Prämissen des selbst von Präsident Kennedy abgesegneten Unternehmens lautet Enzensbergers ganz im Duktus der ›rebellischen Spätsechziger‹ abgefaßtes Fazit:

»Die erste militärische Niederlage des Imperialismus in Amerika war zugleich das Fiasko der borniertesten und reaktionärsten Fraktion des amerikanischen Monopolkapitals. Playa Girón wird nicht ihr letztes Desaster bleiben« (ebd., S. 21).

Vietnam und seine Folgen sollten ihm recht geben. Die Befragung der Gefangenen – sie wurde damals live in Rundfunk und Fernsehen übertragen, hatte keinen juristischen Status, verhängte also auch keine Strafen – ist für Enzensberger ein »exemplarischer Vorgang«, der über seinen Anlaß hinausweist. Sie ist ein »heuristischer Glücksfall«, weil in ihr Strukturen zum Vorschein kommen, die in »jeder Klassengesellschaft« (ebd., S. 21 f.) wiederkehren. Die Einzigartigkeit des Vorgangs liegt nicht in den Personen (sie sind austauschbar und lassen sich »in jeder westdeutschen, schwedischen oder argentinischen Stadt wiederfinden«), sondern in der Situation: Sie ist revolutionär, denn eine »herrschende Klasse läßt sich nämlich nicht rückhaltlos befragen, bevor sie besiegt ist«, nur als geschlagene Konterrevolution kann sie »vollends zum Sprechen« (ebd., S. 22) gebracht werden. Versteht sich Enzensberger als »Hebamme« der gesellschaftlichen Kräfte (*Autor und Wirklichkeit*, S. 20), so strebt er die *Verallgemeinerung des Vorgangs* an: Die bourgeoise Konterrevolution, das analysiert er paradigmatisch an Dialogfetzen, leugnet ihre eigenen Klasseninteressen, will von sich selbst nichts wissen, versteckt ihre materiellen Interessen hinter Verdrängungen, Abwehrmechanismen und Projektionen. Die Sprechblasen hehrer Prinzipien, das Bekenntnis zu Castro und zur Agrarreform, die Postulierung eines ›dritten Weges‹ usw. machen die Verhöre zu einem »Stück über falsches Bewußtsein«, wie

Enzensberger später betonte (Interview, S. 73). Durch ständiges Leugnen ihrer gesellschaftlichen Funktion, ihres Daseins als Klasse, werden die Manipulateure »Opfer ihrer eigenen Manipulation« (*Ein Selbstbildnis*, S. 31). Dies ist für Enzensberger der springende Punkt, die cubanische Lokalfarbe verblaßt und man kann verallgemeinern: »Es ist auch unserer eigenen Gesellschaft auf den Leib geschrieben« (ebd., S. 28).

Weil er kein exotisches Revolutionsdrama, sondern die inneren Mechanismen beschreiben wollte, die jeder Klassengesellschaft eigen sind, montierte er die Verhöre nach dem Prinzip einer *Typenbildung*: Der Retter der Freien Wahlen findet sich da, der müde Held, der Großgrundbesitzer als Philosoph und schließlich der Mörder: er ist es – als zuletzt vorgeführter Gefangener –, der die Totalität wieder herstellt, die die anderen aufzulösen suchten:

»Die andern verteidigen sich, indem sie ihn anklagen; er klagt die andern an, indem er sich verteidigt. [. . .] Er allein deckt die Logik des Systems auf, dem sie ihre Herrschaft danken und dem sie dienen. Mit dem Mörder betritt die verborgene Wahrheit des Ganzen die Bühne« (ebd., S. 52).

Das Verhör verstand Enzensberger weder als Drehbuch noch als Theaterstück. Einer Bühnenrekonstruktion empfahl er dringend, sich nicht damit zufriedenzugeben, die zeitlich und räumlich entfernte Situation lediglich abzubilden. Strebte er die Verallgemeinerung und Transparenz von Mechanismen der Klassengesellschaft an, so verwahrte er sich gegen jede billige, äußerliche Aktualisierung durch Mittel der Regie (vgl. ebd., S. 54).

Die Reaktion auf den Stück-Text war – wie kaum anders zu erwarten – gespalten. War es für Salzinger ein »lehrreiches« und »spannendes« Buch in einer Reihe neuerer Versuche, den traditionellen Kunst- und Literaturbegriff praktisch zu überwinden, so warf Zeller dem Autor (gerade aufgrund von Enzensbergers Formulierung: »Jedes Wort und jeder Satz des Dialogs ist in Habana gefallen«, *Ein Selbstbildnis*, S. 54) ein fast grenzenloses Vertrauen in den Wirklichkeits- und Wahrheitsgehalt seines Materials vor. Außerdem habe er keinen »erkenntniskritischen Abstand« zu den Dokumenten und glaube, in ihnen den historischen Vorgang selbst zu haben (Zeller, S. 134). Auch Hilzinger mochte von einem Bühnenwerk nur »mit Vorbehalt« sprechen und meinte, Enzensberger habe nicht nur die Erkenntnisfähigkeit, sondern auch die Überzeugungskraft und Repräsentanz des Dokuments zu hoch eingeschätzt (Hilzinger, S. 131 ff.). Indem Enzensberger Auswahl und Anordnung der Dialoge als politische Interpretation versteht und sich einer wörtlichen Treue im Detail verpflichtet, versuche er die »produktiven Widersprüche des dokumentarischen Theaters zu umgehen« (ebd., S. 135). Hilzinger läßt es leider an einer Begründung fehlen, wie überhaupt die Reaktionen (vor allem auf die ersten Aufführungen des Stückes) sich durch eine gewisse inhaltslose Polemik auszeichnen. Manche zogen den Vergleich zu Kipphardts »Oppenheimer« oder P. Weiss' »Ermittlung«. Reinhold jedoch machte überzeugend deutlich, daß Enzensberger sich enger an die Vorlage hielt als andere Dokumentar-Autoren: Während Weiss das Hauptgewicht auf die Rekonstruktion historischer Abläufe legt, interessieren Enzensberger die jeweiligen Figuren nur insofern, als sie typische Verhaltensweisen ihrer Klasse und somit die Mechanismen ihres Herrschaftsanspruchs offenbaren (Reinhold, a, S. 110).

Die Aufführungen: Uraufgeführt wurde das »Verhör« während der Ruhrfestspiele in *Recklinghausen* 1970. Die Inszenierung von Hagen Müller-Stahl strahlte das 3. Programm des WDR live aus. Die Parallelität mit dem ursprünglichen Verhör von 1961 ging soweit, daß die Kameras des WDR die Aufschrift »Radio Liberacion«, die Schauspieler der Gefangenenrollen die beschmutzte Tarnuniform der Invasoren, die Bewacher die Uniform der cubanischen Volksmiliz trugen. »Reproduzierende Regie« nannte es zu Recht W. Dolph. Doch nicht die Bühne oder der Text standen im Mittelpunkt des Interesses (Baumgart, c, kritisierte den Saal als »aseptisch hell« und das Stück insgesamt als spannungslos und lähmend), die wirkliche »Sensation« (Dolph) war die Einführung von *Interviews mit dem Publikum*. Nach jedem der auf acht zusammengestrichenen Verhöre wurde ein ausgesuchter Vertreter im Publikum befragt, so daß das »Verhör von Habana«, den Intentionen Enzensbergers gemäß, zu einem »Verhör von Recklinghausen« (Vielhaber) wurde. Enzensberger nannte dieses Vorgehen später »ein wichtiges Experiment«, man hätte die »Probe aufs Exempel« gemacht und spontan eine gewisse Identität der Denk- und Sprachmuster zwischen Personen im Stück und in Westdeutschland herausgestellt (Interview, S. 74). Diese Befragungen der Zuschauer empfand Rischbieter als »perfide und dummdreist« (Rischbieter, a), Fuchs dagegen meinte, die Enzensberger'sche Versuchsanordnung hätte dazu beigetragen, die »Trennung zwischen Bühne und Zuschauerraum zu überwinden« und den bloß konsumierenden Zuschauer zu ersetzen »durch die Aktion des Kommunizierens, des Lernens«. Überhaupt sah Fuchs in den Reaktionen der bürgerlichen Presse auf diesen Abend (Baumgart, c, nannte die Aufführung eine »Blamage« und ein »Transportunternehmen für politische Erkenntnis«) nicht ganz zu unrecht eine

Fortsetzung und Wiederholung der von Enzensberger aufgezeigten charakteristischen Bewußtseinsstrukturen, wie sie z. B. im Verhör mit dem ›Großgrundbesitzer als Philosophen‹ zum Vorschein kommen. Fuchs glaubte denn auch, die westdeutsche Linke könne, da sie »bisher immer noch den Kapitalismus besser [kenne] als die Kapitalisten«, aus dem Stück einiges lernen (Fuchs, S. 206 ff.).

Nach der *Münchener Inszenierung im Herbst 1970* (Werkraumtheater der Münchener Kammerspiele) von Ulrich Heising wurde eine »Askese« und ein »Verzicht auf Illusionismus und Theatralik« (Czaschke) konstatiert. Die Regie hätte sich gegen das Publikum gerichtet, da die Bühne ins Publikum verlegt wurde, ohne das Gestühl daran anzupassen: Die vorderen Reihen blickten so gegen eine Art ›Eisernen Vorhang‹ und nahmen das Stück lediglich als Hörspiel wahr (vgl. Storch). Diese Aufführung, die den Moderator gestrichen hatte, nahm Henrichs zum Anlaß festzustellen, daß die von Enzensberger im Buch ausgebreiteten Dokumente, vor allem aber sein einleitender Essay, viel »ergiebiger« seien als die Inszenierung. Bei nicht zu übersehender theatralischer Brillanz und dramaturgischem Arrangement wurde für ihn die Rekonstruktion zur Denunziation und die Theaterszenen zum »unwichtigste[n], fragwürdigste[n] Produkt« aus Enzensbergers Beschäftigung mit den Verhören:

»Zwischen den objektiven Dokumenten und Enzensbergers subjektiver Analyse nimmt der Theatertext eine fatale Zwitterstellung ein: da wird ein subjektiver (also: manipulierter) Extrakt aus den Dokumenten als objektive szenische Rekonstruktion ausgegeben« (Henrichs, a).

Widersprüchlich wie in Recklinghausen und München war auch die Reaktion auf die *West-Berliner* Inszenierung vom Februar 1971. Die Kollektiv-Arbeit der Schaubühne, die keinen Regisseur ausweist, hat für F. Luft »mit Theater nichts zu tun«, ist »blaß« und »eindruckslos«. Luft registriert nur ›sozialistische Tugendfiguren‹ unter den Verhörenden, versteht sie als paukerhafte Besserwisser (Luft, a). Hält Wiegenstein die Aufführung für »ehrlich, nüchtern«, ja für »klar, unprätentiös, bescheiden« in der Vermittlung revolutionärer Einsichten und Schwierigkeiten, so ist es für Karsch ein »Tendenzstück« von rührender »Primitivität«. Die gemeinsame Inszenierung des Ensembles beschimpft er schlicht als »snobistische[s] Kollektiv-Getue« (Karsch).

Die im Sommer 1970 unter der Regie von Manfred Wekwerth erstellte Aufführung am Deutschen Theater in *Ost-Berlin* bringt das Verhör als Rekonstruktion einer Fernsehsendung: Fernsehbildschirme zeigen vor Spielbeginn Dokumentaraufnahmen der Invasion, Fernseharbeit wird auf der Bühne simuliert. Und da, so Beckelmann, »›stimmt‹ es nicht mehr; da findet statt, was Wekwerth gerade vermeiden wollte: übliches, sogar illusionistisches Theater« (Beckelmann, a). Dieser Vorwurf eines westdeutschen Kritikers berührte die DDR-Kritik in keiner Weise: Funke sieht in den Fernsehkameras einen integralen Bestandteil des Bühnenbaus, bezeichnet sie als »Mitspieler«; dramatisch »Erregendes« spiele sich ab, und die eigentliche »Überraschung« des Abends ist für ihn, wie »aus der Sachlichkeit der dokumentarisch getreu überlieferten Dialoge Hintergründe wachsen, wie das Verhalten von Menschen im Klassenkampf bloßgelegt wird« (Funke, S. 212). Auch Linzer stößt sich in keiner Weise am illusionistischen Charakter der Inszenierung, im Gegenteil: Hauptverdienst der Wekwerth-Bearbeitung sei es, das Verhör »als einen revolutionären Akt sowohl in seiner Unwiederholbarkeit sowie in seinem Modellcharakter« ausgestellt zu haben (Linzer). Für die DDR-Kritik ist klar: Die Ost-Berliner Aufführung zeigt das Stück in seinem ganzen dialektischen Reichtum, gibt ein ebenso verblüffendes wie entlarvendes Selbstbildnis der Konterrevolution und ist ein gelungenes Beispiel für revolutionäre Vernunft, die – so wollte es Wekwerth ausdrücklich – in der Zurückhaltung der Befrager besteht: »den Gegner nicht zu besiegen, sondern ihn sozusagen auseinanderzunehmen, ja möglichst ihn sich selbst auseinandernehmen zu lassen« (Wekwerth), indem man ihn seine unsinnigen Argumente in Ruhe vortragen läßt; das dürfte in der Ost-Berliner Inszenierung am signifikantesten herausgearbeitet worden sein.

2.6. Gedichte 1955–1970 (1971)

Waren Stärke und Schwäche der Studentenbewegung ihr spontanes Reagieren auf Tagesereignisse, die kurzfristige Überführung von Diskussionen in politische Handlungen, so trifft dies auch auf die Lyrik und den Song der *Agitprop* zu. Agitprop verstand sich als Teil gesellschaftlicher Transformation, wollte reagieren, eingreifen, sich nützlich machen – und verkam doch zum Klischee, zur bloßen politischen Formel. Der gesellschaftskritische Anspruch ersetzte die Suche nach einer neuen, befreiten Sprache. Wo Widerspruch und eigenständiges Denken hätte provoziert werden können, wurde Einverständnis vorausgesetzt. Die Aufforderung zur Kommunikation mußte deshalb rhetorisch bleiben, denn Belehrung ersetzte zumeist die Anleitung zu ›kommunikativer Kompetenz‹. Die Ästhetik vieler agitatorischer Texte ist denn auch deutlich geprägt von einem autoritär-didaktischen Impuls, Vortrag und Sprache der Gedichte lassen eine Einmischung des Rezipienten kaum zu. Das antiautoritäre Erbe der Studentenbewegung wurde zugunsten einer leninistischen Organisationsform aufgegeben. Sich hineinmanövrierend in die Marginalität, benötigte man die Selbstvergewisserung, die zur Legitimation des eigenen Praxisanspruchs wurde (vgl. Rothschild). Bei dem Versuch, im Gedicht gesellschaftliche Prozesse zu objektivieren, wurde die ›Masse der Arbeiter‹ zum Fetisch revolutionärer Umgestaltung. Das Subjekt des Gedichts strebte nicht nach Selbstvergewisserung und -verständigung, nach Beharren auf Lust und Genuß im Alltag wie in der Politik, sondern nach Unterordnung und Unkenntlichmachung des Individuums in der ›Arbeiterklasse‹. Es verwundert nicht, daß die alternativ-positiven Bilder der Zukunft blaß und der traditionellen lyrischen Sprechweise einer Arbeiterliteratur verhaftet bleiben, die den Romantizismus des Bürgertums aufgreift anstatt ihn zu überwinden.

Wenn es in einem Gedicht von Heike Doutiné heißt: »Nur die Solidarität des Proletariats/zerschlägt den Faschismus./Könnt Ihr mich verstehen?/ Auch Ihr in der letzten Reihe./Ich wiederhole:/Nur die Solidarität des Proletariats zerschlägt den Faschismus«, und sie das ›revolutionäre Einmaleins‹ von P wie Partei bis S wie Sieg durchdekliniert (Doutiné), wird kritische Aufklärung durch eine Anhäufung von Signalwörtern ersetzt, und wo nicht mehr argumentiert wird, ist auch die Wahrheit nichts zu Erwägendes, Relatives mehr, sondern sie wird mit dem ideologischen ›Holzhammer‹ verordnet.

Mit der von Enzensberger postulierten ›politischen Alphabetisierung Deutschlands‹ in einem Prozeß kritischen Feed-backs zwischen Literat und Leser (vgl. seine *Gemeinplätze*) hat dies nichts mehr zu tun. Auch Enzensbergers These, daß der objektive politische Gehalt der Poesie nicht in der Nennung von Daten und Fakten, sondern »nirgends sonst als in ihrer Sprache zu suchen ist« (*Poesie und Politik*, S. 130), findet in der Dichtung der späten 60er Jahre keinen Widerhall mehr.
Enzensberger selbst hatte – wie von Schonauer nach Erscheinen der »blindenschrift« richtig prophezeit – über 7 Jahre hinweg außer »Fünf verschiedene[n] Gedichte[n]« (in ›Kursbuch 10‹, Okt. 1967) keine Lyrik publiziert. Obwohl er der Literatur, insbesondere der Lyrik, Harmlosigkeit bescheinigte, ihr keine gesellschaftlich wesentliche Funktion mehr zugestehen mochte, verfaßte er abseits vom Literaturmarkt eine Anzahl von Gedichten, die er 1971 zur Verwunderung des Publikums veröffentlichte. Die »Gedichte 1955–1970« enthalten neben einem Querschnitt durch die Lyrik-

bände von 1957, 1960 und 1964 *30 neue Gedichte,* dazu drei der
fünf Texte von 1967.

Alle Rezensenten (ob L. Gustafsson; J. Kaiser, b; Krolow;
Rühmkorf, d; Schäfer oder Zimmer, e) machten aus ihrem Erstau-
nen keinen Hehl, alle verwiesen auch auf die durch das ›Kursbuch‹
mitverursachte Politisierung der Literatur, die »für so elitär privati-
stische Hervorbringungen wie Gedichte fast die öffentliche Ver-
dammniserklärung bedeutete« (Rühmkorf, d). Die Überraschung,
daß Enzensberger das Schreiben von Gedichten keineswegs aufgegeben hatte, legte sich schnell bei Sichtung der Texte. Denn die
Tonart der Gedichte ist – mehr noch als früher – ironisch-aggressiv,
voller Anspielungen, gelegentlich auch dozierend, immer aber
analytisch und engagiert (vgl. Krolow). Die neuen Gedichte lesen
sich bisweilen wie »Selbstverteidigungen und ironische Rückzugs-
gefechte eines Mannes, der erstaunt ist, daß er beim Wort
genommen wurde« (Schäfer). Ein wesentlicher inhaltlicher Komplex bildet denn auch der lakonische Kommentar zur Überpolitisierung, der Abgesang an die hehren Ziele der Studentenbewegung,
die Rekonstruktion einer Literatur der einfachen Dinge (vor allem
*Beschluß gegen das Abenteurertum, Der Papier-Truthahn, Lied
von denen [. . .], Aufbruch in die siebziger Jahre, Eine schwache
Erinnerung, Ein letzter Beitrag [. . .]).* Das Gedicht »Zwei Fehler«
bringt dies, Brecht variierend und ebenso dialektisch argumentie-
rend wie dieser, auf den Nenner: »Ich gebe zu, seinerzeit/habe ich
mit Spatzen auf Kanonen geschossen.//Daß das keine Volltreffer
gab,/sehe ich ein.//Dagegen habe ich nie behauptet,/nun gelte es
ganz zu schweigen.//Schlafen, Luftholen, Dichten:/das ist fast kein
Verbrechen.//Ganz zu schweigen/von dem berühmten Gespräch
über Bäume.//Kanonen auf Spatzen, das hieße doch/in den umge-
kehrten Fehler verfallen.« Rühmkorf und Zimmer wiesen im
übrigen auf die Doppeldeutigkeit solcher Zeilen hin, die das
Dichten einerseits auf einen nahezu vegetativen Vorgang herunter-
spielen, es andererseits in den Rang von etwas Lebensnotwendigem
erheben.

Nur noch Spott und Hohn hat Enzensberger übrig für eine
literarische und politische Praxis, die sich jeglicher Spontaneität
und jeglichen Humors entledigt hat, die sich in ihrem revolutionären Impetus so theatralisch gebärdet: »Der ganz echte Revolutio-
när/ist volltransistorisiert/selbstklebend und pflegeleicht//[. . .] Er
ist ungeheuer gefährlich//Er ist unser Lieblingsclown« (*Der Papier-Truthahn*). Den verkümmerten Anspruch auf Kreativität,
Glück und Sinnlichkeit versucht Enzensberger in Erinnerung zu
bewahren, getreu seiner Maxime von 1962, nach der Poesie

Zukunft tradiert, an das Selbstverständliche erinnert, Antizipation ist, »und sei's im Modus des Zweifels« (*Poesie und Politik*, S. 136). »Bei unsern Debatten, Genossen,/kommt es mir manchmal so vor/ als hätten wir etwas vergessen./[. . .] Wenn wir es nie gewußt hätten/gäbe es keinen Kampf./Fragt mich nicht was es ist./Ich weiß nicht wie es heißt./Ich weiß nur noch/daß es das Wichtigste ist/was wir vergessen haben« (in: *Eine schwache Erinnerung*). Ungenannt bleibt, was dieses ›Wichtigste‹ ist, das man allerorten verdrängt hat hinter Bergen von Theorie und politischer Praxis. Gemeint sind zweifellos die Bedürfnisse nach ent-ideologisierter und unentfremdeter Wirklichkeit, in der Raum sein sollte für schöpferischen Individualismus und Sinnlichkeit ebenso wie für kollektives Erleben. Die Studentenbewegung – das demonstrieren Enzensbergers Gedichte – scheiterte an ihren Ansprüchen, nach denen sie die Politisierung aller Lebensbereiche propagierte, Schluß machen wollte mit der ›bürgerlichen Ressortteilung‹ zwischen Politik und Privatem.

Die poetische Rückbesinnung des vermeintlich mißverstandenen Kulturkritikers Enzensberger ist dabei von einiger inhaltlicher und formaler Spannkraft, wenn auch nicht mehr von der spielerischen Virtuosität früherer Lyrik. Erzählgedichte (wie *Kinderkrankheiten* und *Ausgleich*) finden sich neben Dokumentar-Montagen (wie *Vorschlag zur Strafrechtsreform* und *Berliner Modell 1967*); den Verzicht auf einen lyrischen Ton, auf Metaphern und literarische Stilisierung zugunsten reduzierten Sprechens oder wortspielerischer Akribie, bezeugen Gedichte wie »Unterschrift«, »Einführung in die Handelskorrespondenz«, »Eins nach dem andern« oder »Die Macht der Gewohnheit«. Das überaus lange »Sommergedicht« gleicht einer surrealistischen Montage aus Lesefrüchten, Gedanken und Zitaten (von Wieland, Petrarca, Lenin, Mao Tse-Tung u. a.), ist fast ein spät-dadaistischer Versuch, die verwirrende Vielfalt des Ganzen in scharfer Kontrastwirkung und doch als Einheit zu dokumentieren.

Die Gedichte über die »Himmelsmaschine« de'Dondis, über das Leben Macchiavellis sowie über die prinzipielle Unmöglichkeit einer generellen Entscheidungsmethode in der Mengenlehre (*Hommage á Gödel*) zeugen von Enzensbergers Interesse an der historischen Biographie wie an den Naturwissenschaften; sie bilden zugleich den Grundstock des »Mausoleums« von 1975, jenen »Balladen aus der Geschichte des Fortschritts«, die eine Synthese darstellen aus poetischem und historisch-dokumentarischem Interesse und Enzensberger zurückführen zur Literarisierung von Materialien. Vor allem in Gedichten wie diesen zeigt sich eine

Konstanz Enzensberger'scher Poesie: Denn sein poetisches Ich war immer ein neutrales, in den Hintergrund verschobenes, seine Gedichte »haben immer eine Zuneigung zu einer Art Objektivität gehabt, und verkleiden sich deswegen sehr oft als Theoreme, Problemlösungen« (L. Gustafsson). Der Versuch, die schwierige Balance zwischen persönlich und unpersönlich, individuellem Empfinden und gesellschaftlicher Forderung zu halten, schlägt sich nieder in vorsichtiger Austarierung heterogener Gedichtelemente. In manchen Momenten, da mag Gustafsson recht haben, erreichen die Gedichte »jenen seltenen, objektiven, konkreten Charakter eines festen Dings«. Sie sind in ihrer einfachen Sprechweise, ihrem selbstkritischen Parlando und offenen Kritik am ›realen Sozialismus‹ östlicher Prägung (»Dieser gigantische Säugling/mit seinen fünfzig Jahren/der ganze Kontinente/als Laufgitter braucht/und immer noch Sprachstörungen/Keuchhusten und Ekzeme/Würmer und blutige Windeln [...]«, in: *Kinderkrankheiten*) sicherlich keineswegs »die entlarvenden Attacken eines Narziß, der am Abgrund steht«, wie Schäfer polemisierte. Aber sie belegen »dieses ständige Schwanken und Schlingern« (Rühmkorf, d) eines Literaten, der – als sei die permanente *Unzeitgemäßheit* sein wesentliches Charakteristikum – es sich angelegen sein läßt, die (vornehmlich linke) Klientel nicht mit den ersehnten Agitationsversen, sondern mit nervöser Selbstinfragestellung zu behelligen. – Warum die Gedichte dieses Bandes (sowohl die alten als auch die neuen) erstmalig von der *Klein- zur Großschreibung* überwechseln – fortan wird seine Lyrik dies beibehalten, als hätte es niemals diesen egalisierenden Verstoß gegen eingefahrene Lesegewohnheiten gegeben –, beantworten die Texte in keiner Weise.

2.7. *Der kurze Sommer der Anarchie (1972)*

Im Auftrag des WDR drehte Enzensberger im Frühjahr 1971 einen Film über den spanischen Anarchisten Buenaventura Durruti. Dazu hat er nicht nur die Quellen des spanischen Anarchismus und Bürgerkrieges eingesehen, das Internationale Institut für Sozialgeschichte in Amsterdam konsultiert, sondern auch noch lebende Freunde und Bekannte Durrutis interviewt. Dies Befragen von Augenzeugen, Auswerten von zeitgenössischen Broschüren, Flugblättern, Reportagen und Memoiren ergab über den Stoff für einen eineinhalbstündigen Fernsehfilm hinaus Material für die *Zitatenmontage* »Der kurze Sommer der Anarchie. Buenaventura Durrutis Leben und Tod«, über die er erstmals die Genrebezeichnung »Roman« setzte.

Reagierte die Kritik dem Film gegenüber eher mit Ablehnung – mit ein paar »vergilbten Fotos und Wochenschauschnipseln« biete er nur dürftige Informationen und überfordere den Zuschauer (anonym, d); der Film sei für den politisch-historisch Unbelesenen »relativ unverständlich und auch monoton« (Br.); er gleite ab ins »Anekdotische«, sei trotz »moralischer Sensibilität« und »lyrische[r] Qualität« insgesamt von einiger »Spannungslosigkeit« (Schütte, a) –, so war sie doch weit ernsthafter geneigt, sich mit dem fast gleichzeitig erschienenen Buch auseinanderzusetzen.

Die Behandlung – und somit die darstellerische Methode – des langwierig recherchierten Materials reicht vom wörtlichen Zitat über die Paraphrase bis zur freien Nacherzählung. »Die Seitenangaben«, so Enzensberger in der Vorbemerkung seines Quellen-Nachweises, »erlauben jedem, der es genau wissen will, die Nachprüfung«. Zwischen zwölf Kapitel, einen Prolog und einen Epilog mit aufbereiteten Zitaten schiebt Enzensberger acht *Glossen*, die den historisch-politischen Kontext der Geschehnisse liefern. In diesen Kommentaren ergreift Enzensberger selbst das Wort: Er ordnet die biographischen Mitteilungen in den geschichtlichen Zusammenhang ein, macht Aussagen über die Wurzeln des spanischen Anarchismus, die spanische Zwickmühle 1917–31 und 1931–36 und den Niedergang der Anarchisten. Zudem reflektiert er in der ersten Glosse seine Rolle als Autor und Dokumentarist. Das Resultat ist eine »Text-Collage, die keinen Anspruch auf wissenschaftlich-historische Genauigkeit erhebt«, erkannte W. Grasshoff. Sehr schnell wird in dem, was Schütte (a) einen ›Film-Roman‹ und Karsunke (b) einen ›Film aus Worten‹ (weil mit modernsten Mitteln, nämlich filmischen Schnitttechniken erzählt) nennt, deutlich, daß Enzensberger die Dokumente in ihren widersprüchlichen Aussagen zur Geltung bringt. Indem er sehr freizügig mit Zitaten umgeht, als Nacherzähler wegläßt, schneidet und montiert und zudem in das »Ensemble der Fiktion« (*Der kurze Sommer*, S. 15) seine eigene Fiktion einbringt, führt er die Vorstellung, daß in dokumentarischer Literatur die Wirklichkeit authentisch abgebildet werde, »ad absurdum« (Reinhold, b, S. 108). Da für ihn ›Erfindung‹ und ›Wirklichkeit‹ gleichberechtigte Momente im dialektischen Akt von Dokumentation und Rekonstruktion sind, versucht er, kommentierend und zitierend, »eine Art höherer, allen Fakten überlegener Wahrheit« (Grasshoff, S. 144) herzustellen:

»Die Geschichte«, so Enzensbergers Postulat über die Geschichte als kollektive Fiktion, »ist eine Erfindung, zu der die Wirklichkeit ihre Materialien liefert. Aber sie ist keine beliebige Erfindung. Das Interesse, das sie erweckt, gründet auf den Interessen derer, die sie erzählen; und sie erlaubt es denen, die ihr zuhören, ihre eigenen Interessen, ebenso wie die ihrer Feinde, wiederzuerkennen und genauer zu bestimmen. Der wissenschaftlichen Recherche, die sich interesselos dünkt, verdanken wir vieles; doch sie bleibt Schlemihl, eine Kunstfigur. Einen Schatten wirft erst das wahre Subjekt der Geschichte. Es wirft ihn voraus als kollektive Fiktion« (*Der kurze Sommer*, S. 13).

Worum nun geht es in dieser überlieferten kollektiven Legendenbildung, deren Objektivität an parteiliches Interesse gebunden ist und nur einen Annäherungswert an die Wahrheit darstellt? Enzensberger beginnt mit der Totenfeier für seinen Helden (1936), springt dann zeitlich zurück bis zu dessen Geburt (1896), um von da an die Geschichte chronologisch zu erzählen. Der Leser erlebt den Mechaniker Durruti, geboren in der Bischofsstadt León, arbeitend, lesend und studierend. Als Autodidakt näherte er sich unter dem Einfluß Bakunins dem Anarchismus, der in Spanien in der Masse des Proletariats Fuß gefaßt hatte und mit der Gründung des anarchistischen Gewerkschaftsbundes CNT neben den herrschenden Parteien die mächtigste politische Formation darstellte. Durruti, später führendes Mitglied der CNT, organisierte Streiks, betätigte sich als Bombenleger und Barrikadenbauer, entführte Richter und überfiel Banken, um der CNT Geld zu beschaffen. Das Gefängnis kannte er ebenso wie das Exil. Als Kommandeur einer aus Freiwilligen bestehenden Kolonne fand er in den Kämpfen um Madrid den Tod. Seine Hinterlassenschaft war spartanisch wie sein ganzes Leben und lud ein zur Legendenbildung: »In Durrutis Gepäck wurden folgende Habseligkeiten gefunden: Unterwäsche für einen Wechsel, zwei Pistolen, ein Fernglas und eine Sonnenbrille. Das war das ganze Inventar« (José Peirats im Durruti-Roman, S. 278). Über den Tod dieses Mannes, »der alles hergab« und meinte, daß alles, »was er hatte, [. . .] allen« gehörte (R. R. Castro, ebd.), vermittelt Enzensberger 5 widersprüchliche Versionen. Da, wie er meint, selbst Lügen noch Momente von Wahrheit enthalten, läßt er diese Versionen unkommentiert stehen: Unklar bleibt also, ob Durruti aus dem Hinterhalt erschossen oder gar – wie manche vermuten – das Opfer eines enttäuschten Freundes wurde. Was nach einer grandiosen Totenfeier im Stile eines proletarischen Staatsbegräbnisses 1936 bis heute von Durruti in der Öffentlichkeit bekannt blieb, ist nicht viel mehr als das, »was ein Unbekannter mit einem Taschenmesser in unbeholfener Schrift in den Stein gekratzt hat: das Wort DURRUTI« (ebd., S. 259).

Wenn Baumgart meint: »Was übrigbleibt ist die zum Heldendenkmal verklärte Legende Durrutis« (Baumgart, f), und Bohrer ergänzt, Enzensberger stilisiere »aus dem historischen Material eine mythologische Figur: die des proletarischen Helden« (Bohrer, c, S. 56), dann übersehen beide, daß Enzensberger in seinen Glossen versucht, die spezifischen sozialen und psychologischen Bedingungen der 30er Jahre darzulegen, und er in den Kapiteln (den Zitat-Montagen) lediglich die Mythologisierung seitens der einstigen Genossen interviewend aufzeigt. Das Phänomen Durruti rekonstruiert er als etwas Unübertragbares; die persönliche Geschichte des Mannes interessiert ihn nur, soweit sie Teil der Geschichte des spanischen Proletariats, seiner Kämpfe und Niederlagen ist. Hierin auch liegt die Aktualität des Stoffes. Der letzte Satz des Buches lautet daher auch folgerichtig: »Man macht nicht zweimal dieselbe Revolution« (E. Morin, in: *Der kurze Sommer*, S. 293). Nicht nostalgische Erinnerung ist das Ziel, sondern die Begründung, warum der Anarchismus in seiner historischen Form überlebt ist, keine Zukunft hat.

Auch wenn er selbst nicht konkret angeben mochte, warum er sich mit Durruti beschäftigt hat (»Irgendetwas an einer Sache beginnt einen zu interessieren. Die Ursachen dafür sind kompliziert und gehören eigentlich schon in die Kompetenz des Kritikers«, so Enzensberger im Gespräch mit Jost Nolte), deutlich wird eine Sympathie für den libertären und ungezügelten Kommunismus der Anarchisten. Wenn auch der Anarchismus als politisches Konzept für Enzensberger heute überholt erscheint, möchte er seine idealistisch-utopischen Rudimente dennoch in jeder sozialistischen Bewegung erhalten sehen. Auf diesen utopischen Aspekt rekurriert vor allem Bohrer, wenn auch unter gänzlich anderem Vorzeichen. Der Durruti-Roman ist für ihn eine Utopie, die »die literarische Form der Idylle, des auf sinnlich-geistige Erfahrungen Abhebenden ausweist«; ideologisch deutet er das als »anthropologische[n] Rückgriff« (Bohrer, c, S. 53). Aus der angeblich von Enzensberger aufgebauten Heldenlegende liest er eine »rückwärts gewandte Utopie« heraus, eine Utopie »vom neuen Menschen, die Utopie der schönen Herausforderung durch den Subjektivisten angesichts des nötigsten Objektiven und Notwendigen« (ebd., S. 58). Indem Enzensberger »den spanischen Anarchismus von der eigentlichen ›Politik‹ abtrennt und aktuell politische Beziehungen ausdrücklich negiert, verwandelt er ihn in das, worauf er unausgesprochen hinaus will, die reine Utopie« (ebd., S. 61). – An dieser Interpretation ist manches fragwürdig, denn Enzensberger stellt in den Glossen den politischen Kontext ausdrücklich her, und der Ausgangspunkt für das durch Montage rekonstruierte Bild Durrutis ist »nicht der Mythos des einzelnen, sondern die Verankerung des revolutionären Führers in den Kämpfen und Bewegungen der Massen, aus denen er kam und in denen er fortlebt« (Reinhold, b, S. 110). Die kollektive Verankerung ist daher geradezu die Voraussetzung der Individualität Durrutis. Beides – Individualität und Kollektivität – bilden die Folie für Enzensbergers Interesse am Anarchismus, genauer an den utopischen Momenten der ›freien Assoziation‹ der Menschen, wie sie in den Organisationsformen der Anarchisten gelebt wurden, womit eine *Antizipation* kommunistischer Ziele im revolutionären Akt verbunden war. Enzensbergers Interesse besteht also darin, die *utopischen Momente des Sozialismus* ins Gedächtnis zu rufen; die Postulierung der rückwärts gewandten, reinen Utopie liegt ihm fern. Nur in diesem Zusammenhang ist auch seine herbe Kritik an der anti-revolutionären Politik der KP Spaniens und der UdSSR zu verstehen, welche die DDR-Autorin Reinhold zu dem wenig überraschenden Schluß kommen läßt, Enzensberger setze sich in diesen Passagen »zur geschichtlichen Objektivität [. . .] in einen auffälligen Widerspruch« (ebd., S. 111).

Bleibt die Frage, ob die Genrebezeichnung »Roman« zutrifft. Harich verwies auf die Montage von Zitaten und nannte das Buch »ein Produkt lupenreiner Hochstapelei« (Harich, S. 199). Hartung meinte, »hier habe jemand Vorarbeiten für einen Dokumentarfilm zu einem Roman verarbeiten wollen, unterwegs aber die Lust an der Ausführung verloren und nun lediglich die Exerpte seines Zettelkastens zwischen zwei Buchdeckeln vereint« (H. Hartung, a). Baumgart schließlich sprach von einer »heftig splitternde[n] Dokumentation mit acht Glossen«, einen Roman wollte er das Buch aber nicht genannt haben (Baumgart, f).

Der Streit, ob dies Buch ein Roman sei oder nicht, erschien Karsunke »müßig«, denn es sei »inhaltsreicher und spannender zu lesen als das, was heute so als ›Roman‹ auf dem Markt ist«. Neben Reinhold, die Enzensberger bescheinigte, die *dokumentarischen Verfahrensweisen experimentell erweitert* und in Theorie und Praxis die »Dokumentarliteratur in mehrfacher Hinsicht bereichert« (Reinhold, b, S. 107) zu haben, war Karsunke einer der wenigen, die positiv vermerkten, daß dies kein Roman im klassischen Sinne sei, sondern »im Gegenteil die Liquidation des bürgerlichen Romans, seines individuellen Helden und seines individuellen Autors«. Die Durruti-Recherche, so sein Fazit, »ist sicher der interessanteste zeitgenössische Versuch, über den puren Dokumentarismus hinauszugelangen, ohne in die Fiktion bürgerlicher Belletristik zurückzufallen« (Karsunke, b).

Wie bescheiden klingt da doch Enzensbergers Selbsteinschät-
zung, als er, angesprochen auf das Buch, sagte: »Ich bin kein
Erzähler [. . .], das Erzählen liegt mir nicht« (Gespräch mit
Greiner; in einem Arbeitsgespräch mit uns bestätigte er dies
ausdrücklich).

2.8. Klassenbuch (1972)

Wie die »Freisprüche« von 1970 versteht sich auch das dreibän-
dige »Klassenbuch« mit über 700 Seiten als ein Lesebuch: allerdings als ein *Anti-Lesebuch* zu traditionellen Geschichtsbüchern,
deren Gebrauch an deutschen Schulen üblich ist. Enzensberger
tritt hier als Mitglied eines vierköpfigen Herausgeber-Kollektivs
auf (ein spezieller Beitrag von ihm ist also nicht abzulesen). Der
Untertitel »Ein Lesebuch zu den Klassenkämpfen in Deutschland« deutet an, was im knappen zweiseitigen Vorwort ausge-
führt wird: Die Textsammlung, chronologisch gegliedert (Bd I
umfaßt die Jahre 1756 bis 1850, Bd II 1850–1919, Bd III
1920–1971), basiert auf dem Historischen Materialismus Marx-
'scher Prägung. Alle bisherige Geschichte, mit Ausnahme der
Urzustände, ist die Geschichte von Klassenkämpfen, läßt das
Kollektiv den Leser mit einem Engels-Zitat (welches eine Variante des berühmten Anfangssatzes des ›Manifests‹ ist) wissen.
Die kämpfenden Klassen sind Ausdruck der ökonomischen Verhältnisse, diese wiederum bilden die reale Grundlage, die Basis
für einen Überbau aus religiösen und politischen Institutionen
und philosophischen und anderen Vorstellungen. Ein auf derarti-
gen marxistischen Prämissen und postulierter Parteilichkeit beru-
hendes Lesebuch muß mit gängigen Schulbüchern ebenso in
Hader kommen wie mit den Schranken von Fächern und Lehr-
plänen. »Trennungslinien überschreiten« (*Klassenbuch*, S. 10) ist
das wesentliche Ziel der Herausgeber. Ihre Textauswahl gleicht
somit einem *interdisziplinären Vermittlungsversuch* von Politik,
Geschichte, Ökonomie und Literatur. Daraus erklärt sich, wieso
Mitteilungsformen, die in der bürgerlichen Literaturtradition
gern vernachlässigt werden (Autobiographien von Arbeitern, Reportagen, Kampflieder, Gerichtsprotokolle, Briefe, Flugblätter),
hier einen so großen Anteil erhalten. Das »Klassenbuch«, das auf
belehrende Kommentare ebenso verzichtet wie auf biographische
Angaben, und das Worterklärungen auf ein Minimum reduziert,
möchte »Hilfsdienste leisten« (ebd., S. 11) im Deutsch-, Ge-
schichts-, Gesellschaftskunde- und Arbeitslehreunterricht.
Nimmt man die Reichweite der Verbreitung als Indikator für das

Einlösen eines solchen Vorhabens, so ist diesem Anti-Lesebuch Erfolg zu bescheinigen: Schon nach einem Jahr erreichte die Auflage das 25. Tausend.

2.9. *Gespräche mit Marx und Engels (1973)*

Wesentlich markanter und subjektiver als in den »Klassenbüchern« ist die Handschrift Enzensbergers in seinen – mit über 750 Seiten – recht voluminösen »Gesprächen mit Marx und Engels«. Auch wenn Enzensberger sich in einem kurzen Vorwort an Biedermanns »Gesprächen mit Goethe« orientiert, ist der Titel mißverständlich, denn Gespräche im eigentlichen Sinn, gar dialogische Kontroversen, finden nicht statt. Es handelt sich um eine virtuose *Montage von Aufzeichnungen* verschiedenster Art: Briefe, Memoiren, Polemiken, Reportagen, Spitzelberichte, Polizeiverhöre und Gerichtsprotokolle werden ausgewertet. Voraussetzung ist, daß die Gewährsleute Marx und Engels persönlich kannten. Fortgelassen wurden somit »Auseinandersetzungen, die sich auf das Werk und die Lehre von Marx und Engels beziehen, ohne direkten Bezug auf die Person« (*Gespräche*, S. VIII) zu haben.

Einleuchtendes *Montageprinzip* ist das der *Chronologie*, es bedingt, daß die umfangreichen Dokumente, in Teile zerschnitten, jeweils bei dem betreffenden Datum eingesetzt werden. Hierbei kann es zwangsläufig von seiten des arrangierenden Rechercheurs zu subjektiver Willkür kommen. Wesentliche Nachteile sind aber kaum ersichtlich, zudem ein Register dem Leser ermöglicht, die zerschnittenen Teile wieder zusammenzusetzen. Da die meisten Quellen subjektiv getrübt sind (»durch blinde Sympathie und Heldenverehrung oder durch Haß, Enttäuschung und Rivalität«, ebd., S. IX), und subjektives und politisches Interesse sich hemmungslos vermengen, meint Enzensberger, die »Gespräche« würden eine »unkritische Lektüre nicht erlauben« (ebd.). W. Fabian merkte zu Recht an, daß dies »ja wohl für jedes Buch« gilt. Gerade hier aber, so Fabian, »fehlen dem erstrebten und wahrscheinlich erreichbaren großen Leserkreis alle Hilfsmittel und Voraussetzungen zu kritischer Wertung eines großen Teils der Dokumente«.

Dieser Einwand läßt sich nicht ganz von der Hand weisen, auch wenn Enzensberger mit Zeittafeln, Quellenverzeichnis und Personenregister ebenso willkommene Ergänzungen gibt wie mit einem »Injurien- und Elogenregister«, welches Marx und Engels ihrerseits Gelegenheit einräumt, jene Personen zu beurteilen, die vorher über sie geurteilt haben. Von Enzensberger stichwortartig verkürzt haben diese Bemerkungen bisweilen erheiternde Wirkung, wenn es z. B. über Bakunin heißt: »Sehr verdächtig. Armer Teufel. Ungeheuer. [. . .] Mannstoll. Eifersüchtig« (ebd., S. 709). Oder über Wilhelm Liebknecht: »Hat sich brav gehalten. Ehrenwerter Mann. Kein Diplomat. Esel. Taktlos« (ebd., S. 715).

Hält Fabian die gesamte Montage für eine »faszinierende«, gleichwohl »nicht unproblematische« Lektüre, so erblickt Hinderer in dem Buch »eine Pflichtlektüre für Marxisten und solche, die es nicht werden wollen« (Hinderer, b). Diese vage Anspielung Hinderers dürfte den Kern treffen: Es ging Enzensberger in den Jahren der Politisierung stets darum, das Gedankengut des Marxismus zu rekonstruieren, vor allem den utopisch-visionären aber auch den Gebrauchswert-Charakter marxistischen Denkens freizulegen; mit kritikloser Affirmation des ›realen Sozialismus‹ hatte dies nichts zu tun.

Interessant und wichtig ist Enzensbergers Montage-Dokumentation, weil sie ihr Ziel, Person und Leben von Marx und Engels anschaulich zu machen, erreicht. Die in allen Enzensberger'schen Dokumentar-Arbeiten geäußerte ›Kontinuitäts-These‹, daß sich »viele der Auseinandersetzungen« so anhören, »als wären sie von heute« (*Gespräche*, S. IX), ist schon deshalb wenig plausibel, weil keine wirklichen Auseinandersetzungen stattfinden, sondern Statements abgegeben werden. Außerdem weist die Dokumentation doch einige nicht weiter erklärte Lücken auf: So wird Kindheit und Jugend beider kaum erwähnt; eine so zentrale Figur wie Lassalle findet kaum Beachtung; »der Tod von Marx findet in diesem Buch nicht statt« (Fabian); die Proportionen scheinen verzerrt, da die Dokumente über Marx erheblich überwiegen und aussagekräftiger sind, als die über Engels. In manchen Unterlassungen und Ungereimtheiten liegt also eine gewisse Schwäche des Buches, aber Enzensberger recherchierte eben – wie er selber sagt – auf »eigene Faust«, ohne zu wissen, ob sein enormer Arbeitsaufwand jemals entsprechend vergütet werde. Daß die Sammlung »hinter ihrem selbstgesteckten Ziel, der Vollständigkeit, zurückbleibt« (*Gespräche*, S. XI), ist dem auf keinerlei Subventionen basierenden Unternehmen nicht anzulasten. Entscheidend ist, daß das ausgebreitete Material »unwillkürlich die kritische Reflexion des Lesers« mobilisiert:

»Je mehr sich nämlich die Berichte über die ›marxistischen Klassiker‹ in affirmative oder polemische Übertreibungen polarisieren, desto mehr fühlt sich der Leser provoziert, hinter den ideologischen Spiegelungen nach den wirklichen Gesichtern zu fragen« (Hinderer, b).

2.10. Der Weg ins Freie (1975)

Die Sammlung von fünf Lebensläufen, die Enzensberger im Frühjahr 1975 herausgibt, markiert »einen entscheidenden Schritt von der Dokumentar-Literatur zurück auf dem Weg in die literarische Bindung« (Zeller, S. 137). Arbeitsgrundlage sind nicht mehr eigene Recherchen, sondern der Rückgriff auf Buchveröffentlichungen. Seine Aufgabe besteht im wesentlichen aus Übersetzung, teilweiser Überarbeitung und gewisser Literarisierung des Materials. Betont Enzensberger im kurzen Nachwort sein Interesse am Subjekt im Geschichtsprozeß, warnt er davor, als Autor dem Material seine Widersprüchlichkeit auszutreiben, so lesen sich die fünf Lebensberichte wie ein literarischer Beweis seiner Kritik am dogmatischen Dokumentarismus-Begriff neudeutscher Arbeiterliteratur.

Es geht ihm ausdrücklich in den beschriebenen Kämpfen nicht um Freiheit ›an sich‹, nicht um Emanzipation als abstraktem ideologischem Postulat, sondern »um ganz spezifische Befreiungsprozesse« (Der Weg, S. 116). Grundlegende Motive findet Enzensberger wieder einmal in Cuba: Die Geschichte von ›El Cimarrón‹ – dem ehemaligen Sklaven Esteban Montejo – hatte er bereits 1968 für das ›Kursbuch 15‹ übersetzt und 1969 als Hörspiel aufbereitet (SDR, 30. 9. 1969). Textgrundlage war die Cimarrón-Biographie des cubanischen Schriftstellers und Ethnologen Miguel Barnet. Übrigens verfuhr Enzensberger ähnlich mit Barnets Biographie der ›Rachel‹: Auch diese Lebenserinnerungen der cubanischen Dirne Rachel bearbeitete er für den Funk (SDR, 14. 1. 1970). Der Kritiker einer konservativen Zeitung vermerkte lobend, Enzensberger enthalte sich in seinem Hörspiel »(bewußt?) politischer Agitation« und setze »auf die poetischen Zwischentöne« (-lei).

Der Rachel-Stoff bot Enzensberger überdies Gelegenheit für ein ›Vaudeville‹, das (ursprünglich »Ay, Rachel« genannt; vgl. Grimm, d, S. 65) als »La Cubana oder Ein Leben für die Kunst« von H. W. Henze vertont wurde (zur Aufführung des ›Vaudeville‹ vgl. Jungheinrich, a; Schreiber; Spingel). – Auch die Geschichte des Cimarrón, von Enzensberger auf die elementarste epische Form reduziert, wurde von Henze als ›Rezital für vier Musiker‹ vertont (vgl. Ahnsehl). Neben der Cimarrón-Geschichte findet sich auch die bereits 1969 für das ›Kursbuch 18‹ übersetzte und mit chronologischen Zwischentexten versehene Lebenserinnerung von ›Manuela‹ in dem Band »Der Weg ins Freie« wieder. Manuela, als junge Mexikanerin nach Cuba verschlagen, erzählt fünfzig Jahre cubanische Geschichte, gesehen mit den Augen einer Köchin, die im berühmten Elendsviertel Habanas (dem ›Palmenviertel‹) wohnte, bis es endlich 1963 von der Revolutionsregierung abgerissen wurde: Enzensbergers Vorlage ist hier ein Buch der cubanischen Ethnologin Aida García Alonso.

Die dritte Autobiographie zeigt das ›Durchbrechen der Mauern‹ eines Irrenhauses. Erzählt wird die Geschichte eines Italieners, der als Kind in die Anstalt abgeschoben wird und sich trotz beachtlicher Intelligenz erst nach Jahren aus ihren Klauen befreien kann. Weiterhin findet man den Lebensbericht des Soldaten Lo Ping-hui, der während der chinesischen Revolution zum General aufsteigt; ferner die Erinnerungen des Gewerkschafters und Revolutionärs Miguel García, der seine Untergrundarbeit gegen den Franco-Faschismus, seine Gefangenschaft und schließliche Exilierung nach England schildert.

Enzensberger bietet diese *vorliterarischen Erzählungen*, die keinesfalls »primitiv« (Falkenstein, S. 69) sind, lediglich an; weder Antworten noch Lösungsvorschläge werden gegeben. Indem er einige wenige literarisierende Eingriffe vornimmt, stellt er zudem seine arrangierende Rolle zur Diskussion. Der einzelne wird »nicht als Objekt des geschichtlichen Prozesses« gesehen, sondern »es werden die Momente hervorgehoben, die ihn zum Subjekt der eigenen Lebensverhältnisse werden lassen« (Reinhold, b, S. 108). Die Aufforderung, es den Helden gleichzutun und den »Weg ins Freie« zu suchen, ist evident. Daß der kleine Sammelband insgesamt, wie Zeller behauptet, eine »schroffe Abkehr von der Dokumentarliteratur« (Zeller, S. 138) darstellt, muß allerdings bezweifelt werden. Er ist lediglich der konsequente Endpunkt einer Dokumentartechnik, die – alle Möglichkeiten des Montierens, Schneidens, Rekonstruierens usw. ausnutzend – nicht auf der Suche nach abstrakten politischen Wahrheiten ist, sondern den Widersprüchen, in der Gesellschaft wie im Bewußtsein des Subjekts, nachforscht.

In Enzensbergers Werken, das wird an diesen ›Lebenserinnerungen‹ deutlich, spielt die hispanische oder lateinamerikanische Welt eine beherrschende Rolle (erinnert sei an die Essays über Neruda und Vallejo, an Las Casas, an das Bildnis des dominikanischen Diktators Trujillo, das Verhör von Habana, die Analyse der PCC, den Durruti-Roman oder die Kritik des Revolutions-Tourismus), ihn deshalb aber als ›El cubano alemán‹ (Grimm, d, S. 65) zu titulieren, wie es Grimm vorschlägt, scheint etwas übertrieben.

III BIOGRAPHIE, GESANG UND BÜHNE: DIE RÜCKKEHR ZU DEN LEISEN TÖNEN DER LITERARISCHEN MITTEILUNGSFORMEN (1975–1985)

1. Stichworte zum politisch-kulturellen Kontext

Die politisch-kulturelle Situation in der Mitte der 70er Jahre ist gekennzeichnet durch eine in Partei-Initiativen verebbte Studentenbewegung, dessen radikalster Flügel sich in den Untergrund des politischen Terrorismus zurückgezogen hat. Die gesellschaftspolitische Tendenzwende im Sinne eines ›roll-back‹ politischer und kultureller Innovationen findet ihr Korrelat in der Wiederentdeckung subjektiver Bedürfnisse. Die neue Dialektik von Individuum und Gesellschaft führt insgesamt aber zum Rückzug ins Private und hat ihren literarischen Ausdruck in der *Neuen Subjektivität*, die auf einem Ich-Gefühl beharrt, welches persönliche und politische Erfahrungen, *persönliche Betroffenheit und politisches Engagement vermitteln* will.

In der Zeit der APO galt jeder, der sich noch mit der Beschreibung dieser Welt und nicht mit ihrer Veränderung befaßte, als Bourgeois oder unpolitischer Spießer. Im schlimmsten Fall wurde der Autor als Agent und Apologet der herrschenden Klasse diffamiert. Wie aber wollten jene Intellektuellen, deren Beruf und Berufung es war, sich mit den ›schönen Künsten‹ zu beschäftigen, »in Zukunft ohne das Schöne auskommen und wie [wollten sie] ihre neu entdeckten Utopien ohne die in der bürgerlichen Kunst und Literatur aufgehobenen Sehnsüchte vermitteln?« (M. Schneider, S. 174) Die rigorose Diffamierung des ›kulturellen Erbes‹ als ›bürgerlichen Schund‹ führte zu einer zu kurz greifenden ›einfachen Negation‹ und damit zu einer vollständigen Geschichtslosigkeit in den ästhetischen Kategorien. Die verkürzt-dogmatische Rezeption z. B. von Enzensbergers »Gemeinplätzen« hat hier sicherlich einen nicht zu unterschätzenden Anteil.

Wurde als einziger Bestimmungsgrund von Literatur ihre Fähigkeit zur Gesellschaftsveränderung anerkannt, so fielen die Darstellungs- und Vermittlungsformen der bürgerlichen Kultur unter strenges Verzichts-Verdikt. Einzig zulässig, und aus Gründen eindeutiger Parteilichkeit erwünscht, war die (unkritische) Rezeption der ›Arbeiterliteratur‹, insbesondere des Agitprop. Parallel zur politischen Dogmatisierung des zuvor lustbetonten antiautoritären Protests – Enzensberger gab in seinen 1971 publizierten Gedichten dazu den überfälligen satirischen Kommentar – machte sich ein ästhetischer Pragmatismus breit, der nicht zu Unrecht als ›Barbarei in der Ästhetik‹ bezeichnet wurde, und der die Kunst zum bloßen Vehikel aktueller Tagespolitik, zur bloßen Gesinnungskunst degradierte. Hatte man früher – vor allem was die Lyrik betraf – in der Literaturtheorie und -kritik um die Form, die innere Struktur oder die Metapher gestritten, so ging es zum Ende der 60er Jahre allein um die Kenntlichmachung der politischen Gesinnung. Durch diese Überpolitisierung, die nichts mehr mit Enzensbergers Programm der ›Alphabetisierung Deutschlands‹ zu tun hatte, wurde das Theater »um so spröder, je mehr Gesinnung es zur Schau stellte«, die Lyrik »um so ärmer, je ›engagierter‹ sie sich gebärdete«, und die Filme »um so hausbackener, je korrekter sie den ›proletarischen Standpunkt‹ abzubilden vorgaben« (M. Schneider, S. 175). Waren die utopisch-befreienden Phantasien und Träume noch primäre Antriebsfedern der 68er-Bewegung – der Mensch sollte nicht nur politisch-sozial, sondern auch sinnlich-ästhetisch befreit werden –, so wurden die ›Massenphantasien‹ einer allseitigen und alltäglichen Künstlerschaft (wie sie z. B. Enzensberger in seinem *Baukasten* für einen emanzipatorischen Mediengebrauch entwarf) spätestens Anfang der 70er Jahre in die unpolitische Drogen-Subkultur verbannt. Revolutionärer Pragmatismus und Dogmatismus waren die verhängnisvolle Konsequenz des Mißverständnisses des Marxismus als lediglich ökonomische Methode. Der Marxismus wurde nicht mehr begriffen als dialektisches Prinzip, als Denken in Widersprüchen (wie ihn Enzensberger in seiner Theorie ›permanenten Zweifelns‹ postulierte), als »lebendige Methode zur universellen begrifflichen und sinnlichen Aneigung der Welt« (M. Schneider, S. 178), sondern als ökonomisches Instrumentarium zur Kritik des ›Spätkapitalismus‹.

Als das vordem in aller Munde geführte Proletariat in politischer Apathie verharrte (Marcuse hatte es längst prophezeit), erkannten viele Rebellen schmerzlich, daß Politik nicht Spaß, sondern Arbeit bedeutet. Resignation, Zynismus oder Rückzug in die Privatsphäre war die Folge. Richtig ist wohl, daß in den privaten Rückzugserscheinungen der 70er Jahre sich jene Formen des ›nachträglichen Gehorsams‹ manifestiert haben, »die eine typische Folgeerscheinung individueller und kollektiver Rebellion sind«. Denn die Rebellion unterscheidet sich von der Revolution gerade dadurch, »daß sie im Grunde genommen keine ernsthafte Negation der bestehenden Verhältnisse anstrebt, sondern ein Aufbegehren dagegen ist, welches schließlich in seine Reproduktion mündet« (Schülein, S. 110).

Die sog. ›Tendenzwende‹, verstanden als umfassender gesell-

schaftspolitischer Stimmungswandel in konservative Beharrungs-
politik (die im Klima von Radikalen- und Terroristenhysterie
Formen offener und verdeckter Repression annahm), schlug sich
denn auch in einem erneuten Bruch hinsichtlich der ästhetischen
und politischen Auffassungen in studentischen und literarischen
Kreisen nieder. Allerorten entdeckte man »die alte Liebe zum
Schönen, zur Kunst und zum ›sinnlichen‹ Leben wieder«. Nach der
Analyse von M. Schneider war die einsetzende Gefühls-Kultur der
Neuen Subjektivität auch nicht allein ein Rückzug ins Private,
sondern ein »Rückzug aus der Politik«. Die Leugnung dieser
Tatsache und die stattdessen vorgenommene Verkündung, daß das
Persönliche das eigentlich Politische sei, war für ihn lediglich ein
ideologischer Zaubertrick, um sich »selbst noch als Subjekt der
Geschichte ihres Rückzugs zu begreifen« (M. Schneider, S. 182).

Kennzeichnend für die gesellschaftskritische Literatur jedweden
Genres zu Beginn der 70er Jahre war zweifellos ihr »mechani-
stisch-direkter Wirklichkeitsbezug, die Tendenz zur Verkürzung
des Realismusbegriffs auf das Dokumentarische« (Hahn, S. 188).
Die Arbeiten Enzensbergers machen hier nur insofern eine Aus-
nahme, als sie den Dokumentarismus-Begriff nicht einengen auf
das Postulat widerspruchsfreier Abbildung, sondern die subjektive
Willkür des Autors wie auch den ›subjektiven Faktor Mensch‹ im
Dokument zu ihrem Recht kommen lassen. – Die Verkürzung des
Politikbegriffs führt gleichermaßen zur Reduktion der Subjektivi-
tät des Autors, ja zum völligen Verschwinden des literarischen
Ichs, welches sich mit der Auswahl der politischen Fakten, ihrer
Montage und Analyse zufriedengibt. Subjektive Betroffenheit,
Leiden an den kritisierten Zuständen wird über die didaktische,
warnende, informierende oder appellierende Haltung hinaus nicht
kenntlich.

Der Zerfall der Studentenbewegung datiert deshalb in der
Literatur den Beginn eines neuen Ich-Gefühls, welches in krassem
Gegensatz zur plakativen Geste des Agitprop steht und nunmehr
Auskunft gibt über etwas, was die Autoren »beim großen Solida-
ritätswirbel schon fast aus den Augen verloren« haben (Rühmkorf,
e, S. 188). Durch den ›Hunger‹, der nicht nur bei den Literaten
durch den propagierten ›Verzicht auf Kulturnahrung‹ entstand, trat
schließlich ein vehementer Nachholbedarf ein. Zur Mitte der 70er
Jahre geht es denn auch weniger um die Klärung politisch-
ökonomischer Fragen mittels dokumentarisch-propagandistischer
Literatur, sondern um die »existentiellen Fragen«, um das Versagen
im zwischenmenschlichen Bereich, Liebe, Zärtlichkeit, Identifikation und Symbiose mit dem Partner (vgl. Hazel, S. 131 ff.).

Hatte der Künstler in der Studentenbewegung noch davon geträumt, die Kunst des elitären Spezialistentums und der ›verzweifelten Einzelleistungen‹ überflüssig werden zu lassen, so wurde klar, daß der Gegensatz zwischen Kunst und Leben weiterexistierte, die Literatur das Publikum nicht befähigen konnte, sich sinnlich, phantasievoll und schöpferisch auszudrücken. Die ›Bewältigungs-Romane‹ einiger an der Rebellion beteiligter Autoren (vgl. Jaeggi; Lang; Schimmang; P. Schneider, b; Timm) beweisen dies eindeutig. Die Ernüchterung des verflogenen Protests ist hier nicht nur Thema, sie kommt schon dadurch zum Ausdruck, »daß es diese Romane überhaupt gibt« (Piwitt, S. 36).

Neben diesen ›Bewältigungs-Romanen‹, die den Protest subjektiv bilanzieren, sind es aber vornehmlich eine Anzahl lyrischer Publikationen, in denen Dichter wie Born, Delius, Ritter oder Theobaldy versuchen, nach der Phase der Über-Politisierung und zeitweiligen literarischen Abstinenz ein neues Bedürfnis nach literarisierender Bearbeitung der Realität zu formulieren. Diese Absetzbewegung vom Dokumentarisch-Faktischen ist verbunden mit der Hinwendung zur Literarischen Reflexion persönlicher Befindlichkeit: Anthologien wie »Und ich bewege mich doch« (Hrsg. Theobaldy) oder »Lyrik-Katalog Bundesrepublik« (Hrsg. Hans) geben darüber Auskunft. Der Politikbegriff des Gedichts der Neuen Subjektivität insistiert auf einer neuen Dialektik von Individuum und Gesellschaft: Das Individuum wehrt sich gegen Entfremdung und Herrschaft, indem es sich radikal auf sich selbst zurückzieht. Dieser Rückzug wird als notwendig empfunden, um nicht im ›täglichen Handgemenge‹ in Resignation zu versinken. Angeknüpft wird in diesen Gedichten an die Tradition des ›Langen Gedichts‹ (wie von Höllerer in seinen »Thesen zum langen Gedicht« bereits 1965 gefordert), an die ›Unartifizielle Formulierung‹ und an Herburgers programmatische Polemik, mit der er schon 1967 Erlebnisgedichte forderte, die eine politische Thematik nicht ausschließen sollten (so Herburger in ›Kursbuch 10‹). Das neue Bedürfnis nach Poesie, nach langen und autobiographischen Texten ist zweifellos Ausdruck des Versuchs, sich gegen die Zurichtungen der Sprache zu wehren, die sie ebenso in der theoretischen Überfrachtung eines abstrakten Marxismus wie auch in dem manipulierenden Sprachgebrauch der Medien erfuhr. Autobiographie ersetzt jetzt Politik, Subjektivität das Kollektiv. Während vormals Phantasie nur gefordert wurde, soll sie jetzt beim Schreiben und Lesen freigesetzt werden. Der Autor beansprucht plötzlich wieder »für sich die Freiheit zu einer tendenziell willkürlichen Arbeit mit Sprache und Stoff« (Theobaldy/Zürcher, S. 136).

Texte sollen jetzt nicht nur Erlebnisse, sondern auch ihre Anlässe vermitteln, so daß die Differenz zwischen Erlebnis und Gedicht so gering wie möglich gehalten werden kann. Der Autor soll seinen Texten möglichst viel »vom wirklichen Leben mitgeben«, denn worauf es ankomme ist, »in die Gedichte alle unsere unreinen Träume und Ängste einzulassen, unsere alltäglichen Erfahrungen, Stimmungen und Gefühle« (Theobaldy, a, S. 68).

Indem die Gedichte mitteilen wollen, statt zu monologisieren, indem sie Erlebnisse anstelle von Ideen und Umgangssprache statt hermetischer Chiffren zum Bauprinzip von Form und Inhalt erheben, versuchen sie sich der traditionellen Umklammerung und der »Verfügbarkeit weniger Spezialisten« zu entziehen (Theobaldy, b, S. 223). Die Gedichte der Neuen Subjektivität sind deshalb die folgerichtige Konsequenz aus der Erkenntnis, daß die Lyrik – aber nicht nur sie, sondern auch Epik und Theater – sowohl an der ›Verfügungsgewalt weniger Spezialisten‹ als auch an der Inanspruchnahme durch eine politische Beliebigkeit zugrunde zu gehen drohte. Entgegen allen Anfeindungen (z. B. von Drews; Kelter) geht es der neuen Dichtung (bevor sie in den 80er Jahren zu fließbandartigen ›Verschenktexten‹ einer Allert-Wybranietz verkam) zunächst nicht darum, das eigene Innenleben als eine exotische Landschaft zu präsentieren.

2. Das literarische Werk, Editionen und Essays (1975–1985)

Enzensberger, und dies kann erneut als ein Hinweis auf seine ›splendid isolation‹ unter den deutschen Literaten angesehen werden, beteiligte sich in keiner Weise an diesem eben beschriebenen ›Neufindungsprozeß‹ der Literatur. Wo ›Altlinke‹ im Büßerhemd Marxismus und Agitprop abschwören und einer Neuen Innerlichkeit anhingen, vernahm man von ihm keine Zeile der Selbstkritik. Warum auch, bestand seine Literaturtheorie und -praxis doch selten in dem, was andere aus seinem Werk herauslesen wollten: Weder propagierte er den ›Tod der Literatur‹ noch postulierte er gar die totale Produktionseinstellung oder die zum Partei-Dokument reduzierte Reportage. Enzensberger stellte lediglich die bescheidene Frage nach der gesellschaftlichen Funktion bürgerlicher Literatur in der politisch brisanten Phase der spätsechziger Jahre, die einige als ›Kulturrevolution‹ mißdeuteten; er belieferte – ganz im Sinne seiner Medientheorie – weiterhin die Apparate der Bewußtseinsindustrie mit kritischen Essays, Hörspielen und Büchern; er publizierte 1971 eine Reihe neuer Gedichte, die im schwerelos-satirischen Ton die Dogmatisierung der Studentenbewegung entlarvten; so wie er in diesen Gedichten auf das Subjekt rekurrierte (*Eine schwache Erinnerung*), ging es ihm auch im Durruti-Roman oder in »Der Weg ins Freie« um die Rekonstruktion des Subjekts im Geschichtsprozeß, um die Risse im Material, den Widerspruch. – Der Politikbegriff seiner Literatur basierte immer – auch wenn die marxistische Komponente zwischen 1965 und 1975 zunahm – auf der aus seiner Beschäftigung mit Adorno gewonnenen Einsicht, daß Poesie Zukunft tradiert, es Aufgabe der Literatur ist, an das Selbstverständliche zu erinnern, das unverwirklicht ist. Literatur war immer Antizipation, die Vorwegnahme des Besseren, »und sei's im Modus des Zweifels, der Absage, der Verneinung« (*Poesie und Politik*, S. 136). Die in der Kontroverse mit Peter Weiss (1966) hervorgekehrte Absage an den unkritisch-dogmatischen (Literatur-)Marxismus –

»Die Moralische Aufrüstung von links kann mir gestohlen bleiben. [. . .] Revolutionäres Geschwätz ist mir verhaßt. Widerspruchsfreie Weltbilder brauche ich nicht« (*Peter Weiss und andere*, S. 176) –

war nur die eine Seite der Medaille; auf der anderen stand stets eine kritische Solidarität sowohl mit den Befreiungsbewegungen der Dritten Welt als auch mit dem Marxismus, dessen dialektischen und historischen Materialismus er goutierte: Ohne Denken in Widersprüchen und ein politisch historisches Verständnis, in dem die Klassenkämpfe und Produktionsverhältnisse die zentrale Rolle spielen, sind die Arbeiten Enzensbergers (vor allem das *Verhör von Habana* oder *Der kurze Sommer*) nicht zu verstehen. Auch sein Rückzug aus der ›Kursbuch‹-Redaktion dürfte hier seine Wurzel haben: Nach knapp 10 Jahren Herausgeberschaft und prägender Federführung war die Übergabe der Redaktion an K. M. Michel und H. Wieser (1975) Ausdruck der Tatsache, daß die Funktion des ›Kursbuchs‹ als Organ produktiv-undogmatischer linker Phantasie sich überlebt hatte in einer politisch-kulturellen Situation, die in der Linken charakterisiert war durch Fraktionierungen in reformgläubige Sozialdemokraten, Sektierertum, politischen Terrorismus, Rückzug in Subjektivität und Innerlichkeit. Enzensbergers Positionen – theoriefreudige, schöpferische Phantasie, kritische Solidarität mit marxistischen Positionen, permanentes Zweifeln – waren, wenn auch nötig, so doch nicht mehr gefragt. Das ›Kursbuch‹ mußte sich einen neuen Kurs suchen – eine Annäherung an die neuen Bewegungen, die zum Ende der 70er Jahre sich vor allem als Ökologie-, Alternativ-, Frauen- und Friedensbewegungen herauskristallisierten.

War Enzensberger auch wieder einmal dem Zeitgeist einen
Schritt voraus, als er sich 1973 mit Problemen der Ökologie
beschäftigte, so hieß sein Aufsatz nicht ohne Grund »Zur Kritik
der politischen Ökologie«: Denn er analysierte nicht nur die
berechtigte Kritik der Ökologie an der naturzerstörenden Profit-
wirtschaft in Ost und West, er benannte zugleich die Schwach-
punkte einer sich in Naturergebenheit erschöpfenden, im politischen Sinne theorie- und strategielosen Ökologie. Seine im Gespräch mit H. Kesting 1979 gemachte Aussage:

»Ich bin kein Ideologe der ökologischen Bewegung. Ich habe eine gewisse
Distanz dazu, ich habe sehr viel Sympathie dafür. Distanz, weil da zwischen
Müsli und Weltuntergang oft allzu kurzschlüssig argumentiert wird«
(Kesting, S. 134),

kann als verbindliche Einstellung zu den ›allzu kurzschlüssig‹ –
eben theorielos und deshalb geschichtslos – argumentierenden
neuen Bewegungen angesehen werden. Die in den 70er Jahren neu
›entdeckten‹ ökologischen Probleme haben eine Geschichte, die
weiter zurückreicht als bis in die letzten Jahrzehnte. In Wirklichkeit haben sie »Wurzeln, die so alt sind wie unsere Zivilisation«
(ebd.).
Vom Freilegen der Wurzeln handelt denn auch Enzensbergers
»Mausoleum«: Mit diesen »Siebenunddreißig Balladen aus der
Geschichte des Fortschritts« (so der Untertitel) legte er erstmalig
wieder poetische Texte im originär-genuinen Sinne vor.

2.1. Mausoleum (1975)

»Die Spuren des Fortschritts sind blutig«, hieß es schon in der
»blindenschrift« von 1964. Der Dialektik des Fortschritts nachzugehen – zwischen technischer Innovation und menschlicher Regression –, die Spuren der Geschichte im menschlichen Bewußtsein
wie auch die Spuren des Geistes im historischen Prozeß aufzuspü-
ren, wird im »Mausoleum« zum zentralen Thema. Die geschichts-
philosophische Konzeption reicht in die sechziger Jahre zurück,
darüberhinaus wird die Verarbeitung der politischen Erfahrungen
des vergangenen Jahrzehnts in ihren Widersprüchen, Hoffnungen
und Enttäuschungen transparent. Vorbereitet wird das »Mausoleum« durch die Dokumentararbeiten, in denen Enzensberger ein
»tiefes Einlassen auf geschichtliche Vorgänge, das Interesse für
historische Biographien und weniger die Selbstdarstellung eigener
Widersprüche« (Reinhold, b, S. 107) demonstriert hatte. Sowohl
durch die Thematik als auch durch die poetische Technik befand er

sich 1975 in der deutschen Literaturszene – die in den Gedichten die eigene Befindlichkeit kultivierte und in den Romanen die Kindheitserinnerungen aufarbeitete – auf einsamem Posten. Hatte Enzensberger noch 1971 gesagt, daß Lyrik zwar keine politisch sinnlose Beschäftigung wäre, sie aber »nur sehr geringe, sehr begrenzte Chancen« im politischen Aufklärungsprozeß hätte, da sie nach wie vor »eine elitäre Form mit monologischem Charakter« (Interview, S. 88) wäre, so waren die Literaturkritiker nicht wenig überrascht, als 1975 diese z. T. weiträumigen, über mehrere Seiten ausschwingenden Balladen erschienen. Für Michaelis war es trotzdem sogleich »eines der wichtigsten und schönsten Bücher des Jahres«; Franz nannte es (in der bislang tiefgreifendsten Analyse des Buches) einen »gewagten Wurf«, »große Weltanschauungsdichtung«, ja ein »Novum in der deutschsprachigen Lyrik« (Franz, S. 294).

Natürlich hatte es in der deutschen Lyrik schon oft Porträts von bekannten Geistesgrößen gegeben – und nicht zufällig wiesen deshalb einige Kritiker auf die Anleihen und Verwandtschaften der Balladen mit einigen Gedichten Benns hin (z. B. Schoeller; H. Hartung, b) oder verglichen im Detail Benns Chopin-Gedicht mit jenem von Enzensberger (vgl. Volckmann, a): Ein ganzes lyrisches Werk auf Lebensläufe angelegt, auf die Biographien sogar von Ingenieuren und Mathematikern, dazu die Lebensläufe verwoben mit der Entwicklung der Produktivkräfte (zu denen der forschende Geist ja auch zählt) und Produktionsverhältnisse, das war zweifellos neu. Franz und Reinhold haben sich – mit ähnlichen Ergebnissen – der Mühe unterzogen, die 37 Biographien bestimmten Professionen zuzuordnen; so finden wir lyrische Porträts von

- Mathematikern (Babbage, Condorcet, Leibniz, Turing),
- Anthropologen (Bernardino de Sahagún),
- Astrologen (Brahe, Messier),
- Ingenieuren (Brunel, Taylor),
- Gelehrten (Raimondo di Sangro),
- Biologen (Spallanzani, Darwin),
- Ärzten (Semmelweis, Guillotin, Reich, Cerletti),
- Erfindern (Evans, Vaucanson, Gutenberg),
- Physiologen (Étienne Marey),
- Philosophen (Leibniz, Condorcet, Campanella, Malthus, Fourier),
- Naturforschern (Linné, Humboldt),
- Forschungsreisenden (Sir Henry Stanley),
- Stadtplanern (Haussmann),
- Politikern (Blanqui, Macchiavelli, Bakunin, Molotov, Che Guevara),

– Künstlern (Piranesi, Chopin, Méliès) und
– Zauberkünstlern (Robert-Houdin).
(Vgl. Franz, S. 295; Reinhold, b, S. 112.)

Das Buch kommt in seiner blaßgrünen Aufmachung geradezu
»altväterlich« daher, wirkt wie ein »altes Kontorbuch« (H. Hartung, b), verzichtet ganz auf die in früherer Lyrik übliche
Kleinschreibung (die Enzensberger erstmalig in seinen »Gedichte[n] 1955–1970« zugunsten dudengemäßer Schreibweise aufgab).
Der Titel der Balladen – die Schoeller eine »poetische Generalstabskarte für Expeditionen in die Historie« genannt hat – weckt
Erinnerungen an Enzensbergers »Museum der modernen Poesie«
von 1960. Dort schrieb er im Vorwort:

»Das Museum ist eine Einrichtung, deren Sinn sich verdunkelt hat. Es gilt
gemeinhin als Sehenswürdigkeit, nicht als Arbeitsplatz. Richtiger wäre es,
das Museum als Annex zum Atelier zu denken; denn es soll Vergangenes
nicht mumifizieren, sondern verwendbar machen, dem Zugriff der Kritik
nicht entziehen, sondern aussetzen« (*Museum*, S. 9).

Dies kann ohne Einschränkung auf sein »Mausoleum« übertragen
werden. Für sein Vorgehen gilt im übrigen, was W. Benjamin in
seinen ›Geschichtsphilosophischen Thesen‹ formuliert hat:

»Das wahre Bild der Vergangenheit huscht vorbei. Nur als Bild, das auf
Nimmerwiedersehen im Augenblick seiner Erkennbarkeit aufblitzt, ist die
Vergangenheit festzuhalten. [. . .] Vergangenes artikulieren heißt nicht, es
erkennen, ›wie es denn eigentlich gewesen ist‹. Es heißt sich einer
Erinnerung zu bemächtigen, wie sie im Augenblick einer Gefahr aufblitzt«
(Benjamin, zit. n. Volckmann, a, S. 285).

Da die aktuelle Gegenwart (die ökologische Krise sowie eine
undogmatische marxistische Theoriebildung) den strukturellen
Bezugspunkt der Rekonstruktion des Vergangenen bildet, gleicht
die Arbeit des Lyrikers »der des Archäologen« (Volckmann, a,
S. 285). Die Funde untergegangener Kulturen werden nun aber
nicht in einbalsamierter Form ausgestellt, sondern in lebendige
Beziehung zu aktuellen Problemen gebracht. Die Fragestellung ist
eine doppelte: Welchen Anteil haben die Personen an der Entwicklung der Produktivkräfte bzw. des Fortschritts, und inwieweit
haben ihre Erfindungen und Thesen zur Verringerung menschlichen Mühsals beigetragen? Es geht also um den »widersprüchlichen Charakter des Fortschritts, um das Verhältnis von Produktivkraftentwicklung und Menschheitsfortschritt« (Reinhold, b,
S. 113), oder – anders gewendet – um die Frage, was die oft als
fortschrittlich bewerteten Neuerungen für die Utopie einer huma-

neren Menschheitsgeschichte erbracht haben (vgl. Gnüg, S. 296).
Die lyrische Grundhaltung der Balladen ist deshalb die der *Skepsis*:
»Skepsis gegenüber jedem undialektischen Fortschrittsoptimismus,
jeder technologischen Fortschrittsgläubigkeit, die die Verluste
nicht zählt« (ebd., S. 295 f.). Aus dieser Skepsis einen »Geschichtspessimismus« herauszulesen, wie es vor Gnüg auch schon Gutzat
in einer groß angelegten Studie über die ersten drei Lyrik-Bände
Enzensbergers getan hat, ist allerdings übertrieben.

Enzensberger hat, unübersehbar, ein weitreichendes Quellenstu-
dium betrieben, hat die widersprüchliche Überlieferungsgeschichte
ebenso einbezogen wie Zeitumstände, politische und ökonomische
Fakten und Entwicklungen. Der Gefahr, dieses Konvolut an
Sachinformationen in Abhandlungen – und d. h. in nicht-lyrischer
Form – zu präsentieren, konnte er, bis auf wenige Ausnahmen
(z. B. in den Balladen über Campanella und Blanqui), erfolgreich
widerstehen. Die Verknüpfung der unterschiedlichsten Aussage-
schichten (biographische Details einerseits und der Mitteilungsge-
stus des Autors andererseits) gelingt ihm durch die Verwendung
der lyrischen Großform der Ballade. Auch wenn verschiedentlich
angezweifelt wurde, ob es sich überhaupt um Balladen handele
(z. B. von Novak; Heise, b), kann doch festgestellt werden, daß die
Genre-Bezeichnung insofern zu Recht benutzt wurde, als Enzensbergers Prosagedichte das episch-erzählerische Moment besonders
akzentuieren und damit zugleich »das Besondere-Erzählenswerte,
von dem die alten Balladen berichten« (Gnüg, S. 298), betonen. Um
sein Vorhaben zu bewerkstelligen, hat Enzensberger die offene
Form der lyrischen Montage gewählt, er spricht

»in großen freirhythmischen Spannungsbögen und im wesentlichen para-
taktisch konstruierten strophischen Komplexen, die aber auch die Aufnahme ausholender hypotaktischer Prosa-Perioden erlauben, vor allem die
Einbeziehung dokumentarischen Materials in Form authentischer Aussagen
der lyrischen Helden, darunter wissenschaftlicher Lehr- und Leitsätze als
Zitat« (Franz, S. 296).

Der epische Kern der Gedichte besteht in der Verflechtung von
individueller und historischer Problematik. Bisweilen ergeben sich
durch die Vermischung von Reflexionen, Kommentar und Zitat
»atemverschlagende rhythmische Beschleunigungen« (ebd., S. 304).
Enzensberger verfährt letztlich wie ein Psychoanalytiker, der den
Mechanismus der Gegenübertragung nutzt: Zunächst läßt er sich in
Umstände, Gedanken und Emotionen verwickeln, dadurch entsteht Identifikation; dann aber »löst er sich jedes Mal wieder aus
der Verstrickung«, »blickt mit kühlem Auge auf den anderen«

(Heise, b), stellt Distanz her. Es sind deshalb weder Rollenge-
dichte, in denen der Autor in die Haut der Helden schlüpft, noch
Meditationen. Es sind epische Balladen, im Rhythmus expressiv, in
ihrer kommunikativen Absicht auf Dialog angelegt. Die Zitat-
Fragmente sind zwar durch Kursivdruck kenntlich gemacht, sie
sind aber – wie auch die vielen anderen ausgewerteten Dokumente
– nicht speziell nachgewiesen, mithin kaum überprüfbar. Das
hierdurch entstehende Verwirrspiel wird noch unterstützt, indem
die Gedichte nicht den vollen Namen des Porträtierten wiederge-
ben, sondern nur seine *Initialen* (z. B. A. v. H. = Alexander von
Humboldt). Dienen die Initialen »in hohem Maß der Unabhängigkeit des einzelnen Gedichts«, zwingen sie zum genauen Lesen, so
wirkt der *Index*, der ein Inhaltsverzeichnis ersetzt, »als zusätzliche
Barrikade«. Eine Rezensentin schildert anschaulich, was manchem
Leser widerfahren dürfte:

»Wer ist zum Beispiel E. G. de la S.? Ich schlage im Index nach, unter S.
steht er nicht. Also unter de la S.? Auch nicht. Da ich keine Lust habe,
zuerst den ganzen Index durchzublättern, wende ich mich dem Gedicht zu,
ohne vorher Bescheid zu wissen. Und bei dieser Methode bleibe ich dann«
(Novak).

E. G. de la S. steht für Ernesto (Che) Guevara de la Serna, den
cubanischen Revolutionär, der ebenso zum Idol der Studentenbewegung wie auch der Befreiungsbewegungen der Dritten Welt
wurde. Beschließt das Gedicht über Guevara den Band, so wird er
mit einem Text über den italienischen Uhrenmacher Giovanni
de'Dondi (1318–1389) eröffnet. Was jetzt den schlichten Titel
»G. de'D.« trägt, konnte man – fast wortgleich – bereits als
»Himmelsmaschine« in Enzensbergers »Gedichte 1955–1970« lesen. Auch das Gedicht »An Niccolo Macchiavelli« nimmt Enzensberger in das »Mausoleum« auf; beide Texte belegen, daß Enzensberger durchaus über Jahre oder Jahrzehnte thematische Stränge
(hier die Lyrik historisch-biographischer Recherche) verfolgt. Der
Vorwurf, er wechsele Positionen, kaum daß er sie besetzt habe (vgl.
die Polemik von Linder), geht somit ins Leere.
    Historische Chronologie ist das ordnende Prinzip, es ist einge-
bettet in ein historisierendes Herangehen: Die (unversöhnliche?)
Widersprüchlichkeit des Fortschritts im Kapitalismus wird in ihrer
Geschichtlichkeit demonstriert. Das erste Gedicht des Bandes
beginnt: »Giovanni de'Dondi aus Padua/verbrachte sein Leben/mit
dem Bau einer Uhr«, und es endet mit den Zeilen: »Nicht
Guggenheim sandte/Francesco Petrarca Schecks/zum Ersten des
Monats./De'Dondi hatte keinen Kontrakt/mit dem Pentagon.//

Andere Raubtiere. Andere/Wörter und Räder. Aber/derselbe Himmel./In diesem Mittelalter/leben wir immer noch.«

Das mutet zunächst resigniert an, läßt aber die Frage offen, ob es immer so bleiben muß. Enzensbergers materialistischer Ansatz und seine dialektische Sichtweise führen zwangsläufig dazu, die Geschichte des Fortschritts weder als bruchlose Geschichte von Segnungen noch als Inkorporation des wissenschaftlich-technischen Teufels darzustellen. Die Ballade über Taylor, den Begründer der wissenschaftlichen Arbeitsorganisation, ist in diesem Punkt – dem Abwägen von Vor- und Nachteilen – sicherlich ein Schlüsselgedicht. Wenn Novak meint, Enzensberger zeige in seinen Gedichten den »Fortschritt des Grauens«, so ist das eben nur die halbe Wahrheit. Befreiende Anstöße, schöpferische Entfaltungen werden deutlich in den Gedichten über de'Dondi, Gutenberg, Babbage, Semmelweis oder Leibniz. Im Leibniz-Gedicht, aufgezogen wie ein Geheimbericht des CIA (und dadurch auf skurrile Weise aktualisiert), verdichtet Enzensberger in mehrfach ironisch-satirischen Brechungen den biographischen Bericht:

»(Aus unsern Dossiers, sagt die CIA, ergibt sich folgendes Bild./Privatleben: fehlt. Sexuelle Interessen: gleich null. Emotional/ist L. ein Kretin. Seine Beziehung zu andern ist der Diskurs/und sonst nichts. [. . .] dieser wahnwitzige Fleiß. [. . .] Wie ein Automat, der einen Automaten gebaut hat.)«

Natürlich fragte man sich vor allem im sozialistischen Lager, ob Enzensberger auch »Widerstandskräfte ins Bild« gebracht hätte, die den Eindruck eines gewissen »Fatalismus« aufheben könnten. Reinhold ortete solche Kräfte in den Gedichten über Campanella (der die Utopie des ›Sonnenstaates‹ entworfen hatte), den utopischen Sozialisten Fourier, den russischen Anarchisten Bakunin sowie den Guerillakämpfer Che Guevara (Reinhold, b, S. 116). Der cubanische Revolutionär ist aber beileibe nicht Gegenstand hymnischer Verehrung, Wegweiser besserer Zukunft; vielmehr geht es Enzensberger eher »um die Entfernung eines Idols aus unserem Gedächtnis« (Schoeller), wenn es heißt:

»Es ist nicht lange her, und vergessen. Nur die Historiker/nisten sich ein wie die Motten ins Tuch seiner Uniform.//Löcher im Volkskrieg. Sonst in der Metropole spricht von ihm/nur noch eine Boutique, die seinen Namen gestohlen hat.«

Und wenn Enzensberger das Gedicht mit den Worten »und ruhig rotten die Antworten fort« beendet, ist klar: Die Antworten, die man erwartet haben könnte (z. B. über organisierte Formen revolutionären Handelns, Widerstand, Subversion), will er nicht geben. Sein utopisches Denken deshalb gleich als »anarchistische Empörung«, seine Weltsicht als »unhistorisch« abzuqualifizieren (so Reinhold, b, S. 118), ist weder neu noch originell: Es zeigt nur die Hilflosigkeit gegenüber einer programmatischen Offenheit, deren Ziel es ist, Fragen zu stellen, nicht aber, unumstößliche Antworten oder Handlungsanweisungen zu geben. Geschichte, das verdeutlicht auch Gnügs Interpretation des Humboldt-Gedichts, ist nicht objektiv rekonstruierbar, »sie ist Stoff für die Erfahrung ihres Betrachters« (Gnüg, S. 298). Geschichte, und hier treffen sich Enzensbergers lyrische Intentionen mit denen seiner dokumentarischen Phase, wird zum Fundus interessiert-subjektiver Bearbeitung und damit zur willkürlichen Fiktion. Dieses Einbringen der eigenen Geschichte des Autors bedingt unterschiedliche Haltungen zu den Gegenständen. Von vorsichtiger Identifikation über ironische Distanz bis zu grotesker Verzerrung finden sich sämtliche Einlassungen auf die literarisierten Biographien. Aus dem Rahmen fiel dabei zweifellos, und dies bemerkten auch die meisten Rezensenten, die Bakunin-Ballade.

Schon 1964 hatte sich Enzensberger in »Politik und Verbrechen« mit dem russischen Anarchisten befaßt: Damals beschrieb er ihn als »Hasardeur«, »Abenteurer« und »Berserker« (*Politik und Verbrechen*, S. 298) und meinte, der Anarchismus sei »mit soziologischen Kategorien und mit marxistischen Analysen nicht auszuschöpfen«. Die Geschichte des Anarchismus, so seine zwischen Ablehnung und heimlicher Begeisterung schwankenden Worte, handle von »Träumern und Fanatikern, von Amokläufern und Schöngeistern, von Hochstaplern und Wirrköpfen, Missionaren und Selbstmördern, von blutigen Heiligen« (ebd., S. 289 f.). In der Ballade heißt es jetzt u. a.:

»Ja, Bakunin, so muß es gewesen sein. Ein ewiges Nomadisieren,/ närrisch und selbstvergessen. Unerträglich, unvernünftig, unmöglich/ warst du! Meinetwegen, Bakunin, kehr wieder, oder bleib wo du bist. [. . .] Nach Polizei riecht Europa immer noch. Darum, und weil es nie und nirgends,/Bakunin, ein Bakunin-Denkmal gegeben hat, gibt oder geben wird,/Bakunin, bitte ich dich: kehr wieder, kehr wieder, kehr wieder.«

Das »Du«, welches Enzensberger hier – wenn auch in polemischer Abgrenzungsfunktion – benutzt, läßt Bakunin zur einzigen Identifikationsfigur des Buches werden. Die Ballade liest sich wie eine »Reflexion auf die verlorene Unschuld der antiautoritären Phase der Studentenbewegung« (V. U. Müller, S. 117), aber auch wie eine große Beschwörung der hehren Ziele der ›konkreten Utopie‹, die noch allemal im ›realen Sozialismus‹ unter die Räder kam. Das Bakunin-Gedicht ist voller Emotionalität, schwankend zwischen »bleib, wo du bist« und »kehr wieder«. Mit einem kleinen Schuß Sentimentalität werden Sehnsüchte, Verzweiflungen und Wünsche geäußert. Und weil der undogmatische Marxist Enzensberger nicht die politisch verworrene Strategie des Anarchismus, sondern das Beharren auf Individualität, Spontaneität und Widerstand gegen jede Form von Autorität in der Person Bakunins goutiert, ist es auch weder eine Hymne noch eine Lobhudelei, vielleicht aber ein »Liebesgedicht« (Novak).

»Mausoleum« kann man mit Zeller durchaus als eine »neue Synthese« im Werk Enzensbergers betrachten, denn Literatur und Kritik, Lyrik und Essay sind in den Balladen zu einem harmonischen Ganzen verwoben (Zeller, S. 151). Wenn geäußert wurde, daß die Balladen insgesamt »einen bedeutsamen Sprung in der Entwicklung des Lyrikers Enzensberger« (Franz, S. 307) markieren, so trifft das nicht ganz die Wahrheit. Richtiger ist vielmehr, daß die von Enzensberger nie aufgegebenen subjektiven Auffassungen hier voll rehabilitiert werden: Was er in seinem subjektiv-willkürlichen Zugriff zum Dokument (im Durruti-Roman, in *Der Weg ins Freie* oder den *Gespräche*[n] *mit Marx und Engels*) stets betonte, wird hier weiterentwickelt und in eine dokumentarisch-lyrische Synthese gebracht. Die Experimente mit verschiedenen Dokumentartechniken und -formen zwischen 1965 und 1975 haben Enzensberger wohl erst in die Lage versetzt, die lyrische Verarbeitung von Realität und Geschichte derart bewerkstelligen zu können. Er hat damit

»der Lyrik bestimmte Möglichkeiten erschlossen, nicht nur, was Verdienst allein ist, ein neues thematisches Gegenstandsfeld: Geschichte der Produktivkräfte und Wissenschaftsgeschichte; er hat gezeigt, wie Lyrik einen Reflexionsgrad gewinnen kann, der die exakte und poetische Darstellung von schwierigsten Wissensinhalten erlaubt, ohne daß eine wissenschaftliche Gedankenlyrik oder eine Wissenschaftslyrik herauskommt; er hat dem Erzählgedicht eine neue Dimension verliehen, und er hat neue poetische Weisen sprachlicher Fügung erprobt« (Franz, S. 309 f.).

2.2. Der Untergang der Titanic (1978)

»Nun sitzen die Rezensenten über ihre Schreibtische gebeugt, beglucken, beglücken mit ihren schweren Körpern ein schmales, luftiges Buch, das sie nicht braucht, das sie schreibend nicht einholen werden, das sich entzieht« (Krechel, S. 44).

Ob Enzensbergers »Komödie« vom Untergang der Titanic Rezensenten und Interpreten nicht benötigt, läßt sich zumindest anzweifeln. Wie immer bei Erscheinen eines neuen Enzensberger-Werkes war jedenfalls der Zugriff der Kritiker äußerst divergierend, ja widersprüchlich. Für E.-D. Sander war »kein einziger Satz interpretationsbedürftig«, »nichts Poetisches« ereigne sich, an keiner Stelle durchbreche Enzensberger »den Zirkel gedrechselter Prosa«. Auch Bohrer, einer der kritischen Kommentatoren Enzensbergers seit Jahren, überschüttete ihn geradezu mit Vorwürfen: Mit dem Verweis auf Enzensbergers politisch subversive Phase der späten Sechziger (die Bohrer damals gleichfalls verdammte), meinte er nun, Enzensberger sei »offenbar einiger langweilig gewordener linker Tabus überdrüssig« geworden und im »richtigen Augenblick der intellektuellen Saison« von eben jenem Zug gesprungen, »den er selbst mit in Bewegung« (Bohrer, d, S. 1275) gesetzt habe. Bohrer verstieg sich sogar dazu, die – vermeintliche – Wandlung des Autors als »tolles Stück«, als »Dreistigkeit« und den Autor selbst als »wieselflinke[n] Charmeur und Wünschelrutengänger noch verborgener Trends« (ebd., S. 1276) zu bezeichnen. S. E. basiere das Titanic-Versepos auf einem »bis zur Erschöpfung« abgegriffenen Thema; herausgekommen sei deshalb auch lediglich eine »nostalgische Ballade«. All dies, so sein vernichtendes Urteil, ist »modische Rollenprosa, romantisches Zivilisations-Zitat, intellektueller Bildungs-Verschnitt« (ebd., S. 1276 f.).

Fürsorglich dem Buch vorausgegangen war im Mai 1978 ein ›Kursbuch‹-Essay Enzensbergers mit dem bezeichnenden Titel »Zwei Randbemerkungen zum Weltuntergang«. Er kam einer radikalen Abrechnung mit den zu Götzen verklärten Prinzipien des Marxismus gleich. Die »Irrenwärter von links« bezichtigte Enzensberger akademischer Arroganz und politischer Ohnmacht. Die linke Theorie und Praxis – sowohl in Westeuropa als auch in den ›realsozialistischen Ländern‹ – sei unfähig, mit jeder Art von Utopie umzugehen; Denkverbote ließen keine Weiterentwicklung zu. Gefesselt an die philosophischen Traditionen des deutschen Idealismus könnten die linken Theoretiker nicht einsehen,

»daß es keinen Weltgeist gibt; daß wir die Gesetze der Geschichte nicht kennen; daß auch der Klassenkampf ein ›naturwüchsiger‹ Prozeß ist, den keine Avantgarde bewußt planen und leiten kann; daß die gesellschaftliche wie die natürliche Evolution kein Subjekt kennt und daß sie deshalb unvorhersehbar ist; daß wir mithin, wenn wir politisch handeln, nie das erreichen, was wir uns vorgesetzt haben, sondern etwas ganz anderes, daß wir uns nicht einmal vorzustellen vermögen; und daß die Krise aller positiven Utopien eben hierin ihren Grund hat« (*Zwei Randbemerkungen*, S. 7).

Seine ›Randbemerkungen‹ waren deshalb nicht nur ein entschiedenes Plädoyer für eine subjektiv-phantasievolle Literarisierung der Zukunft, sondern auch ein Eingeständnis der Vernachlässigung von Wunsch- und Traumarbeit, die es wettzumachen gelte. An seinen fiktiven Briefpartner Balthasar schrieb er:

»Ich wünsche dir, wie mir selber und uns allen, ein bißchen mehr Klarheit über die eigene Konfusion, ein bißchen weniger Angst vor der eigenen Angst, ein bißchen mehr Aufmerksamkeit, Respekt und Bescheidenheit vor dem Unbekannten. Dann werden wir weitersehen« (ebd., S. 8).

Ging es Enzensberger einerseits um das Wiedergewinnen *positiver Utopie* in linker Theorie und Praxis, so stellte andererseits die Auseinandersetzung mit *negativer Utopie* – in Form des Weltuntergangs – den Ausgangspunkt dar. Utopisches Denken korrespondiere immer mit der Idee der Apokalypse; positive Utopie sei ohne Faszination und Angst vor dem Weltuntergang nicht denkbar. Ohne dies näher auszuführen (es empfiehlt sich als ergänzende Lektüre deshalb der Essay *Zur Kritik der politischen Ökologie* von 1973) spielt er damit auf aktuelle Untergangsvisionen an, verursacht durch ökologischen und atomaren Wahnsinn. Garantierte früher allerdings die Endgültigkeit der Apokalypse ihre Anziehungskraft, so ist der Weltuntergang heute »kein Gleichmacher mehr, im Gegenteil. Er ist von Land zu Land, von Klasse zu Klasse, von Ort zu Ort verschieden; während er die einen ereilt, betrachten die anderen ihn auf dem Fernsehschirm« (ebd., S. 3).

Bohrers Kritik ist also nicht ganz von der Hand zu weisen: Die Mitte der 70er Jahre stellt eine wichtige Zäsur in der politischen Kultur der Bundesrepublik dar. Dezidiert linke Theorie, die noch immer dem Fortschrittsdenken von Marx verpflichtet ist, verliert an Relevanz; ökologisches Denken, geprägt von Untergangsvisionen, greift um sich; Rückzugsmentalität und Subjektivismus ist die eine Reaktion, die andere bewirkt das Erstarken alternativer, ökologischer und Friedens-Bewegungen. Insofern springt Enzensberger auf einen ›Zug der intellektuellen Saison‹. Mit welcher ihm eigenen Distanz und Ironie er dies begleitet, wird in den ›Randbemerkungen‹ schon in den ersten Sätzen deutlich:

»Die Apokalypse gehört zu unserem ideologischen Handgepäck. Sie ist ein Aphrodisiakum. Sie ist ein Angsttraum. Sie ist eine Ware wie jede andere. Sie ist, meinetwegen, eine Metapher für den Zusammenbruch des Kapitalismus, der bekanntlich seit über hundert Jahren unmittelbar bevorsteht. Sie tritt uns in allen möglichen Gestalten und Verkleidungen entgegen, als

warnender Zeigefinger und als wissenschaftliche Prognose, als kollektive
Fiktion und als sektiererischer Weckruf, als Produkt der Unterhaltungsin-
dustrie, als Aberglauben, als Trivialmythos, als Vexierbild, als Kick, als Jux,
als Projektion. Sie ist allgegenwärtig, aber nicht ›wirklich‹: eine zweite
Realität, ein Bild, das wir uns machen, eine unaufhörliche Produktion
unserer Phantasie, die Katastrophe im Kopf« (ebd., S. 1).

Über weite Strecken liest sich dies wie eine Selbstinterpretation
seines fast zeitgleich publizierten ›Untergangs der Titanic‹, denn
der Untergang des Schiffes erscheint uns mit Hilfe literarischer
(thematischer und zeitlicher) Mehrdimensionalität in verschiedenster Gestalt und Verkleidung, als reale Katastrophe und intellektuelle Verwirrung. In 33 Gesängen und 16 lyrischen Zwischentexten
(Holthusen erinnerte das an eine »Partitur, die nach sofortiger
Auslegung verlangt«, Holthusen, b, S. 908), überschrieben mit der
manche Kritiker verwirrenden Genrebezeichnung »Komödie«,
legte Enzensberger ein ›Versepos‹ vor, das – so ließ er auf dem
beigelegten Zettel formulieren – eine in Deutschland beinahe
ausgestorbene literarische Tradition wieder aufnehmen und retten
wolle. Autoren wie W. C. Williams, Majakowski, Perse und Neruda – allesamt von Enzensberger hochverehrt und z. T. in Essays
und Übersetzungen dem deutschen Publikum nahegebracht –
hätten die Vitalität des Versepos unter Beweis gestellt. Ob Enzensberger ein Versepos oder einen Gedicht-Zyklus präsentierte, ist
eigentlich ein müßiger Streit, der lediglich von der komplizierten
inhaltlich-thematischen Vielschichtigkeit ablenkt (und verkennt,
daß Enzensberger, wie er uns in einem Arbeitsgespräch bestätigte,
zu einer ironisch-verfremdeten Titelgebung neigt). J. Kaiser ent-
schied denn auch verdiktartig, daß Enzensberger hier in längeren
Gesängen einen Vorgang vorträgt, dessen Hauptcharakteristikum
das gehobene, gebundene epische Moment sei. Außerdem spiele
das Moment der zu bewältigenden Zeit – normalerweise in
Dramatik und Epik wichtiger als in der Lyrik – hier eine zentrale
Rolle. Von einem Versepos könne also durchaus gesprochen
werden (vgl. J. Kaiser, c).

Abgehandelt wird der Untergang der Titanic, jenes Riesenschif-
fes, das als technisches Weltwunder und Ungeheuer zugleich
angesehen wurde. Der Mythos der Unsinkbarkeit mag dazu
beigetragen haben, daß das Schiff durch unvorsichtiges und verant-
wortungsloses Handeln ins Verderben gesteuert wurde. Stellte der
Untergang im April 1912 für die zivile Seefahrt die bis dahin größte
Katastrophe dar (mit ca. 1 500 Toten), so war er – weil das Schiff
kein gewöhnlicher Dampfer war, sondern als Inbegriff des Fortschritts galt – für die Kulturindustrie die Geburtsstunde eines

neuen Trivialmythos: Gerüchte, Legenden, Aberglauben, Mythen jeder Art, Musikstücke, Gedichte, Sachbücher, Hollywood-Verfilmungen; die unendliche Variation eines Mythos, der seinen Reiz aus der Ambivalenz von Fortschritt und Apokalypse bezog.

Daß dies auf das Interesse des Bewußtseinsindustrie-Kritikers Enzensberger stößt, wundert nicht, auch das Anknüpfen an seine Fortschritts-Infragestellung, zuletzt geäußert in den im »Mausoleum« gesammelten ›Balladen des Fortschritts‹, liegt offen zutage. Doch während die 37 Personenporträts nebeneinander stehen, ist der »Untergang« ein durchkomponiertes, großes Poem; und während Enzensberger die Personen sonst mit schützender Distanz beschrieben hat, verläßt er hier seine Deckung – »zum Personal der *Titanic* gehört Enzensberger selbst auf eine betroffene, manchmal beklemmende Weise« (Karsunke, c, S. 45). Die Katastrophe wird nicht einfach dargestellt, sie wird erzählt, bewiesen, dokumentiert, bezweifelt, halluziniert und untersucht. »Der Text gibt sich als Mahl« (Lehmann, S. 314), die 33 Gesänge gleichen Gängen, angereichert mit Beilagen, Glossen, Bildbeschreibungen, Menü- und Speisekarten, erkenntnistheoretischen Modellen, Vergleichen, Exkursen. E.-D. Sanders polemische Bemerkung, nichts an diesem Poem sei interpretationsbedürftig, nichts sei poetisch, erweist sich als unhaltbar: Allein die Anklänge und Bezüge auf literarische Traditionen sowie die angehäuften Bildungs-Zitate sichern »Stapel von Dissertationen« (Lehmann, S. 329). Aus Poes »The Narrative of Arthur Gordon Pym« werden Motive ebenso aufgegriffen wie aus Dantes »Commedia« der Höllenqualen. Bakunin diskutiert mit Friedrich Engels, allerdings folgen- und spurenlos angesichts der Katastrophe: »Die Partie/bleibt unentschieden. Kein Mensch/hat die beiden Herren erblickt/in einem der Rettungsboote, kein Mensch/hat je wieder von ihnen gehört./Nur der Tisch, der leere Tisch/treibt immer noch auf dem Atlantik« (*Der Untergang*, S. 43).

Auch die Metapher vom Schiff als Gesellschaftsmodell hat eine lange literarische Tradition, man denke nur an das Narrenschiff des Sebastian Brant von 1494. Die Paraphrase eines schwarzen Street-Songs aus Philadelphia findet sich ebenso wie die Collage aus angelsächsischen Chorälen und Kirchenliedern von 1840–1910 und deutschen Seemannsschlagern von 1940. Die Symbolik des mit einem Schwarz-Weiß-Foto eines in bedrohlicher Nacht dahingleitenden Eisberges versehenen Buch-Einbandes (Meeresspiegel, Spiegelbild), die Mythologie von Untergang und Eiszeit, die Ironisierung einer Tragödie zur Komödie, die Allegorisierung des Eisbergs zum Stellvertreter autonomer, zweckfreier, vollkommener Kunst:

»Der Eisberg kommt auf uns zu/unwiderruflich. [. . .] Der Eisberg hat
keine Zukunft./Er läßt sich treiben./Wir können den Eisberg/nicht brauchen./Er ist ohne Zweifel./Er ist nichts wert. [. . .] Er geht uns nichts an,/
treibt einsilbig weiter,/braucht nichts,/pflanzt sich nicht fort,/schmilzt./Er
hinterläßt nichts./Er verschwindet vollkommen./Ja, so muß es heißen:/
Vollkommen« (ebd., S. 27 ff.),

all dies fordert geradezu eine Interpretation. Damit ist aber noch
nichts über die komplizierte thematische und perspektivische
Struktur gesagt. Sechs Schichten lassen sich in diesem »virtuosen
Kaleidoskop« (Schütte, b) abtragen:
    Eine erste Gruppe von Gesängen beschreibt die Stunde vor der
Katastrophe. Unheimlich anmutende *Ahnungslosigkeit* kommt
zutage, das *Nicht-wahr-haben-Wollen* wirkt grotesk: »John Jakob
Astor hingegen schlitzt mit der Nagelfeile/einen Rettungsring auf
und zeigt seiner Frau,/[. . .], was drin ist/[. . .], während in den
Laderaum vorn/armdick das Wasser strömt« (*Der Untergang*,
S. 10). Engels und Bakunin streiten über Partei-Disziplin, ein
Ingenieur wird mit seinen euphorischen Fortschrittspostulaten zur
Karikatur des emotionslosen, technokratischen Zweckdenkens. In
den billigen Unterdecks will niemand auf den anarchistischen
Aufwiegler und Umstürzler hören: Reaktionslos warten die Mas-
sen geduldig und respektvoll ihren Untergang ab.
(Für diesen Komplex: Gesänge 2, 5, 7, 8, 9, 10, 12, 21.)
    Der eigentliche *Untergang, das Ertrinken und Sterben*, die
Schreie der Untergehenden, vernommen von den wenigen Gerette-
ten in ihren Booten, das in gebrochen-entfremdeter Sprache
geschilderte Inferno ist das zweite Thema. Die Dichte und
Plastizität der Schilderung fordert sogar Bohrer höchstes Lob ab.
Wenn es bei Enzensberger heißt:

»[. . .] bis du selber fühlst, in deinem Brustkorb,/wie es sich dringend,
salzig, geduldig einmischt,/wie es, kalt und gewaltlos, erst an die Kniekeh-
len,/dann an die Hüften rührt, an die Brustwarzen,/an die Schlüsselbeine;
bis es dir endlich am Halse steht,/bis du es trinkst, bis du fühlst, wie es das
Innere,/wie es die Luftröhre, die Gebärmutter, wie das Wasser/durstig den
Mund sucht; wie es alles ausfüllen,/wie es verschluckt werden, und
verschlucken will« (ebd., S. 51 f.)

dann konstatiert Bohrer erschüttert: »Hier geht wirklich einer
unter, so wie es noch niemand mir bisher beschrieb, nun beschrieben, als ob ich es schon immer gewußt hätte« (Bohrer, d, S. 1277).
(Für diesen Komplex: Gesänge 11, 13, 14, 17, 18, 19, 20, 25, 33.)
    Das dritte Thema weist zugleich auf eine *neue Erzählebene* hin:
Es geht um die Geschichte des lyrischen Ichs und um die

Produktionsgeschichte des Buches. Begonnen wurde das Manuskript 1969 auf Cuba; Enzensberger verbrachte dort – nachdem er eine Gastprofessur in Amerika spektakulär abbrach (vgl. *Offener Brief*) – mehrere Monate als ›Revolutionstourist‹ (auch von dieser Spielart intellektuellen Handlungsersatzes distanzierte er sich 1972 im Essay *Revolutions-Tourismus* eindeutig). Es waren die »sonderbar leichten Tage der Euphorie./Damals dachte kaum einer an den Untergang,/nicht einmal in Berlin, das den seinigen/längst hinter sich hatte. Es schwankte/die Insel Cuba nicht unter unsern Füßen.« Und doch war das »Fest längst zu Ende«. Zerstreut blickte er über die Karibische See, »und da sah ich ihn, sehr viel größer/und weißer als alles Weiß, weit draußen,/ich sah ihn und niemand sonst/[. . .] den Eisberg, unerhört hoch/und kalt, wie eine kalte Fata Morgana/ trieb er langsam, unwiderruflich,/weiß, auf mich zu« (*Der Untergang*, S. 15 ff.).

Das auf Cuba begonnene Gedicht über den Untergang der Titanic, ohne Durchschlag geschrieben, ging auf dem Postweg nach Europa verloren (ebd., S. 21). Die Symbolik ist signifikant, denn verloren ging auch die Hoffnung, die revolutionäre Illusion. Das eingeschobene Gedicht »Verlustanzeige«, reflektiert dies mittels sprachspielerischer Variationen. Enzensberger rekonstruiert dessen Geschichte, restauriert, erinnert sich, schreibt um: in Berlin, fast zehn Jahre später, dort wo Europa »am häßlichsten« (S. 21) und am »dunkelsten« (S. 26) ist. Der Berliner Schneewinter, der nach »Briketts« (S. 21), nach »Schwefel, nach Desinfektion« (S. 14) riecht, wird zum Inbegriff von Desillusion und erfrierender Revolutionshoffnung. Berlin, Cuba, realer und imaginierter Untergang: Ein »raumzeitliches Kontinuum« (Holthusen, b, S. 907) entsteht, nie ist man sicher, wo man sich gerade befindet; die Katastrophe aber ereignet sich gleichzeitig auf allen Schauplätzen. Das Gewicht verschiebt sich damit in die Gegenwart, das Epos wird zu einer Abrechnung auch mit revolutionären Höhenflügen der 68er-Bewegung. Das Berliner Zimmer füllt sich langsam »mit Rauch, mit Geretteten« (S. 107), die Selbstkritik läßt nichts zu wünschen übrig:

»Damals glaubten wir noch daran (wer: ›wir‹?) –/als gäbe es etwas, das ganz und gar unterginge,/spurlos verschwände, schattenlos,/abschaffbar wäre ein für allemal, [. . .]. Wir glaubten noch an ein Ende, damals/(wann: ›damals‹? 1912? 18? 45? 68?),/und das heißt: an einen Anfang./Aber inzwischen wissen wir:/Das Dinner geht weiter« (S. 97).

(Der ›Paralleluntergang‹ findet statt in den Gesängen 3, 4, 6, 8, 9, 28, 29, 30, 31, 32.)

Der *Untergang*, zum Mythos verklärt, wird *in verschiedenen Versionen* durchgespielt, Fakten, Ereignisse, Lügen und Phantasien werden gegeneinander gehalten. Das Gedicht »Erkenntnistheoretisches Modell« reflektiert die Vergeblichkeit unzweifelhaften Erkennens, die Wahrheit ist kaum von der Einbildung zu trennen (S. 73 f.). Die »Drahtnachrichten vom 15. April 1912« ergehen sich in lügnerischer Schönfärberei, wenn es neben Börsenmeldungen und politischem Tratsch heißt: »New York. Heute morgen wird durch eine Reuter-Meldung bestätigt, daß alle Passagiere der *Titanic* bei ruhiger See die Rettungsboote aufgesucht haben« (S. 64).

(Für diesen Komplex: Gesänge 4, 21, 22, 23, 24, 25, 28, 29; neben den erwähnten Gedichten/Glossen noch die »Erkennungsdienstliche Behandlung«.)

Das lyrische Ich führt »Ratlosigkeit, Desillusionierung, Endzeitstimmung, weltanschauliche Trostpflaster« (Lehmann, S. 315) vor. Dazu gehören die Reflexionen über die Entstehungsgeschichte und die Restauration des Textes (6. Gesang), das Bakunin-Engels-Streitgespräch (10. Gesang), die *Vermarktung des Untergangs in der Kulturindustrie* (27. Gesang), die Zusammenkünfte der Geretteten im Berliner Zimmer (30. und 31. Gesang), die Frage, ob das ganze Menschengeschlecht dem Untergang geweiht ist (33. Gesang), ferner die Glossen »Verlustanzeige«, »Innere Sicherheit«, »Der Aufschub«, »Schwacher Trost«, »Nur die Ruhe«, »Forschungsgemeinschaft« und »Fachschaft Philosophie«.

In der sechsten thematischen Gruppe geht es – und das hat besondere Resonanz bei den Kritikern hervorgerufen – um die Kunst selbst, vor allem um die *ästhetische Lust am Untergang*. Der Eisberg als Symbol ›vollkommener Kunst‹ wurde bereits erwähnt. Vor allem in den Gedichten über Leben und Arbeit älterer Meister wird die ästhetische Faszination, der Spaß an der Apokalypse, wenn auch »schuldbewußt und sarkastisch reflektiert« (Born), eingestanden. »Wie fängt man es an,/den Weltuntergang zu malen?« heißt es in »Apokalypse. Umbrisch, etwa 1490«. Kompositionsprobleme quälen den Maler, Arbeitsschwierigkeiten, denn: »Die ganze Welt zu zerstören macht viel Arbeit«. Schließlich aber ist das Werk vollendet, der Maler erleichtert, »unsinnig heiter, wie ein Kind,/als wär ihm das Leben geschenkt,/lädt er, noch für den selben Abend,/Frauen, Kinder, Freunde und Feinde/zum Wein, zu frischen Trüffeln und Bekassinen,/während draußen der erste Herbstregen rauscht« (*Der Untergang*, S. 12 f.).

Ob es in Enzensbergers Absicht lag, aus den Untergangsstimmungen einen morbiden Lustgewinn zu ziehen, ist fraglich. Wieder

einmal gibt sich der Autor als ›Souffleur des Zeitgeistes‹ zu
erkennen. Krechels Vermutung trifft zu, Enzensberger halte es mit
Michel Foucault, der einmal schrieb, die Herrschaft der Bourgeoisie werde nicht verlöschen wie eine ausgeblasene Kerze, umso mehr
also gelte es, »in den Kampf soviel Fröhlichkeit, Helligkeit und
Ausdauer wie möglich hineinzubringen« (Foucault, zit. n. Krechel,
S. 45). Diese wiedergewonnene Fröhlichkeit – trotz oder gerade
wegen der Untergangsvisionen – schließt politische Selbstkritik ein
und führt ein Beharren auf der Besonderheit der Kunst mit sich:
»Wie oft soll ich es euch noch sagen!/Es gibt keine Kunst ohne das
Vergnügen./Das gilt auch für die endlosen Kreuzigungen,/Sintflu-
ten und Bethlehemitischen Kindermorde« (*Der Untergang*, S. 32).
Kunst als Vergnügen, als autonomes Gebilde, als poetisch-ironi-
sche Inszenierung und entstellendes Sprachspiel: Ein theoretischer
wie praktischer Rückbezug Enzensbergers zur früheren Brentano-
Verehrung und den Thesen von »Poesie und Politik«, die dem
Kunstbegriff Adornos zutiefst verpflichtet sind. Zugleich kommt
auch hier zur Sprache, was er in seiner Polemik gegen Deutsch-
und Universitätslehrer vertieft hat (vgl. *Bescheidener Vorschlag*):
Interpretation heißt Zerreden von Kunst, der Zwang zur Interpretation verleidet nicht nur der Jugend die Lust am Schöpferischen,
er zeugt auch von der Sterilität schulischer Pädagogik und universi-
tärer Wissenschaft. In »Abendmahl. Venezianisch, 16. Jahrhundert« heißt es:

»Ich hörte das Gebrabbel der Galeristen,/das Zischeln der Zeichenlehrer/
und das Rülpsen der Besserwisser./Ich nahm meinen Pinsel zur Hand/und
begrub das Geschöpf,/bevor die Schmarotzer anfangen konnten,/mir zu
erklären, was es bedeute,/unter sorgfältig gemalten Fliesen« (*Der Untergang*, S. 33).

Verschüttet Interpretation das Kunstwerk mit geliehenen Bedeu-
tungen, so muß sich auch der Dichter davor hüten zu glauben, er
könne die Wahrheit aufdecken. »Weitere Gründe dafür, daß die
Dichter lügen« heißt folgerichtig ein eingeschobenes Gedicht,
kaum daß die Schreie der Ertrunkenen verklungen sind. Nie gelingt
es dem Dichter zu sagen, wie es wirklich war oder sein wird:

»Weil der Augenblick,/in dem das Wort *glücklich*/ausgesprochen wird,/
niemals der glückliche Augenblick ist. [. . .] Weil die Wörter zu spät
kommen,/oder zu früh. [. . .] und weil der,/von dem die Rede ist,/
schweigt« (ebd., S. 61).

(Zu diesem Themenkomplex: Neben den bereits erwähnten die
Gesänge 1, 15, 18, 23, 26 sowie die Glossen und Bildbeschreibun-

gen »Der Eisberg«, »Der Raub der Suleika. Niederländisch, Ende 19. Jahrhundert«, »Die Ruhe auf der Flucht. Flämisch, 1521«.)
  Sind die thematischen Stränge entflochten, die Handlungs- und Erzählebenen in ihrer Vielschichtigkeit deutlich, so bleibt die Frage, wie es weitergeht, welche Perspektive der Autor nach einer sarkastisch-lustvollen Desillusionierung über den technischen und revolutionären Fortschritt dem Leser anbietet. Kaum daß das Wasser seine Opfer verschluckt hat, bemerkt Enzensberger, der Untergang der Titanic »ist auch nicht mehr das, was er einmal war« (S. 55). Zum Schluß aber sind die Geretteten versammelt im kalten Berliner Zimmer; ein Fünkchen Hoffnung glimmt. Die Devise heißt ›Weitermachen‹ – trotz allem:

»Alles, heule ich, wie gehabt, alles schlingert, alles/unter Kontrolle, alles läuft, die Personen vermutlich ertrunken/im schrägen Regen, schade, macht nichts, zum Heulen, auch gut,/undeutlich, schwer zu sagen, warum, heule und schwimme ich weiter« (S. 115).

Dramatisierung. Der Tendenz Enzensbergers zur mehrdimensionalen Verbreitung und Vermarktung entsprechend, wurde »Der Untergang der Titanic« in den Jahren nach Erscheinen nicht nur von einer Reihe von Rezitatoren vorgetragen (u. a. vom Autor selbst; der Schauspieler Michael König z. B. las eine von Enzensberger zusammengestellte Textauswahl an der Berliner Schaubühne, vgl. H. R.), es gab auch eine Hörspielfassung (SDR, 10. 5. 1979) und schließlich den Versuch einer Dramatisierung von George Tabori im Münchener Werkraumtheater. Obwohl sich Enzensberger von Beginn an skeptisch gegenüber einer Theaterfassung verhielt (vgl. Borngässer; Deffner), nahm Tabori das »Wagnis« (Schwab-Felisch, b) auf sich, den perspektivenreichen und vielschichtigen Untergang der Titanic als beklemmenden Angsttraum auf die Bühne zu bringen. Glaubt man den verschiedenen Kritiken, so gelang es Tabori zwar, »Bilder von außerordentlicher Kraft und Suggestivität« (ebd.) zu entwerfen, dazu Revueelemente mit Musik von Stanley Walden und Slapstick-Effekte zu präsentieren, insgesamt aber herrschte der Eindruck vor, daß die Intellektualität Enzensberger'scher Poesie sich kaum in Bühnenhandlung übertragen ließ. Die Aufführung, eine Mischung aus Rezitations-Revue und gespenstischer Untergangs-Show, hatte wohl einen »unangemessen angestrengten Gestus« (Stephan); die von Tabori eigenwillig vorgenommene Text-Collage, die der Regisseur eher zum Anlaß für surrealistische Phantasmagorien nahm, bewies manchem nur, »daß sich nicht jeder sperrige Literaturtext fürs Theater eignet« (Borngässer).

Ein mutiges Experiment war es allemal, wenn auch kein sehr überzeugendes. Gesänge und Gedichte über den realen und mythologisierten Untergang des Schiffes, der cubanischen Revolution und der antiautoritären Studentenbewegung – sie sperrten sich gegen eine Zurichtung zum Bühnenspektakel. Auch späteren Inszenierungen war kaum größerer Erfolg beschieden.

2.3. Der Abendstern (1979) und Die Furie des Verschwindens (1980)

Mehrmals wurden Texte Enzensbergers musikalisch aufbereitet, vor allem von H. W. Henze, der auf eine fruchtbare Zusammenarbeit mit dem Autor zurückblicken kann (zu den Vertonungen vgl. Estermann, S. 393 f.). Bildeten die Texte aber bisher nur die Folie für entweder klassische oder avantgardistische musikalische Umsetzung, so verfaßte Enzensberger 1979 erstmalig gezielt Gedicht-Lieder für die Chanson-Sängerin Ingrid Caven. Er griff damit die seit den dreißiger Jahren verschüttete Tradition gegenseitiger Befruchtung von Literatur und Kleinkunstbühne (von Kästner, Tucholsky, Mehring, Mühsam, Wedekind oder Brecht praktiziert) wieder auf und schuf etwas, »worauf Schauspieler und Sänger bei uns zulande bisher immer vergeblich gehofft hatten« (Manfred Sack). Ohne die Caven zu kennen, allein inspiriert von ihrer Stimme, textete er für die Schallplatte »Der Abendstern« mehrere Lieder (die erst 1983 in Enzensbergers »Die Gedichte« unter dem Titel »Zehn Lieder für Ingrid Caven« im Druck erschienen). Enzensberger, der gerade das Titanic-Versepos abgeschlossen hatte, arbeitete 1979 in Venedig zugleich an der Nachdichtung des Molière'schen »Menschenfeindes«. Beides ist den Liedern anzumerken. Während die witzig-gereimte Molière-Dichtung für den nötigen singbaren leichten Ton sorgt, mischt Enzensberger die Untergangsstimmung der Titanic thematisch mit sarkastischen, dekadenten, aber auch fröhlichen Geschichten privater und politischer Art. Mit lasziver Attitüde singt Caven vom »Nachmittag eines Stars« oder vom dunklen »Treppenhaus«, in dem sich ebenso Perverses wie Mörderisches zuträgt. Die Texte handeln von Tod und Endzeit, von den Sumpfblüten der Wohlstandsgesellschaft, den Huren, Trinkern und kleinen Leuten. Doch wie immer bei Enzensberger, geschieht dies mit ironischem und komischem Unterton. Verstärkt wird dies zweifellos durch die Musik von Peer Raben, der mit Mitteln pointierter Konterkarierung selbst aus dem makaber-melancholischen »Bundeswalzer« eine »Anti-Hymne von boshafter Heiterkeit« macht. Raben produziert »einschmeichelnde

Ohrwürmer, evoziert Stimmungen, erinnert uns an Vertrautes
[. . .], plötzlich, klirren atonale Pizzicati und ganz hohe Schreie der
Streicher dazwischen, kippt es um; Dissonanzen plärren, kichern
und warnen uns vor dem schönen Schein harmonischer Gemütlich-
keit« (Wolf Donner).

Am Überzeugendsten gelingt Enzensberger/Raben/Caven dies
in dem Lied »In zehn Sekunden ist alles vorbei«. In das Ambiente
von strahlendem Himmel, großem Tanzturnier, Liebespaaren,
ahnungslosen Biertrinkern, strickenden Rentnerinnen und eiligem
Sommerschlußverkauf drängt sich immer wieder – und damit den
seligen Tango zerstörend – die monotone Ansager-Stimme Cavens:

*»[. . .] Achtung, Achtung! Hier spricht die Direktion./Kein Mensch kommt
mit dem Leben davon. [. . .] Hier spricht der Präsident./Das Weiße Haus in
Washington brennt. [. . .] Hier spricht die Polizei./In zehn Sekunden ist alles
vorbei. [. . .]*

Auch die 1980 als »Die Furie des Verschwindens« erscheinenden
Gedichte Enzensbergers künden noch in manchem vom spiele-
risch-lässigen Ton der Caven- und Molière-Dichtungen. Das mag
mit dafür verantwortlich sein, daß vordergründiges Sprachspiel
und poetische Qualität, Mißlingen und Gelingen selten »so dicht
beieinander« (J. Kaiser, d) gelegen haben wie in diesem Band.
Neben Kalauern wie »Hier gibt es weiche Mädchen/gegen harte
Devisen« (in: *Stadtrundfahrt*), unfreiwillig Komischem wie »Was
sagst du dazu, José,/wenn ich heut nacht mit dir geh? Olé, olé, olé«
(in: *Der Urlaub*), Mondänem wie »Elegant/waren wir, niemand
konnte uns leiden./Wir warfen um uns mit Solokonzerten,/Chips,
Orchideen in Cellophan« (in: *Kurze Geschichte der Bourgeoisie*),
neben manchen politischen Klischees und herablassend-intellektu-
ellen Äußerungen, die Enzensbergers Hang zu den »schnell
gefundenen Lösungen, [. . .] bloß brillanten Formulierungen«
(Buselmeier, b, S. 78) belegen, finden sich Gedichte von beachtlicher poetischer Qualität. Kritische Selbstreflexionen, Momentauf-
nahmen über den Schrecken des Immergleichen in der Konsumge-
sellschaft (»[. . .] und spart auf den schlüsselfertigen Schrecken/im
Süden, siehe, das Leben liegt vor euch/wie ein Dauerauftrag«, in:
Die müde Sache), liebevolle Innenportraits (*Die Dreiunddreißig-
jährige*), kleine Idyllen und politisch Zupackendes (»Hinter dem
mitgenommenen Rhododendron/wird der Markt aufgerissen/für
einen umwälzenden Joghurt/in eurostrategischer Sicht./Neue Hei-
mat. Dreimal täglich/Augentropfen gegen den Smog«, in: *Unregierbarkeit*) wechseln sich in schnellem Rhythmus ab. – Die 35
Gedichte des Bandes sind in drei Gruppen unterteilt: Zwischen die

Gedichte des ersten Kapitels, deren Ton Enzensberger selbst als
ratlos, heiter und zuweilen sarkastisch beschrieb, und denen des
dritten, die sich »einer thematischen Festlegung entziehen«,
schiebt Enzensberger einen überaus langen Psalm. »Die Frösche
von Bikini«, so der Klappentext, der ganz offensichtlich vom
Autor selbst verfaßt worden ist, bildet das »Rückgrat der Sammlung«:

> »Man kann es als den Versuch einer Abrechnung lesen. Der Text ist
> unruhig, brüchig, voller Abweichungen. Rücksicht auf das literarisch und
> ideologisch Abgemachte wird ebensowenig genommen wie auf das schrei-
> bende Ich. Heftige Gefühle und ausschweifende Gedanken – aber die
> Vermittlung zwischen Geschichte, Natur und Subjekt kann nicht mehr
> gelingen. Vielleicht ist mit solchen Auskünften schon zuviel gesagt. Um das
> Gedicht zu verstehen, braucht niemand seine theoretischen Implikationen
> zu entziffern; ebensowenig wie der Leser zu wissen braucht, was eine Furie
> ist [. . .].«

Da der Autor sein Werk derart vor-interpretiert, bleiben wenige
Ergänzungen. Dreißig Jahre nach den Atomwaffen-Tests auf dem
Südsee-Atoll Bikini regt sich neues Leben. Die Normalität kämpft
sich wie etwas Archaisch-Nichtunterzukriegendes hervor; Frösche
quaken und rekeln sich, als wär nichts geschehen. In diesem »allzu
redseligen Zentralgedicht« (J. Kaiser, d) verschränkt Enzensberger
auf kunstvolle Weise vier Sprechweisen und Perspektiven: Neben
einem Ich gibt es ein konjunktivisch redendes Er; außerdem hört
man die angesprochenen Freunde und die nach außen Kommentierenden. Wenn Buselmeier diesen mit ironischen Regieanweisun-
gen, kryptischen Bildern und Abschweifungen versehenen Text als
›intellektuellen Stil‹ charakterisiert, der sich bisweilen »wie ab-
sichtslos dem Klang der Wörter, dem Sprachrhythmus zu überlassen scheint« (Buselmeier, b, S. 79), stimmt dieser Befund überein
mit dem von Raddatz festgestellten und auf Grimm zurückgehen-
den ›Überlebensprinzip‹ Enzensbergers, nach dem der vom Autor
oft bis ins Extrem vorangetriebene intellektuelle Stil plötzlich in
eine Art Wortgläubigkeit, eine Verehrung der Sprache umschlägt
(vgl. Raddatz, b; Grimm, e).
    Die in dem Bikini-Gedicht versteckte und eher ironisch gemeinte
Zeile »Laßt mir Herrn Dr. Benn in Ruhe!« war für einige Kritiker
Anlaß, über Enzensbergers Affinität zum Lyriker des ›absoluten‹,
an niemanden gerichteten Gedichts zu meditieren. Sah ihn einer
»auf dem Weg von Brecht zu Benn« (Raddatz, b), so meinte ein
anderer, Enzensberger bewege sich »aus der Ecke Adorno/Hegel/
Brecht [. . .] zu dem Bezirk jenes Gottfried Benn« (J. Kaiser, d),

den er einstmals polemisch attackierte; ein dritter gar verstieg sich zur Behauptung, Enzensberger wolle Benn »offensichtlich für sich reservieren« (Törne, S. 56). Die leicht und schnell hingeworfene These über den älter und müder werdenden Enzensberger, dem das Pathos der Kritik abhanden gekommen sei, der sich nun auf dem Wege in die weltabgewandte Ästhetik Benns befinde, war ebensowenig neu (schon 1964, nach Erscheinen der *blindenschrift*, konnte man ähnliches lesen) wie überzeugend. Sicher, die Kritik am Revolutions-Optimismus früherer Jahre ist evident, wenn er über sie als »müde Sache«, sitzend in einer »schneeweißen Badewanne« (in: *Die müde Sache*), räsoniert, oder sie in einem ironisch-melancholischen Liebesgedicht als »Theater« abkanzelt, um mit dem Satz zu schließen: »Ich denke gern an die Zukunft zurück« (in: *Sprechstunde*). Auch wenn er jetzt von den großen Utopien mit den Worten »Wir sehen sie nicht. Wir fühlen sie nur/wie das Messer im Rücken« (in: *Die Frösche von Bikini*) wenig übrigläßt (zur utopisch-dystopischen Bildlichkeit bei Enzensberger vgl. Grimm, f), sind diese Verse doch weit entfernt von jener entpolitisierten, monologischen Schönheit Benn'scher Gedichte. Schon das erste Gedicht des Bandes verdeutlicht das: »Also was die siebziger Jahre betrifft,/kann ich mich kurz fassen./Die Auskunft war immer besetzt.« Diese provozierend-lockeren Zeilen münden in eine neuerliche Paraphrase des Brecht-Gedichts »An die Nachgeborenen« (bereits in der *blindenschrift* las man unter dem Titel *weiterung* eine Aktualisierung der Brecht'schen Bitte um Nachsicht): »Widerstandslos, im großen und ganzen,/haben sie sich selber verschluckt,/die siebziger Jahre,/ohne Gewähr für Nachgeborene/Türken und Arbeitslose./Daß irgendwer ihrer mit Nachsicht gedächte,/wäre zuviel verlangt« (in: *Andenken*). Dahingestellt sein mag, ob die polemische Erweiterung des Grundgedankens um »Türken und Arbeitslose« den falschen Ton trifft oder, wie ein konservativer Kritiker vermerkte, »dünn, blechern, agitatorisch scheppernd« (H.-D. Sander) klingt; die Verse belegen, auch mit ihrer impliziten Kritik des Brecht'schen Fortschrittsoptimismus, eine erstaunliche Kontinuität Enzensbergers. Sowohl in der Thematik – dem Nebeneinander von politisch engagierten und gesellschaftsabgewandten Gesten –, der künstlerischen Haltung – die sich nie auf ein Schema festlegen läßt, sondern alle Schattierungen, von tiefster Resignation bis zu vorwärtsdrängender Sozialkritik einnimmt – als auch im lyrischen Handwerk – vom Gebrauch der Anaphern, Oxymora und Alliterationen bis zur assoziativen Montage konträrer Sprach- und Gedankenspiele sowie einem Wechsel verkürzten Stakkatos und ausufernden Parlandos – hat Enzensberger eine Kontinuität aufzuweisen, die kaum jemals hinlänglich gewürdigt worden ist (anläßlich des ›Furien‹-Bandes arbeitete lediglich Buselmeier, b, diesen Aspekt heraus).

Die Kontinuität – auch wenn nunmehr das manchmal poesielose, erzählende Parlando breiteren Raum einnimmt, den politischen Invektiven bisweilen der aggressive Ton fehlt – wird schon im Titel des Buches signalisiert. Auch wenn Enzensberger im Klappentext den Begriff der Furien eher verdunkelte als erhellte, J. Kaiser wußte vom vermeintlichen Fundort der Enzensberger'schen Metapher zu berichten: Adorno hatte in seiner »Philosophie der Neuen Musik« mit Hinweis auf Hegels »Phänomenologie« den Intellektuellen der 50er Jahre verkündet, daß die historische Gewalt – die ›Furie des Verschwindens‹ – ästhetisch den Kompromiß verbiete. Das aufklärerische Pathos dieser Gedanken, nämlich vor Geschichtslosigkeit und Vergessen zu bewahren, dürfte zu Enzensbergers zentralen, zeitüberdauernden Intentionen gehören, auch wenn manches in diesem Gedichtband eine »Tonart zu flott, eine Nuance zu leichtfertig, zu schick« (Törne, S. 56) geraten sein mag.

2.4. Die ›Politischen Brosamen‹ der ›TransAtlantik‹

Mit Heft 41 (1975) trat Enzensberger als Herausgeber des ›Kursbuchs‹ zurück. An der Zeitschrift, die fortan »Unter Mitwirkung von H. M. Enzensberger« erschien, war er aber weiterhin durch seine verlegerische Funktion und seine redaktionelle Mitarbeit beteiligt. In einem Gespräch mit der ›Zeit‹, wies er dem ›Kursbuch‹ gleichwohl eine »wichtige politische Funktion« zu, ja definierte es als ein »Produktionsmittel, das auf keinen Fall aufgegeben wird« (Raddatz, a). Dabei herrschte in Kreisen der linken Intelligenz längst kein Konsens mehr über das 10 Jahre unangefochten wichtigste politisch-literarische Verständigungsorgan. Wenn W. Pohrt den Weg des ›Kursbuchs‹ als einen Pfad beschrieb, der von analytischer Schärfe, apodiktischem Urteil und beißender Polemik wegführte in die »neudeutsche Klebrigkeit«, so war dies zwar, mit dem Brustton der enttäuschten Anhängerschaft, etwas überzogen, hatte aber einiges für sich. Wer die Hefte der späten 70er und frühen 80er Jahre durchblättert, wird feststellen, daß sie manch dilettantische und peinliche Lebensbeichte, exhibitionistisches Protokoll und pseudowissenschaftliche Enthemmung enthalten. Im Gefolge von »Neuer Subjektivität/Sensibilität/Sinnlichkeit« wird es in den Augen Pohrts zu einem Blatt »penetrante[r] Harmlosigkeit«, das in der linken Szene als »Lokalanzeiger« und »Hauspostille, die jeden noch so sperrigen oder grausigen Gegenstand in eine gemütliche Familienangelegenheit verwandelt« (Pohrt, a, S. 19 f.), fungiert.

Nach längerer Vorbereitungsphase kam Enzensberger aber schon 1980 mit einer neuen Zeitschrift auf den Markt: Im Oktober erschien die erste Nummer der ›TransAtlantik‹, die nicht nur vom Namen her in Richtung Amerika wies, sondern manche Beobachter zu Recht an den ›New Yorker‹, das Hausblatt der Manhattaner Intelligenz, erinnerte. Möglich ist, daß Enzensberger bereits während seines Aufenthaltes in New York 1974/75 Pläne für eine derartige Zeitschrift hegte; 1980 jedenfalls schien ihm und Gaston Salvatore – beide waren für die Konzeption verantwortlich und übten ein Vetorecht aus, wie es im Impressum hieß – die Zeit reif für eine Monatsschrift, die sich schon im Ankündigungsprospekt deutlich vom revolutionär-aufklärerischen Impetus des ›Kursbuchs‹ unterschied:

»Die Westdeutschen sind anspruchsvoller geworden. Das ist nicht nur eine ökonomische, sondern auch eine kulturelle Tatsache. Wir sehen darin die Folge eines über 30jährigen Friedens, des enorm wachsenden gesellschaftlichen Reichtums und eines zunehmenden Selbstbewußtseins. [. . .] Es ist kein Fehler, davon auszugehen«, daß die zukünftigen Leser der Zeitschrift »in Buchhandlungen genauso zu Hause sind wie in Delikatessenläden, daß sie nicht irgendeinen Wagen fahren, sondern einen ganz bestimmten« (zit. n. Gremliza, S. 7 f.).

In dem erwähnten ›Zeit‹-Gespräch tituliert Enzensberger die ›TransAtlantik‹ auch als »Spielzeug« und »Publikumszeitschrift«. Das Hauptinteresse liege auf »Untersuchung der Wirklichkeit mit literarischen Mitteln«. Dafür gelte es, die abgerissene Tradition der literarischen Reportage, der eigenwilligen Verknüpfung von Schriftstellerei und Journalismus, wieder aufzugreifen. Weder Tagesaktualität noch Meinungsjournalismus oder moralische Pädagogik sei angestrebt. Die Zeitschrift, dessen ›idealer Autor‹ der von Enzensberger hochverehrte Heinrich Heine wäre, ziele auf die »Durchbrechung der Biederkeit«, »aufs Ganze des Bewußtseins«, ja auch auf Amüsement, denn schließlich bestehe »kein Eleganzverbot«, sei er selbst »kein seriöser Mensch«. Befragt nach der eigenwilligen Kostruktion, nach der er nicht Mitglied der fünfköpfigen Redaktion, sondern lediglich Inhaber des Vetorechtes sei, zudem das Projekt eine verlegerisch-finanzielle Verbindung mit dem NewMag Verlag des Heinz von Nouhuys pflege – immerhin einem recht dubiosen Journalisten, der u. a. als »Spezialist für Imperialismus und Antikommunismus« (Gremliza), als »Doppelagent« und »Kotzbrocken« (Kuenheim) sowie als »notorischer Rechter« (Wieser, a) eingeschätzt wird, und in dessen Verlag die

Männerzeitschrift ›Lui‹ erscheint –, meint Enzensberger kurz angebunden:

»Was die moralische Seite der Angelegenheit betrifft, kann ich mich kurz fassen: Ich habe eine produktionsorientierte Moral, also für mich entscheidet, was bei einem solchen Vorgang herauskommt [. . .]. Daß es so etwas wie unschuldigen Kapitalismus geben kann, glaube ich nicht« (Raddatz, a).

Für das ›Experiment‹ ›TransAtlantik‹ hatte er einen Outsider gesucht, einen risikofreudigen Unternehmer, der ihm redaktionelle Unabhängigkeit gewährte. Die Reaktionen auf das Projekt waren dann so widersprüchlich wie das ›Experiment‹ selbst. Anstoß genommen wurde vor allem an der Fusion mit Nouhuys, polemisierend wurde Enzensberger als »Dandy der bundesdeutschen Linken«, »literarischer Delikatessenhändler« und als jemand beschrieben, der auf zu vielen Hochzeiten tanze, um die »neueste Strömung im Westen auszuwittern« (Schütte, c, d). Das für die ironisch-elegante Attitüde des Blattes typische und monatlich wiederkehrende ›Journal des Luxus und der Moden‹ geriet ebenso unter Beschuß wie die Werbeseiten der Zeitschrift, die offensichtlich auf ein arriviert-betuchtes Publikum zielten (vgl. Jungheinrich, b). Enttäuscht vom scheinbaren politischen Wandel des Kritikers Enzensberger titulierte Gremliza den Autor als ›Harlekin‹ und den Partner Salvatore als ›Hanswurst‹. Aus links-liberaler Ecke war es einzig der ›Spiegel‹, der versuchte, dem mit 150 000 Exemplaren Startauflage recht gewagten Unternehmen, Gerechtigkeit widerfahren zu lassen. Mit Blick auf die in der Zeitschrift versammelten politischen Essays, eleganten Reiseberichte und detektivischen Reportagen, »die die selten gewordene Eigenschaft haben, schön und dennoch genau, radikal und dennoch heiter zu sein« (Wieser, a), wurde die vorschnelle moralische Kritik zurechtgerückt.

Von Ambivalenz war wiederum die Reaktion des konservativen Feuilletons gekennzeichnet. Mit Befriedigung wurde konstatiert, daß Enzensberger nicht nur »Tabu-Themen« der Linken aufgreife, sondern generell auf linkes oder moralisierendes Pathos verzichte. Wurde bei Erscheinen der ›TransAtlantik‹ mit Verwunderung ein Rückzug auf »Positionen des Konservatismus« (Madler, a) bemerkt, stellte sich zwei Jahre später die Frage, ob die Verantwortlichen »überhaupt noch Linke« (Madler, b) seien.

Als Enzensberger unter dem Titel »Politische Brosamen« neun Beiträge aus ›TransAtlantik‹ sowie vier Aufsätze aus dem ›Kursbuch‹ vorlegte (alle zwischen 1976 und 1982 publiziert), spitzte sich diese Sicht sogar noch zu: Selten sei die »Weltsicht der ›Neuen Rechten‹ in so wenigen, knappen Sätzen zusammengefaßt worden«

wie in den »Brosamen«. Auch wenn sich der Rezensent erfreut zeigte über jeden »Sünder [. . .], der zur Einsicht kommt«, meinte er doch feststellen zu müssen, daß in der Person Enzensbergers »der Widerspruch zwischen dem linken Rottenführer (der er nun mal ist) und seinen zuweilen geradezu ›reaktionären‹ Ideen« (Mohler) bestehen bleibt. – Wenn ein ehedem linker Bürgerschreck von rechter, konservativer Seite als ›reaktionär‹ getadelt wird, ist die Verwirrung perfekt. Dabei hätte die vorurteilsfreie Lektüre seiner Essays manche Mißverständnisse leicht beseitigen können.

Der Ton der Aufsätze ist zumeist von leichter, fast tänzelnder Art. Die Literarisierung des Materials hebt sich deutlich vom apodiktisch argumentierenden Ton früherer ›Gemeinplätze‹ ab. Stand früher die Vermittlung von Kenntnissen im Mittelpunkt, ist es jetzt die »Verführung« der Leser »durch Stil« (Podak), getragen von einer Haltung, die sich durch den Willen auszeichnet, Ruhe und Humor zu bewahren. Die »Brosamen« als »Plädoyer für den Verzicht aufs Anspruchsdenken im Bereich der Ideen« (Pohrt, b) zu charakterisieren, trifft den Kern Enzensberger'scher Intentionen. Es geht ihm um das ›Kuddelmuddel‹ täglichen Lebens, das Durcheinander der Erscheinungen, das Ausprobieren sämtlich möglicher Sicht- und Lebensweisen. Titel wie »Das Ende der Konsequenz«, »Unregierbarkeit«, »Blindekuh-Ökonomie« oder »Zur Verteidigung der Normalität« sind Signale eines politischen Programms, das man auf die These zuspitzen könnte: »Theoretische Konsequenz, ins Leben eingeführt, macht blind, macht dumm, führt häufig zu bösen Folgen, ja zu einem tödlichen Ende« (Podak).

In seinen »Zwei Randbemerkungen zum Weltuntergang« (im Kontext von *Untergang der Titanic* verfaßt und dort von uns näher erläutert) bricht er mit orthodox-marxistischen Prinzipien, erklärt er die marxistische Theorie für überholt und dringend ergänzungsbedürftig um die kollektiven Angst- und Wunschträume oder die die Phantasie anregenden Momente gesellschaftlicher Utopien. Er vertieft diese metatheoretische Kritik, indem er in einem weiteren Essay den sog. »Real Existierenden Sozialismus« in seiner konkreten Erscheinungsform als »Das höchste Stadium der Unterentwicklung« benennt. Während bisher die offensichtlichen Mängel sozialistischer Praxis damit entschuldigt wurden, daß der ›siegreiche Sozialismus‹ (entgegen der ursprünglichen Theorie von Marx) direktes oder indirektes Produkt der Unterentwicklung sei, mithin ein schweres, agrarisches Erbe zu tragen habe, meint Enzensberger, es sei an der Zeit, »die umgekehrte Hypothese zu prüfen: [. . .] vielleicht bringen umgekehrt sozialistische Regimes unterentwikkelte Gesellschaftsformen hervor« (*Das höchste Stadium*, S. 61). Um die ehrwürdige Vergangenheit des Wortes Sozialismus zu schützen und deutlich zu machen, daß die heutigen Unterdrücker und bürokratischen Fehlplaner mit ihren freiheitsliebenden Vorgängern nichts mehr gemein haben, will er diese »ungeheure Erscheinung in Zukunft den *Resozismus*« (ebd., S. 63) nennen. Diese mit skurrilen Details versehene Schilderung sozialistischen Alltags findet ihre Ergänzung im Aufsatz »Eurozentrismus wider Willen«. Anknüpfend an Gedanken seines Beitrages zur ›Europäischen Peripherie‹ (1965) entlarvt er das politische Denken und Hoffen der westeuropäischen Linken als eurozentristisch, illusionär, ja rassistisch. Nicht nur, daß die Entwicklungspolitik der industriellen Mächte in Ost und West »die Fortsetzung der Kolonialpolitik mit anderen Mitteln« (*Eurozentrismus*, S. 45) darstellt, auch die Verlagerung revolutionärer Hoffnungen, die in den Industrieländern gescheitert sind, in immer weitere Fernen, zeugt von politischem Unverständnis. Um Lösungen für die Zukunft zu realisieren, müsse man begreifen, daß die Lebenskraft des Westens auf dem bisher vehement Kritisierten beruhe: auf der »Negativität des europäischen Denkens«, seiner »ewigen Unzufriedenheit« und »gierigen Unruhe«. Und weil für Enzensberger Zweifel, Selbsthaß und Selbstkritik zur wichtigsten Produktivkraft geworden sind, liegt für ihn auch im Wirrwarr, in Unruhe und Unregierbarkeit »unsere einzige Chance. Uneinigkeit macht stark«. Nimmt er mit den Worten: »Den rettenden Gedanken, falls es so etwas geben sollte, müssen wir selber fassen.« (ebd., S. 51 f.) Abschied von allen Stellvertreter-Ideologien der Linken, so erstellt er in den meisten anderen Beiträgen, geduldig erzählend, mit augenzwinkernder Ironie und manchen fremdsprachigen Begriffs-Einsprengseln (die den Leser zum Teilhaber seiner Gedankenwelt machen), fast ein Sittenbild Deutschlands. In Form einer imaginären Rede unternimmt er den »Unentwegte[n] Versuch, einem New Yorker Publikum die Geheimnisse der deutschen Demokratie zu erklären«. Trotz beißender Kritik an den politischen Gegebenheiten (»Schließlich sind wir ein Protektorat der Vereinigten Staaten«, *Unentwegter Versuch*, S. 75) und Hinweisen auf eigene Erfahrungen mit hysterischen Staatsschützern (»Einige Haussuchungen habe ich immerhin erlebt, mein Telephon ist monate-, wenn nicht jahrelang abgehört worden«, ebd., S. 83) ist es doch eine versteckte Liebeserklärung an eine politische Realität, die er nicht anders denn als »Kuddelmuddel« (ebd., S. 86) fassen möchte. Dieses merkwürdige Nebeneinander von verdateter, kybernetisch gesteuerter, störungsfreier Gesellschaft und ganz normalem, menschlichem

Schlendrian läßt ihn optimistisch in die Zukunft blicken: Die »Erosion, mit ihren vier langsamen, unwiderstehlichen Reitern, die da heißen Gelächter, Schlamperei, Zufall und Entropie« (ebd., S. 96), werde die Zukunftspläne des gläsernen Menschen ad absurdum führen.

Auch »Unregierbarkeit. Notizen aus dem Kanzleramt« bewegt sich – gespickt mit naturwissenschaftlich-technischem Wissen über hyperkomplexe Systeme oder Gödel'sche Mathematik – in diesem argumentativen Rahmen. Hier wie auch in dem Exkurs über »Blindekuh-Ökonomie« geht es ihm um die Kennzeichnung sich wissenschaftlich dünkender Erklärungsmodelle als theoretische »Schaumschlägerei« (*Blindekuh-Ökonomie*, S. 125). Wenn schon in der Mathematik keine Widerspruchsfreiheit möglich ist (das hat Gödel bewiesen), wie soll dies dann in Politik, Ökonomie oder gar täglichem Zusammenleben möglich sein?

Was er in den feuilletonistisch-larmoyanten ›TransAtlantik‹-Aufsätzen über die »Installateure der Macht«, über »Wohnkampf«, Bildungspolitik (*Plädoyer für den Hauslehrer*) oder deutschen Wohlstand (*Armes reiches Deutschland*) mit skurril-menschlichen Details verhüllt, bringt er in den ›Kursbuch‹-Beiträgen »Von der Unaufhaltsamkeit des Kleinbürgertums« und »Zur Verteidigung der Normalität« als »soziologische Grille« (so der Untertitel eines Aufsatzes) auf den politisch-gesellschaftlichen Nenner. Querliegend vor allem zu marxistischen Analysen sind diese Ausführungen eine Hommage an die innovative Kraft und kulturelle Hegemonie des sonst so verteufelten Kleinbürgertums. Gerade weil es ökonomisch zwischen Bourgeoisie und Proletariat eingezwängt ist, lägen seine Leistungen auf dem Gebiet der »immateriellen Produktion« (*Von der Unaufhaltsamkeit*, S. 203), ohne die – man denke an Kunst, Philosophie, Architektur oder Design – kaum noch wirkliche Fortschritte erzielt würden. Die Normalität – früher von Enzensberger eher metaphorisch als übelriechender »mann in der trambahn« (in: *verteidigung der wölfe*) verspottet – wird jetzt als das eigentliche, zählebige Widerstandspotential entdeckt. Als defensive Kraft sei sie »unfähig, zu resignieren«; resitent gegen Weltanschauungen und Ideologien, ausgerüstet mit enormen »Reserven an Arbeitskraft, Schlauheit, [. . .] Umsicht, Mut und Wildheit«, könne sie – sofern »die Gattung fähig ist zu überleben« – Garant sein für ein menschenwürdiges Weiterleben (*Zur Verteidigung*, S. 224).

Wer die polemischen Ausfälle gegen die »Aporien der Avantgarde« oder das deutsche Kleinbürgertum, das er 1960 dem »Zustand der Idiotie« (*Das Plebiszit*, S. 171) näher wähnte denn je zuvor, im Ohr hatte, durfte zu Recht verwundert sein über derart versöhnliche, ja vielleicht auch resignative Töne. Daß sich »die Zahl der Enzensberger-Freunde in einer bestimmten Szenen-Ecke deutlich vermindern« (Podak) würde, war ebensowenig zu vermeiden wie die Tatsache, daß vor allem Enzensbergers kritische Desillusionierung des ›Realen Sozialismus‹ zum Beifall von der falschen – konservativen – Seite führte (vgl. Pankraz).

Die ›Politischen Brosamen‹ waren der Schlußpunkt und damit fast ein Fazit seiner nur zwei Jahre währenden konzeptionellen Mitarbeit an ›TransAtlantik‹ (1980–1982).

Während Enzensberger die Apologie der Normalität auch 1983 mit seinem Aufsatz »Der Triumph der Bild-Zeitung« weiterführte (der fast einem Verzicht auf jede Form kritischen Enthüllungs-Journalismus und dem Eingeständnis gleichkam, daß jede schriftstellerische Intention, die auf Wirkungen in der Praxis zielt, an den Mauern der Normalität scheitern muß), war sein im gleichen Jahr veröffentlichter ›Spiegel-Essay‹ zur sog. ›Flick-Affäre‹ ein vielgerühmtes Musterbeispiel kritischer Literatur, die sich auf ein Zusammenspiel mit journalistischen Techniken einließ. »Ein Bonner Memorandum« verquickt auf gekonnte Weise erzählerische mit filmischen Schnitt-Techniken, greift auf Recherche und historische Rekonstruktion zurück, um die politischen und kulturellen Dimensionen des aufgedeckten Bestechungs-Skandals zu eruieren.

Auch die 1985 unter dem Titel »O.M.G.U.S.« von Enzensberger herausgegebenen amerikanischen Untersuchungen gegen die Deutsche Bank aus den Jahren 1946/47 schließen wieder an diese Intentionen an, die dem Autor die Rolle des politisch eingreifenden Zeitgenossen zuweisen. »O.M.G.U.S.« belegt die enge Kooperation von Deutscher Bank und Nazi-Regime; der Bericht zeigt, wie seitens der Bank an Aufrüstung ebenso verdient worden ist wie an der ›Arisierung‹ jüdischen Besitzes.

2.5. Molières Menschenfeind (1979)

Außer der Dokumentar-Montage über das Desaster der ›Schweinebucht-Invasion‹ auf Cuba, welche von Enzensberger nicht eigentlich als Bühnenstück verfaßt wurde, sowie dem Libretto für das von Henze vertonte »La Cubana«, welches auf Motiven des cubanischen Schriftstellers Miguel Barnet basierte, lag von Enzensberger bis zum Ende der 70er Jahre noch keine eigenständige Theaterarbeit vor. Möglicherweise angeregt durch die Spielbarkeit seines Titanic-Versepos, forciert jedenfalls durch die Beschäftigung mit der französischen Literatur der Frühaufklärung (mehrere

Radioarbeiten zeugen davon), bearbeitete Enzensberger Molières
›Menschenfeind‹ von 1666.

Auf direkte Anregung des Regisseurs Peter Zadek (der auch für
die Berliner Uraufführung verantwortlich zeichnete) und in Anlehnung an die moderne Nachdichtung von Tony Harrison, »dessen
englische Version in mehr als einer Hinsicht mein Vorbild war«
(*Über die Schwierigkeit*, S. 71), unternahm Enzensberger den
Versuch einer Neudichtung des Klassikers, die sich bewußt und in
mehrerer Hinsicht von den bekannten Übersetzungen A. Luthers,
R. A. Schröders oder H. Weigels unterschied. In einer längeren
Nachbemerkung zum Stück äußert sich Enzensberger sowohl zu
den »Schwierigkeiten« als auch zum »Vergnügen« einer Molière-
Übersetzung. Erste Widerstände boten sich ihm als Übersetzer
bereits durch die traditionelle Versform des Alexandriners. Die
metrische Form sei für das Stück aber »funktionell«, darauf zu
verzichten, hieße »Molières Maschine zerstören«. Die Lösung sah
er darin, das Versmaß um eine Hebung zu einem fünffüßigen
Jambus zu verkürzen. Das Resultat gibt ihm recht: Der ge-
schraubte, angestrengte Ton verschwindet fast von selbst. Auf den
Endreim verzichtet er nicht, darin liegt zweifellos die virtuos-
komische Wirkung seiner Nachdichtung begründet. In ihr verbinden sich der »äußerste Respekt vor dem Original und die äußerste
Freiheit« (Henrichs, b) des Bearbeiters. Enzensbergers Stück ist
wörtliche Übersetzung, freie Übersetzung, Nachdichtung und
Neuerfindung in einem; die Zeilenzahl Molières wird exakt
beibehalten, auch Dramaturgie und Ablauf der Szenen ist fast
kongruent. Der ›verkürzte Alexandriner‹ sowie der durchgehaltene
Endreim verweisen eindringlich auf die alte Form – und doch wird
die Handlung rigoros in die Gegenwart transferiert. Je genauer
Enzensberger Molière studierte, desto mehr Echos stellten sich ein.
Überall vernahm er Mechanismen und Verkehrsformen, die denen
der Komödie bis ins Detail glichen:

»Ich entdeckte, daß die Party, die am Abend des 4. Juni 1666 auf der Bühne
des Theaters vom Palais-Royal begann, immer noch andauert, und daß sich
das Verhalten der Gäste nur in unerheblichen Äußerlichkeiten verändert
hat« (*Über die Schwierigkeit*, S. 66).

Unabweisbar sind für ihn die historisch-gesellschaftlichen Parallelen (auch hier also wieder Enzensbergers Aktualisierungs-Inten-
tion, die bereits bei Herausgaben wie *Las Casas* oder dem
Hessischen Landboten grundlegend war); die sozialen Entspre-
chungen findet er bei einem Blick auf die moderne ›upper middle
class‹: Klatsch, Prestigebedürfnis, Intrige, Überdruß, Snobismus,

Mißgunst, Aufsteigertum, Verweigerung, Kalkül – das gleiche Substrat von Verhaltensweisen 1666 wie 1976. Auch wenn er Molière geradezu als prophetischen Autor versteht, »der die Zukunft der Bourgeoisie ungewöhnlich scharfsinnig erkannte und beschrieb«, weiß auch Enzensberger, daß eine bruchlose Aktualisierung nicht aufgehen kann: »Gespenstisch wäre das Gegenteil, die nahtlose Kontinuität« (ebd., S. 68). Von der alten Komödie bleiben das Motiv sowie Teile der Fabel und die Namen der Figuren. Alceste, der moralische Rigorist, erscheint bei Molière in einer opportunistischen Gesellschaft als Menschenfeind; sein Insistieren auf Ehrlichkeit bringt ihm in einer verlogenen Umwelt nur Schaden ein, er verliert nicht nur den Prozeß um ein ihm zugeschriebenes Druckwerk, sondern auch die geliebte Frau; am Ende will er sich, von den Menschen enttäuscht, in die Einsamkeit zurückziehen. Enzensbergers Stück spielt jetzt in der ›upper middle class‹ der Bundesrepublik, gesprochen wird der intellektuelle Party-Jargon der Schickeria, parodiert und ironisiert durch die endlosen Reime. Da passen dann »Party-Pack« und »Metallic-Lack« ebenso zueinander wie die Zeilen »kein Mensch der etwas auf sich hält, legt Wert auf diese öde Plastik-Welt«.

Aktualisierung, Jargon und der von Enzensberger variierte Schluß zogen berechtigte Kritik nach sich. Während der Theater-Fachmann der ›Frankfurter Rundschau‹ die Verschiebung der Handlung von Versailles nach Bonn einen »allzu kühnen historischen Kurzschluß« (Iden) nannte, meinte jener der ›Zeit‹, die Aktualisierung gelinge »ohne jeden Krampf« (Henrichs, b). Der Vergleich mit der Übersetzung A. Luthers zeigt aber schnell die Verluste und Verschiebungen, die sich einstellen. Der satirische Aspekt, die Entlarvung pseudokritischer Einstellungen und opportunistischer Verhaltensweisen (gerade in der Person des Alceste-Widersachers Oronte) rückt bei Enzensberger ins Zentrum. Die andere Hälfte des Stückes, die Geschichte der heillosen Liebe und des bohrenden Menschenhasses, der eigentlich kein Haß ist, sondern nur ein Wissen darum, daß der Mensch als Gesellschaftswesen Deformationen ausgesetzt ist, die ihn – will er moralisch integer bleiben – in die Isolation treiben, diese Hälfte des Stückes geht verloren. So pfiffig und witzig der neue Text ist, er bleibt stumm, wenn es nicht um das Gerede und die politischen Tiraden geht, sondern um die Gefühle von Alceste und Célimène. Der Text sei ohne erotische Phantasie, stellten mehrere Kritiker fest (z. B. Rischbieter, b; Henrichs, b); auch die Inszenierung Peter Zadeks konnte diesen Mangel nicht beheben.

Das Vorherrschen der Verbalität, die Dominanz der unermüd-

lich gereimten, pointierten Sprache, unterstützt durch die Politisierung des von Zensurwillkür bedrohten Alceste, bot einerseits
Anlaß zur Vermutung, daß Enzensbergers Neudichtung zu gut sei,
um überhaupt noch spielbar zu sein, andererseits zur Feststellung,
daß Enzensberger zwar ein großer Lyriker und Essayist, aber kein
Dramatiker sei (Henrichs, b).

Geht es in der Molière-Komödie vor allem um die an der
Unvereinbarkeit zweier Lebenshaltungen scheiternde Liebe (Alceste lebt *trotz* der Menschen, Célimène *wegen* der Menschen), so
geht es Enzensberger um die Exekution eines pseudokritischen
Party-Geplauders. Während in Berlin das Stück sowohl einen
beachtlichen Zuschauererfolg als auch Kritikerzuspruch verbuchen
konnte (F. Luft, b, meinte, Enzensberger brilliere mit einem
»frappierenden Einfall«; Grack, a, bescheinigte dem Stück, trotz
kritischer Einwände, einen »berechtigte[n] Erfolg« und »hohes
literarisches und komödiantisches Niveau«), gab es bundesweit
Verrisse. Wirsing, Iden und Niehoff stießen sich vor allem an der
zur Posse verkommenen Sprache, die zwar am Anfang die Dümm-
lichkeit der linken Schickeria bezeuge, zum Schluß aber »nur noch
dümmlicher Krampf« (Niehoff, a) darstelle. Polemisch hieß es:
»Wir sehen den Nachdichter unter selbsterzeugtem Druck, von
Reim-Peng zu Reim-Peng hetzt er über den Parcours, ein Text wie
eine große Schaffe« (Iden).

Eine kleine, aber nicht unwesentliche Textvariante nahm Enzensberger am Schluß der Handlung vor. Molières Alceste kündigt
an wahrzumachen, was er mehrmals schon ins Auge gefaßt hat:
Dahin gehen, wo es weder Laster noch Unrecht gibt, in jene
›Wüste‹ der Freiheit, die die Deformation eintauscht gegen Isolation. Seine letzten Worte sind:

»Aus dem Pfuhl, in dem das Laster breit sich macht,/Flieh ich, um in der
Welt ein Fleckchen aufzutreiben,/Wo man die Freiheit hat, ein Ehrenmann
zu bleiben« (Molière in der Übers. von A. Luther, S. 72).

Bei Enzensberger aber bleibt Alceste in der Gesellschaft, wütend
zwar, aber auch kämpferisch:

»Ich gehe jetzt. Man hat mich ausgeplündert,/verraten und verkauft. O.K.
Das hindert/mich nicht, den nächsten Schritt zu wagen./Ich gebe mich noch
lange nicht geschlagen« (*Molières Menschenfeind*, S. 64).

Das kämpferische »Ich gebe mich noch lange nicht geschlagen«
relativiert denn auch den vorher trotzig geäußerten Vorschlag
Alcestes an Célimène, sie möge mit ihm emigrieren, aussteigen,
fliehen in »menschenleere Zonen« (S. 63), fern von Champagner

und Boutiquen. Alceste als ›Wähler der Grünen Liste‹ (Karasek, d) zu titulieren oder ihn der ›Emigration ins alternative Leben‹ (Rischbieter, b) zu verdächtigen, ist gar zu kurzschlüssig und übersieht – bei aller modernistischen Attitüde des Stücks – das widerborstige Wesen eines sich zur Wehr setzenden Nonkonformisten.

Das Stück, dies mag ein Resultat seines Publikum-Erfolges gewesen sein, wurde (in der Berliner Inszenierung) mehrfach als Fernsehaufzeichnung gezeigt und an verschiedenen deutschen Theatern gespielt (zur Ulmer Aufführung vgl. Chr. Müller).

2.6. Der Menschenfreund (1984)

Der relative Erfolg der Molière-Bearbeitung beim Publikum, vielleicht aber auch der Ärger über die z. T. beckmesserische Kritik der Theaterrezensenten, die die boulevardmäßige Inszenierung Zadeks angriffen und dabei den diffizilen Text gleich mit exekutierten, mag ausschlaggebend dafür gewesen sein, daß Enzensberger 5 Jahre später mit einem neuen – und dem ersten wirklich ‹eigenen› – Theaterstück an die Öffentlichkeit trat: Es war das Resultat langjähriger Beschäftigung mit den Schriften des französischen Aufklärers, Philosophen und Schriftstellers Denis Diderot (1713–1784), dem in Deutschland niemals hinreichend gewürdigten Verfasser der ersten umfassenden Enzyklopädie, an der er beinahe 25 Jahre seines Lebens arbeitete, und die in 17 Text- und 11 Kupfertafelbänden noch vor seinem Tode (wenn auch unabgeschlossen) im Druck erschien. Dies Glück widerfuhr nicht allen seinen Werken, im Gegenteil: Die meisten literarischen Schriften konnte Diderot zu Lebzeiten nicht veröffentlichen, die ›Pensées philosophiques‹ wurden 1746 gar verbrannt. Seine Literatur habe Diderot der widrigen Umstände halber »von vornherein als eine Art Flaschenpost für die Nachgeborenen konzipiert« (Wieser, b). Die nachgeborenen deutschen Klassiker jedenfalls verehrten ihn: Goethe übersetzte den Dialog-Roman »Rameaus Neffe«, Schiller versuchte sich an einer Episode aus dem Spiel »Jacques le Fataliste«. Und wo selbst Brecht sich in seiner Theatertheorie, insbesondere in der Verfremdungsidee, auf Diderot berief, verwundert es nicht, daß Enzensberger – da mögen auch biographische Affinitäten eine Rolle spielen – sich eingehend für diesen Bohemien und politischen Provokateur interessiert.

Nach verschiedenen Radio-Bearbeitungen,

– »Jakob und sein Herr. Ein Radio-Roman in sechs Folgen« (1979),

- »Ein wahres Hörspiel. Nach Diderots Erzählung ›Eine wahre Ge-
schichte‹« (1982),
- »Das unheilvolle Portrait. Eine Mystifikation, fürs Radio eingerichtet«
(1981),
- »Madame de la Carliére oder: Die Wankelmütigen. Eine Unterhaltung im
Nebel. Nach dem Französischen des Diderot« (1983),
- »Der Menschenfreund. Den Manen Diderots. Komödie nach ›Est-il bon?
Est-il méchant?‹« (1984),

verfaßte Enzensberger schließlich die Komödie »Der Menschenfreund«. Ausgangspunkt und Anlaß war seine Beschäftigung mit
dem Diderot-Stück »Est-il bon? Est-il méchant? ou Celui les sert
tous n'en contente aucun« (»Ist er gut? Ist er böse? oder Wer allen
dienen will, stellt keinen zufrieden«), welches Diderot zwar »an
einem Tag hingeworfen« hatte, das aber zu seinen Lebzeiten nicht
gedruckt wurde.

Erst 50 Jahre später kam es zur Drucklegung, zur späten
Uraufführung sogar erst 1951 in Paris. Enzensberger recherchierte
nicht nur die verschiedenen Fassungen dieses einer Diderot-
Freundin gewidmeten und einer privaten Aufführung zugedachten
Stückes, seine ›Diderot-Manie‹ veranlaßte ihn zunächst zu einer
getreuen Übersetzung der Komödie von 1781, »dann zu einer
freien Bearbeitung und schließlich zur respektvollen Zerstörung
der Vorlage« (*Der Menschenfreund*, Nachwort, S. 143 f.). Von der
Brauchbarkeit des dramaturgischen Gerüstes und der genialen
Anlage der Hauptfigur überzeugt, vom Schematischen und Skiz-
zenhaften der Durchführung aber verschreckt, wird bei Enzensberger aus der Übersetzung über die Radikalisierung der Handlung die
Konstruktion eines eigenen Theaterstücks. Aus Diderots Mittel-
punktfigur Hardouin wird der Menschenfreund Diderot persönlich, als Gegenspieler borgt sich Enzensberger aus Diderots
»Jacques le Fataliste« den pfiffig-unbesiegbaren Diener Jacques
aus. Die vorgefundene Handlungsstruktur zerstört Enzensberger
vollends durch die politische und moralische Zuspitzung der
Argumentation, durch Verweise auf Diderots Kampf mit dem
ehemaligen Weggefährten Rousseau, schließlich durch die Aus-
schmückung der Neigung Diderots für menschliche Schwächen,
Außenseiter und Ränkespiele. Auch wenn Enzensberger im Nachwort zunächst über die Frage nachdenkt, was ein Intellektueller ist,
was er muß, kann, darf und soll, und er zu dem Ergebnis kommt,
daß die Figur des Intellektuellen »zum ersten Mal aus dem
Frühnebel der Aufklärung« auftaucht und sich gar mit Namen und
Adresse bestimmen läßt (»Monsieur Denis Diderot, Rue Taranne,
Paris«, ebd., S. 138), so ist das Stück doch weder eine argumenta-

tionsüberladene Abbildung der französischen Intelligenz jener Jahre noch die in der Molière-Bearbeitung des ›Menschenfeindes‹ angestrebte Aktualisierung des Stoffes, im Gegenteil: Außer einigen treffenden, aktuellen Sätzen über Politiker-Korruption und das Spekulantentum der Banker, einigen Sottisen über das Theaterwesen und die Schriftstellerei –

»Sie erwarten doch nicht, daß ich eine Idee habe?« fragt ein junger Autor bevor er zu seiner Arbeitsmethode sagt: »Ich denke nie, wenn ich schreibe.« Oder Diderot: »Was man für die Bühne schreibt, ist immer verlorene Mühe. Entweder es taugt nichts, [. . .] oder die Regisseure trampeln darauf herum, bis nur ein kümmerlicher Rest übrigbleibt« (ebd., S. 74 u. 37).

– bleibt die Handlung »skizzenhaft, schematisch, harmlos und treuherzig« (Hensel). Das liegt zum einen daran, daß – abgesehen von wenigen aktuellen Zutaten – die Dialoge im klassischen Konversationsstil gehalten sind, zum anderen an der Zentrierung der Handlung auf die Anteilnahme Diderots an den Schwächen und Ränken seiner Umgebung. Die Handlung spielt im Jahre 1765 auf dem Landsitz von Madame de Chepy. Von ihr herbeizitiert soll der vielbeschäftigte und sich stets in Geldnöten befindende Diderot ein Stück verfassen, an dem sich die Spitzen der Gesellschaft bei einer der von Madame regelmäßig veranstalteten privaten Theateraufführungen delektieren können. Weil Diderot dazu keinerlei Ambitionen verspürt, delegiert er den Auftrag an einen plumpvertraulichen jungen Kollegen. Seine Intelligenz und Menschenfreundlichkeit wird herausgefordert, indem Diderot ständig um Rat und Hilfe angegangen wird: So greift er schlichtend in ein Liebesgeplänkel ein, welches von der entrüsteten Mutter des jungen Mädchens behindert wird, sorgt dafür, daß eine junge Witwe zu ihrer Leibrente kommt und schafft per Erpressung dem aasigen Polizeiminister einen peinlichen Schuldschein vom Halse.

Die Reaktion der Kritik auf die Berliner Uraufführung vom Okt. 1984 (Schloßpark-Theater) unter der Regie von Hanns Zischler war in ihrer Ablehnung einhellig. Abgesehen davon, daß sowohl der Regie als auch der Bühnenausstattung und den Leistungen der meisten Schauspieler (unter ihnen so arrivierte Künstler wie Boy Gobert als Diderot und Hans Bollmann als Jacques) eine totale Inkompetenz vorgehalten wurde – hierfür schließlich ist nicht der Autor zuständig –, richtete sich das Ungemach auch gegen den Text: Mal wurde die Komödie als »uninteressant« und »ganz und gar wirkungsloses Stück« (F. Luft, c) gesehen; andere wiesen darauf hin, daß die Personen uninteressant seien, ja zu Abziehbildern verkommen, und sich niemand im Publikum ernstlich für ihre

Probleme, Wünsche und Sorgen erwärmen könne (vgl. Grack, b; Niehoff, b). Enzensbergers umkonstruierte Neuschöpfung wurde allgemein als ›schwachbrüstig‹ (Niehoff, b) eingeschätzt, und die Verwunderung war nicht gering, daß sich der als scharfzüngiger Gesellschaftskritiker bekannte Enzensberger mit derart seichten Tönen zufrieden gab. »So freundlich habe ich noch keinen Menschen fluchen hören«, sagt Diener Jacques im Stück einmal über Diderot (S. 25). So freundlich hatte man bis dahin Enzensberger noch nie mit den vermeintlichen Stützen der Gesellschaft umspringen sehen. Das Urteil: »Nicht gerade gewichtig, aber amüsant erscheint der Text, wenn man ihn liest« (Beckelmann, b), dürfte denn für Enzensberger auch kaum als Lob gewertet werden.

In einem Arbeitsgespräch mit uns betonte Enzensberger, daß er trotz der Trivialität der Berliner Inszenierung das dramaturgische Konstrukt für lebensfähig erachte und die Hoffnung habe, dies werde sich, ebenso wie die Qualität des Stückes, noch in den – auch im Ausland – geplanten Aufführungen beweisen.

2.7. Die Andere Bibliothek (1985)

Zum Ende der 70er Jahre setzte bei Enzensberger eine verstärkte Reflexion sowohl über den Zustand der deutschen Sprache und Literatur als auch über die Zukunft des Buches im Zeitalter der Neuen Medien ein. In einem ›Zeit‹-Beitrag mit dem Titel »Die Vorzüge der Stecknadel und das ›andere Buch‹« ging er 1978 der Frage nach, ob das Buch durch Computer, Kassetten und Datenbanken zum historischen Gerümpel werde. Bücher, so sein Fazit, würden immer dann besonders vital, wenn man sie zu unterdrükken suche. Gerade aufgrund des zwiespältig-anachronistischen Charakters im Medienzeitalter, schien ihm die Zukunft des Buches, dieses ›ewigen Lämpleins der Aufklärung‹, gesichert.

Führte Enzensberger 1979 eine Attacke gegen die ›Apostel des guten, wahren und richtigen Deutsch‹ (*Unsere Landessprache und ihre Leibwächter*), verfaßte er 1982 eine »Gebrauchsanleitung« zu dem neu herausgegebenen ›Allgemeinen deutschen Reimlexikon‹ des Peregrinus Syntax (d. i. Ferdinand Hempel) von 1826, so konnte man 1981 ein langes Lamento über »Das Brot und die Schrift« vernehmen. In diesem ›Zeit‹-Essay wollte er auf den Verlust, ja den Untergang einer Kunst aufmerksam machen: der ›Schwarzen Kunst‹ der Schriftgießer, Setzer und Drucker. Das mit modernen fotomechanischen Verfahren hergestellte Buch sei mit der geschmacksneutralen, braunen Masse heutiger Brotfabriken durchaus vergleichbar, denn die gemeinsame Logik der Rationalisierungsprozesse sei »die Zerstörung der Sinnlichkeit«. Die Verlage, um nur einige der Beschwerden Enzensbergers zu nennen, würden die einfachsten Regeln der Typographie ignorieren; billige Lichtsatzverfahren führten zu einer Text-Verödung; der Fließsatz wirke löchrig und unausgeglichen; umbrochen werde ohne Rücksicht auf überhängende Zeilen. Mit einem Wort: Die Produkte würden – gerade was ihre Verpackung und Vermarktung angeht – immer uniformer. Seine Hoffnung, daß »die neuen Analphabeten das Feld nicht alleine beherrschen werden«, basiert auf dem Aufkommen eines gespaltenen Marktes, der neben den modernen Großverlagen »kleine, raffinierte Firmen« hervorbringe, die sich – und da setzen sie Erkenntnisse der sonst nicht gerade von Enzensberger goutierten Alternativbewegung in die Praxis um – rückbesinnen auf traditionelle Buchherstellung, sich mit wegrationalisiertem Bleisatz, Hand- und Schnellpressen eindecken und so die verloren geglaubte Kunst neu beleben.

Unangefochten davon, daß Enzensbergers Bruder Martin als gelernter Schriftsetzer in einer Replik meinte, Hans Magnus einige technikfeindliche Romantizismen nachweisen und einen gewissen Hang zum Luxus und zur Inkonsequenz (was in ›TransAtlantik‹, die trotz luxuriöser Attitüde in billigem Lichtsatz mit automatischem Silbentrennungsprogramm gesetzt war, bereits zum Ausdruck kam) vorhalten zu können, kann die Enzensberger-Polemik über »Das Brot und die Schrift« als Vorgriff auf die 1984 angekündigte und 1985 mit den ersten Bänden ins Leben gerufene ›Andere Bibliothek‹ gesehen werden. In der ›Anderen Bibliothek‹ erscheint jeden Monat »ein bestes Buch« zu einem festen, vergleichsweise niedrigen Preis; ausgewählt und herausgegeben wird die seit Januar 1985 erscheinende Bibliothek von Enzensberger, verlegt wird sie »nach den alten Regeln der ›Schwarzen Kunst‹« von Franz Greno, in dessen Verlagsgesellschaft mit alten Monotype-Setzmaschinen gearbeitet wird, die noch jeden Buchstaben einzeln in Blei gießen. Dies war in einem Magazin (0–1984) zu lesen, welches zum Start der Reihe erschien. Während Greno hier die drucktechnische und ökonomische Seite des Vorhabens aufschlüsselte (»Wir wollen die Buchstaben schön schwarz in eher weiches Papier hineindrucken . . .«), stellte Enzensberger einige programmatische Überlegungen an. Trotz quantitativ ausreichender Versorgung der Einwohner der Bundesrepublik mit Büchern, sei man unzufrieden. Gegen allzu viele Pflichtübungen, Gleichgültigkeit und Langeweile auf dem Buchmarkt wolle man eine Buchreihe stellen, die kein Frühjahrs- und kein Herbstprogramm kenne, sich weder um Buchmesse noch Weihnachtsgeschäft kümmern müsse. Es gelte, Bücher zu produzieren, die billig, anspruchsvoll und dabei doch schön seien (»keine Uniform« tragen, den »Augen nicht weh« tun, nicht vergilben usw.). Programmatisch heißt es in jedem der eigens zum Erscheinen des monatlichen neuen Buches veröffentlichten Magazine: »Wir drucken nur Bücher, die wir selber lesen möchten«. Dieses Magazin, finanziert durch die Anzeigen einer alteingesessenen Bremer Weinhandlung, wird in 50000 Exemplaren ausgeliefert und informiert jeweils über Autor, Zeit und Werk der Neuerscheinung des nächsten Monats. Wie schon bei der Gründung des ›Kursbuchs‹ 1964 wehrte sich Enzensberger auch hier wieder gegen Festlegungen. Während er im Magazin 0–1984 lediglich meinte: »Anything goes« und sagte: »Wer bei unseren Absichten das ›Programmatische‹ vermißt, dem können wir nicht helfen. Wir sind nicht bereit, das Feld, auf dem wir operieren wollen, von vornherein abzustecken«, äußerte er gegenüber der Zeitschrift ›Stern‹: »Die ›Andere Bibliothek‹ ist ohne langen Atem nicht zu denken. Als kulturelle Operation wird man darüber überhaupt erst vernünftig sprechen können, wenn wir das erste Jahr abgeschlossen haben« (Freyermuth).

Daß das Monat für Monat von Enzensberger herausgegebene Buch, »das uns gefällt, [. . .] uns etwas angeht, [. . .] uns unterhält«, kurz: das wir »brauchen können«, in den seltensten Fällen eine Neuerscheinung sein dürfte, war nach der Ankündigung zu vermuten, als Enzensberger schrieb, man habe es zwar nicht auf den Kanon der Klassiker abgesehen, müsse aber feststellen, »daß die meisten guten Schriftsteller schon lange tot, und daß die meisten guten Bücher schon einmal gedruckt worden sind. Man hat sie nur vergessen« (*Magazin 0–1984*).

Diese vielleicht nostalgische, keinesfalls aber reaktionäre, sondern in ihrem kritischen Pathos traditionsbewußte Intention kommt in den ersten Bänden der ›Anderen Bibliothek‹ deutlich zum Vorschein.

Eröffnet wurde das Projekt mit den »Lügengeschichten und Dialogen« des Lukian von Samosata. Der Text folgt dem Erstdruck von 1788/89. Aus dem Griechischen übersetzt und mit Anmerkungen versehen hatte ihn damals kein Geringerer als Christoph Martin Wieland. Nicht nur Wieland schätzte den Lukian, auch Goethe und Schiller fühlten sich mit ihm geistesverwandt; selbst Marx konnte sich an Lukians satirisch-heiterer Gesellschaftskritik ergötzen, und Engels nannte ihn den ›Voltaire des klassischen Altertums‹.

Der Marokkaner Driss ben Hamed Charhadi erzählt im zweiten

Band der ›Anderen Bibliothek‹ in mehreren, nur locker zusammen-hängenden Einzelepisoden die Geschichte seines Lebens: »Ein Leben voller Fallgruben« nannte es der Amerikaner Paul Bowles, der viele Jahre in Tanger lebte und dort den Strand-Café-Wächter Larbi Layachi kennenlernte. Fasziniert von der Erzählkunst des Analphabeten zeichnete der Schriftsteller und Komponist Bowles Layachis Geschichten auf Tonband auf. Unter dem Pseudonym Charhadi erschienen die Erzählungen und Erinnerungen 1964 in englischer Sprache, eine deutsche Übersetzung lag 1967 vor.

»Wer geht, sieht im Durchschnitt anthropologisch und kosmisch mehr, als wer fährt. [. . .] Ich halte den Gang für das Ehrenvollste und Selbstverständlichste in dem Manne, und bin der Meinung, daß alles besser gehen würde, wenn man mehr ginge« (Seume, zit. n. *Magazin 3–1985*). Vom Gehen handelt auch der als Band 3 vorgelegte »Spaziergang nach Syrakus im Jahre 1802« von Johann Gottfried Seume. Enzensberger präsentiert Seumes Reisenotizen in Wortlaut, Schreibweise und Zeichensetzung der 3. Auflage von 1811. Seume, im Vorwort ein literarisches Programm entwerfend, das wie ein Vorgriff auf modernen Realismus klingt, pflegt ein ausgeprägtes Interesse für politische und soziale Verhältnisse. Es geht ihm – in einem durchaus aufklärerischen Sinne – um das kritische Durchschreiten sozialer Lebensräume.

Die »Erinnerungen eines Terroristen« folgten als Band 4. Der Terrorist Boris Savinkov, 1879 in Charkov geboren, in die Ge-schichte des Anarchismus und Terrorismus durch manch tödlichen Schlag tief verwickelt und 1925, in Opposition zu den Bolschewiki stehend, unter ungeklärten Umständen im Moskauer Lubjanka-Gefängnis umgekommen, erzählt sein Leben. Enzensberger, durch Aufenthalte in der Sowjetunion und frühere Publikationen zum russischen Terrorismus mit der Materie bestens vertraut, trat hier erstmalig in der ›Anderen Bibliothek‹ mit einem Vor- und einem Nachbericht in Erscheinung. Er griff dabei – und das mag als Indiz für Konstanz seines literarischen und politischen Interesses gelten – auf die in »Politik und Verbrechen« von 1964 vorgelegten Hör-spiel-Essays über »Die Träumer des Absoluten« zurück.

Mit dem 5. Band führte Enzensberger einen 1961 begonnenen Versuch fort. Hatte er damals unter dem Titel »Allerleirauh« Kinderreime gesammelt, so gab er jetzt die erstmals in den Jahren 1841–44 in Norwegen, 1846 in der Übersetzung von Friedrich Bresemann in Berlin erschienenen »Norwegischen Märchen« von Asbjørnsen und Moe neu heraus. Auch hier wieder wird Enzens-bergers Anknüpfen an Vertrautes deutlich: Lange Jahre hatte er in Norwegen gewohnt (1957–59, 1961–65); in der ›Zeit‹ schrieb er

1961 über »Oslo – die bröckelnde Idylle«, und als Einstimmung des Publikums konnte man im Nov. 1984 seine »Norwegischen Anachronismen« begutachten, die Teil einer Serie von kritischen Reisebildern war und die von der Redaktion der ›Zeit‹ als ›ideologische Reportagen‹ eingeführt wurden (nach den *Italienischen Ausschweifungen* und *Norwegischen Anachronismen* folgten die *Ungarischen Wirrungen*).

Nach Lügengeschichten, autobiographischen Erinnerungen, Reisenotizen und Märchen folgte die wissenschaftliche Recherche: Enzensberger legte »Die Inquisition« des amerikanischen Gelehrten H. C. Lea vor, in der das methodische Vorgehen der Inquisition bei der Verfolgung, Bestrafung und Vernichtung von ›Ketzern‹ und ›Häretikern‹ beschrieben wurde. Enzensberger traf hierfür eine Auswahl der wichtigsten Kapitel des in drei Bänden zuerst 1887 in New York und in einer deutschen Übersetzung in den Jahren 1905 ff. publizierten Buches.

Als nächstes erschien die Neuherausgabe des Romans »Schöner Antonio« von Vitaliano Brancati, dessen Originalausgabe 1949 in Mailand und dessen deutsche Übersetzung zuerst 1961 vorgelegt wurde.

Über Brancati wie auch über die literarische Schönheit seines Werkes, das seinen (wenn auch in Deutschland kaum vernommenen) Ruhm begründete, wäre manches zu sagen, ebenso zur prächtigen Ausstattung jedes der Bücher der ›Anderen Bibliothek‹ mit Fotographien, Zeichnungen, Kapitalband und Lesebändchen. Eine Archäologie der Weltliteratur bahnt sich hier an (vgl. Dietschreit, b, c), ein Gang durch sämtliche literarischen Genres. Es ist der Versuch, das gute Alte vor dem Vergessen zu bewahren. Die Aktualisierung des kulturellen Erbes kann aber nicht vergessen machen, wie wichtig es wäre, der gegenwärtigen Literatur die nötigen Impulse zu geben. Vom ›Spiegel‹ mit Vorschußlorbeeren bedacht (vgl. anonym, e), von anderer Seite mit Bedenken gegen übertriebene Ästhetik und Verquickung eines Buchprojekts mit einträglich-teurem Weinverkauf begleitet, stellt Enzensbergers Bibliothek eine »Liebeserklärung an das altehrwürdige Handwerk« (Leder) der Druckkunst dar. Vergleicht man dieses ganz in der Tradition der Skepsis am Technologiefortschritt (wie sie in *Mausoleum* oder dem *Untergang der Titanic* lyrischen Ausdruck fand) stehende Projekt mit dem Medienoptimismus der Enzensberger'schen »Bausteine für eine Theorie der Medien« von 1970, so kommt man nicht umhin, Enzensberger eine pragmatisch-konservative Besinnung auf bewährte Traditionen zu bescheinigen. Die Illusionen der totalen Kommunikation mittels allseitigen Mediengebrauchs hat der ästhetisierenden Wiederaufbereitung politisch-literarischer Meilensteine Platz gemacht. Mit der ›Anderen Bibliothek‹ sind »Gute Zeiten für Leser« und »Schlechte Zeiten für Rezensenten« angebrochen, wie nicht nur H.-M. Lohmann in seiner Rezension von Lukians »Lügengeschichten« sondern auch H. Heissenbüttel in seiner Besprechung der ›Fallgruben‹ Charhadis bewies: Über die in den jeweiligen ›Magazinen‹ gegebenen Informationen zu Autor, Werk und Rezeptionsgeschichte hinaus sehen sich beide Kritiker kaum in der Lage, Weiterführendes und Erhellendes dem Leser zu berichten. Daß ein so durchdachtes und mit modernsten Verkaufsstrategien auf den Markt gebrachtes Projekt (ein interessanter Widerspruch zur literarisch-drucktechnischen Intention) der Erfolg nicht versagt blieb, zeigte sich sehr bald: Die Erstauflage stieg in kürzester Zeit von 3 000 auf 12 000 Exemplare.

Schon im Titel ›Andere Bibliothek‹ ist zugespitzt, was seit 30 Jahren Enzensbergers Anliegen ist: ein Häretiker jenes Zeitgeistes zu sein, den er des öfteren mit herbeirief. Es ging und geht ihm immer – im Poetischen wie im Politischen – um das Selbstverständliche und doch Uneingelöste, um den Widerspruch zum Vertraut-Verführerischen, um Zweifel, Absage und Negation, um Irrungen, Wirrungen und Anachronismen, um die Nischen im Denken, um die Subversivität des Normalen, um das Ende der Konsequenz, um die Risse im Material, um die Ritzen zwischen den Wörtern, um den unaufhörlichen Versuch, liebgewordene Klischees und Erklärungsmuster (auch der Linken) in Frage zu stellen, um die Verweigerung programmatischer Statements – mit einem Wort: um die *Formulierung des Unzeitgemäßen.*

Wer Enzensberger mit gängigen Interpretationsmustern analysieren und mit Methoden eindimensionaler (psychoanalytischer, soziologischer usw.) Sichtweise erfassen will, wird Person und Werk verfehlen.

Kulturbürokraten, die sein Werk mit Preisen schmücken – genannt seien nur der Büchner-Preis 1963, der Deutsche Kritikerpreis 1978, der Internationale Preis für Poesie 1980, der Internationale Pasolini-Preis für Poesie 1982 sowie der Kölner Literaturpreis 1985 – müssen deshalb wegen ›subversiver Naivität‹ gelobt werden: Mit Ehrungen, Geldzuweisungen (der zuletztgenannte Preis hat immerhin ein Volumen von 25 000 DM) und kostenloser Werbung fördern sie ein Werk, das das ihre nicht sein kann, es sei denn, ihre Intention ist die eigene Abschaffung. Aber die sich hier verbergende List der Vernunft gehört bereits in den Bereich Enzensberger'schen Denkens.

IV LITERATURVERZEICHNIS

Vorbemerkung.

Zur Zitierweise im vorangegangenen Text:
Auf Titel Enzensberger'scher *Primärquellen* wird – in Kurzform – als Klammerbemerkung hingewiesen: Diese Titel sind *kursiv* gesetzt. Im laufenden Text erwähnte Titel sind durch » « gekennzeichnet. Die *Sekundärliteratur* wird lediglich durch einen Hinweis auf ihren Autor oder auf den Sachtitel des Buches belegt.

Zur Auswahlbibliographie:
Aufgeführt wird nur die im Text zitierte oder erwähnte Literatur. Eine vollständige Übersicht über weitere Literatur bis einschließlich 1983 gibt die Bibliographie Alfred Estermanns; auf sie wird hiermit nochmals verwiesen.

1. Primärliteratur Enzensberger

1.1. Selbständige Veröffentlichungen, Sammlungen

blindenschrift. (Gedichte.) Frankfurt/M 1964.
Brentanos Poetik. München 1961. (Überarbeitete Druckfassung von: Über das dichterische Verfahren in Clemens Brentanos lyrischem Werk. Diss. Erlangen 1955.)
Das Verhör von Habana. Frankfurt/M 1970.
Der kurze Sommer der Anarchie. Buenaventura Durrutis Leben und Tod. Roman. Frankfurt/M 1972.
Der Menschenfreund. Komödie. Mit einem Nachwort des Autors. Frankfurt/M 1984.
Der Untergang der Titanic. Eine Komödie. Frankfurt/M 1978.
Deutschland, Deutschland unter anderm. Äußerungen zur Politik. Frankfurt/M 1967.
Die Furie des Verschwindens. Gedichte. Frankfurt/M 1980.
Die Gedichte. Frankfurt/M 1983.
Einzelheiten. (Essays.) Frankfurt/M 1962.
Einzelheiten I. Bewußtseins-Industrie. Frankfurt/M 1964.
Einzelheiten II. Poesie und Politik. Frankfurt/M 1964.
Gedichte. Die Entstehung eines Gedichts. Nachwort: Werner Weber. Frankfurt/M 1962.
Gedichte 1955–1970. Frankfurt/M 1971.
Mausoleum. Siebenunddreißig Balladen aus der Geschichte des Fortschritts. Frankfurt/M 1975.
landessprache. (Gedichte.) Frankfurt/M 1960.
Palaver. Politische Überlegungen (1967–1973). Frankfurt/M 1974.
Politik und Verbrechen. Neun Beiträge. Frankfurt/M 1964.
Politische Brosamen. Frankfurt/M 1982.

Staatsgefährdende Umtriebe. Offener Brief an Bundesjustizminister Heinemann. Berlin 1968.
verteidigung der wölfe. (Gedichte.) Frankfurt/M 1957.

1.2. Beiträge zu Zeitschriften, Zeitungen, Sammlungen

Am I a German? In: Encounter. 1964. H. 127, S. 16–18. (u. d. T. »Über die Schwierigkeit, ein Inländer zu sein« in: Deutschland, Deutschland unter anderm (s. d.), S. 7–13.
Armes reiches Deutschland. In: Politische Brosamen (s. d.), S. 177–193. (Zuerst in: TransAtlantik. 1982. H. 8, S. 9–13.)
Autor und Wirklichkeit. In: Theater der Zeit. 1970. H. 9, S. 20.
Baukasten zu einer Theorie der Medien. In: Kursbuch 20. 1970, S. 159–186. (Neu in: Palaver (s. d.), S. 91–129.)
Berliner Gemeinplätze (I). In: Kursbuch 11. 1968, S. 151–169.
Berliner Gemeinplätze (II). In: Kursbuch 13. 1968, S. 190–197. (Beide »Berl. Gemeinplätze« neu in: Palaver (s. d.), S. 7–40.)
Bescheidener Vorschlag zum Schutze der Jugend vor den Erzeugnissen der Poesie. In: The German Quarterly. 1976, S. 425–437.
Beschwerde. In: Einzelheiten (s. d.), S. 203–207.
Bewußtseins-Industrie. In: Einzelheiten I (s. d.), S. 7–17.
Bildnis einer Partei. Vorgeschichte, Struktur und Ideologie der PCC. In: Kursbuch 18. 1969, S. 192–216. (Neu in: Palaver (s. d.), S. 55–90.)
Bildung als Konsumgut. Analyse der Taschenbuch-Produktion. In: Einzelheiten I (s. d.), S. 134–166.
Blindekuh-Ökonomie. In: Politische Brosamen (s. d.), S. 115–127. (Zuerst in: TransAtlantik. 1982. H. 2, S. 11–15.)
Böswilliger Leser. In: Frankfurter Allgemeine Zeitung, 21. 7. 1962.
Brief an den Bundesminister für Verteidigung, Herrn Kai-Uwe von Hassel. In: Kursbuch 4. 1966, S. 56–63. (Neu in: Deutschland, Deutschland unter anderm (s. d.), S. 27–36.)
Chicago-Ballade. Modell einer terroristischen Gesellschaft. In: Politik und Verbrechen (s. d.), S. 95–137.
Clemens Brentano. In: Triffst du nur das Zauberwort. Hg. J. Petersen. Frankfurt/M 1961, S. 81–92; Berlin 1967, S. 31–42.
Darmstadt, am 19. Oktober 1963. In: Deutschland, Deutschland unter anderm (s. d.), S. 14–26. (Erstdruck als Flugblatt, Suhrkamp Verlag, Frankfurt/M 1963.)
Das Brot und die Schrift. In: Die Zeit, 22. 5. 1981.
Das Ende der Konsequenz. In: Politische Brosamen (s. d.), S. 7–30. (Zuerst in: TransAtlantik. 1981. H. 5, S. 16–23.)
Das höchste Stadium der Unterentwicklung. Eine Hypothese über den Real Existierenden Sozialismus. In: Politische Brosamen (s. d.), S. 53–73. (Zuerst in: TransAtlantik. 1982. H. 7, S. 11–17.)
Das Plebiszit der Verbraucher. In: Einzelheiten I (s. d.), S. 167–178.
Der arglose Deserteur. Rekonstruktion einer Hinrichtung. In: Politik und Verbrechen (s. d.), S. 241–282.
Der Fall Pablo Neruda. In: Einzelheiten II (s. d.), S. 92–112.

Der Triumph der Bild-Zeitung oder Die Katastrophe der Pressefreiheit. In: Merkur. 1983. H. 420, S. 651–659.
Die Aporien der Avantgarde. In: Einzelheiten II (s. d.), S. 50–80.
Die Furien des Cesar Vallejo. In: Einzelheiten II (s. d.), S. 81–91.
Die Installateure der Macht. In: Politische Brosamen (s. d.), S. 129–140. (Zuerst in: TransAtlantik. 1982. H. 3, S. 15–18.)
Die Kunst und das Meerschweinchen oder: Was ist ein Experiment? In: Texte und Zeichen. 1956. H. 2, S. 214–215.
Die Sprache des ›Spiegel‹. In: Einzelheiten I (s. d.), S. 74–105 (mit Zusätzen). (Erster Teilabdruck in: Der Spiegel. 1957. H. 10.)
Die Steine der Freiheit. In: Merkur. 1959. H. 138, S. 770–775. (Neu in: Einzelheiten (s. d.), S. 246–252.)
Die Träumer des Absoluten. Erster Teil: Traktat und Bombe. Zweiter Teil: Die schönen Seelen des Terrors. In: Politik und Verbrechen (s. d.), S. 283–360.
Die Vorzüge der Stecknadel und das ›andere Buch‹. Werden Computer, Kassetten, Datenbanken das Buch zum historischen Gerümpel machen? Über eine mögliche Zukunft des Buches. In: Die Zeit, 21. 4. 1978.
Ein Bonner Memorandum. In: Der Spiegel. 1983. H. 48.
Ein Briefwechsel (mit Hannah Arendt). In: Über Hans Magnus Enzensberger. Hg. J. Schickel. Frankfurt/M 1970, S. 172–180. (Auch in: Hans Magnus Enzensberger. Hg. R. Grimm. Frankfurt/M 1984, S. 82–89.)
Ein Gespräch über die Zukunft mit Rudi Dutschke, Bernd Rabehl und Christian Semmler. In: Kursbuch 14. 1968, S. 146–174.
Eine neue Phase des Kampfes. In: Konkret. 1968. H. 5, S. 11.
Eine Theorie des Tourismus. In: Einzelheiten I (s. d.), S. 179–205.
Einige Vorschläge zur Methode des Kampfes gegen die atomare Aufrüstung. In: Blätter für deutsche und internationale Politik. 1958. H. 6, S. 410–414.
Ein Selbstbildnis der Konterrevolution. In: Das Verhör von Habana (s. d.), S. 9–56.
Entrevista con Hans Magnus Enzensberger. In: Basis 4. 1974, S. 122–130. (Neu in: Hans Magnus Enzensberger. Hg. R. Grimm. Frankfurt/M 1984, S. 106–116.)
Europa gegen die Bombe. In: Blätter f. deutsche u. internationale Politik. 1959. H. 2, S. 119–121.
Europäische Peripherie. In: Kursbuch 2. 1965, S. 154–173. (Neu in: Deutschland, Deutschland unter anderm (s. d.), S. 152–176.)
Eurozentrismus wider Willen. In: Politische Brosamen (s. d.), S. 31–52. (Zuerst in: TransAtlantik. 1980. H. 10, S. 62–67.)
Festgemauert aber entbehrlich. Warum ich Schillers berühmte Balladen wegließ. In: Die Zeit, 28. 10. 1966.
Fragen an Herbert Marcuse. USA: Organisationsformen und revolutionäres Subjekt. In: Kursbuch 22. 1970, S. 45–60.
Fünf verschiedene Gedichte. In: Kursbuch 10. 1967, S. 140–149.
Gemeinplätze, die Neueste Literatur betreffend. In: Kursbuch 15. 1968, S. 187–197. (Neu in: Palaver (s. d.), S. 41–54.)
In Search of a Lost Language. In: Encounter. 1963. H. 21, S. 44–51.

Italienische Ausschweifungen. Eine ideologische Reportage. In: Die Zeit, 16. 3. 1984.

Journalismus als Eiertanz. Beschreibung einer Allgemeinen Zeitung für Deutschland. In: Einzelheiten I (s. d.), S. 18–73.

Kapitalverflechtung in der Bundesrepublik. In: Kursbuch 21. 1970. Kursbogen.

Katechismus zur deutschen Frage (mit W. Euchner, G. Schäfer, D. Senghaas). In: Kursbuch 4. 1966, S. 1–55.

Klare Entscheidungen und trübe Aussichten. In: Über Hans Magnus Enzensberger. Hg. J. Schickel. Frankfurt/M 1970, S. 225–232.

Konkrete Utopie. Zweiundsiebzig Gedanken für die Zukunft. In: Kursbuch 14. 1968, S. 110–145.

Kronstadt 1921 oder die Dritte Revolution. In: Kursbuch 9. 1967, S. 7–33.

Las Casas oder Ein Rückblick in die Zukunft. In: Deutschland, Deutschland unter anderm (s. d.), S. 123–151. (Zuerst in: Bartolomé de Las Casas: Kurzgefaßter Bericht von der Verwüstung der Westindischen Länder. Hg. H. M. Enzensberger. Frankfurt/M 1967, S. 131–165.)

Manuela die Mexikanerin. Fünfzig Jahre cubanischer Geschichte, gesehen mit den Augen einer Köchin. In: Kursbuch 18. 1969, S. 8–28.

Mein Gedicht. In: Die Zeit, 11. 3. 1960.

Nachträge zum Kursbuch. Antwort auf einen ZEIT-Artikel (und eine Antwort auf eine Antwort, von D. E. Zimmer). In: Die Zeit, 23. 7. 1965.

Neue Vorschläge für Atomwaffen-Gegner. In: Konkret. 1958. H. 7, S. 1.

Norwegische Anachronismen I und II. In: Die Zeit, 2. 11. 1984, 9. 11. 1984.

Notstand. (Rede, gehalten auf dem Kongreß ›Notstand der Demokratie‹ am 3. 10. 1966 in Frankfurt.) In: Notstand der Demokratie. Hg. H. Schauer. Frankfurt/M 1967, S. 188–193. (Auszüge in: Der Spiegel. 1966. H. 46.)

Offener Brief. An den Präsidenten der Wesleyan University. (Warum ich Amerika verlasse.) In: Über Hans Magnus Enzensberger. Hg. J. Schickel. Frankfurt/M 1970, S. 233–239.

Oslo – die bröckelnde Idylle. In: Die Zeit, 2. 2. 1962.

Peter Weiss und andere. In: Kursbuch 6. 1966, S. 171–176. (Neu in: Über Hans Magnus Enzensberger. Hg. J. Schickel. Frankfurt/M 1970, S. 246–251; Hans Magnus Enzensberger. Hg. R. Grimm. Frankfurt/M 1984, S. 96–101.)

Plädoyer für den Hauslehrer. Ein Bißchen Bildungspolitik. In: Politische Brosamen (s. d.), S. 161–175. (Zuerst in: TransAtlantik. 1982. H. 6, S. 11–15.)

Poesie und Politik. In: Einzelheiten II (s. d.), S. 113–137.

Politische Kriegsdienstverweigerung. In: Kursbuch 13. 1968, S. 132–153.

Pupetta oder das Ende der Neuen Camorra. In: Politik und Verbrechen (s. d.), S. 139–175.

Rafael Trujillo. Bildnis eines Landesvaters. In: Politik und Verbrechen (s. d.), S. 41–93.

Rede vom Heizer Hieronymus. In: Über Hans Magnus Enzensberger. Hg. J. Schickel. Frankfurt/M 1970, S. 217–224. (Auch in: Staatsgefährdende Umtriebe (s. d.), S. 5–13.)

Reflexionen vor einem Glaskasten. In: Politik und Verbrechen (s. d.), S. 7–39.

Revolutions-Tourismus. In: Kursbuch 30. 1972, S. 155–181. (Neu in: Palaver (s. d.), S. 130–168.)

Scherbenwelt. Die Anatomie einer Wochenschau. In: Einzelheiten I (s. d.), S. 106–133.)

Scherenschleifer und Poeten. In: Mein Gedicht ist mein Messer. Hg. H. Bender. München 1961, S. 144–148.

Schimpfend unter Palmen. In: Süddeutsche Zeitung, 7. 5. 1960.

Über die Schwierigkeit und das Vergnügen, Molière zu übersetzen. In: Molières Menschenfeind von H. M. Enzensberger (s. d.), S. 65 bis 71.

Unentwegter Versuch, einem New Yorker Publikum die Geheimnisse der deutschen Demokratie zu erklären. In: Politische Brosamen (s. d.), S. 75–96. (Zuerst in: Kursbuch 56. 1979, S. 1–14.)

Ungarische Wirrungen. In: Die Zeit, 3. 5. 1985.

Unregierbarkeit. Notizen aus dem Kanzleramt. In: Politische Brosamen (s. d.), S. 97–113. (Zuerst in: TransAtlantik. 1982. H. 5, S. 13–18.)

Unsere Landessprache und ihre Leibwächter. In: Die Zeit, 24. 8. 1979.

Versuch, von der deutschen Frage Urlaub zu nehmen. In: Deutschland, Deutschland unter anderm (s. d.), S. 37–48.

Vom Kinderreim in der heutigen Lyrik. In: Die Zeit, 25. 8. 1961.

Von der Unaufhaltsamkeit des Kleinbürgers. Eine soziologische Grille. In: Politische Brosamen (s. d.), S. 195–206. (Zuerst in: Kursbuch 45. 1976, S. 1–8.).

Weltsprache der modernen Poesie. In: Einzelheiten II (s. d.), S. 7–28.

William Carlos Williams. In: Einzelheiten II (s. d.), S. 29–49.

Wilma Montesi. Ein Leben nach dem Tode. In: Politik und Verbrechen (s. d.), S. 177–240.

Wohnkampf. Eine Talkshow. In: Politische Brosamen (s. d.), S. 141–160. (Zuerst in: TransAtlantik. 1982. H. 4, S. 15–20.)

Zehn Lieder für Ingrid Caven. In: Die Gedichte (s. d.), S. 327–341.

Zu: Der Ruf. Eine deutsche Nachkriegszeitschrift. In: Der Spiegel. 1962. H. 18.

Zu: Gottfried Benn: Autobiographische und vermischte Schriften. In: Der Spiegel. 1962. H. 23.

Zum »Hessischen Landboten«. Zwei Kontexte. In: Deutschland, Deutschland unter anderm (s. d.), S. 99–122. (Zuerst in: Georg Büchner und Ludwig Weidig: Der Hessische Landbote. Texte, Briefe, Prozeßakten. Hg. H. M. Enzensberger. Frankfurt/M 1965, S. 36–53, 162–168.)

Zur Kritik der politischen Ökologie. In: Kursbuch 33. 1973, S. 1–42. (Neu in: Palaver (s. d.), S. 169–232.)

Zur Theorie des Verrats. In: Politik und Verbrechen (s. d.), S. 361–383.

Zur Verteidigung der Normalität. In: Politische Brosamen (s. d.), S. 207–224. (Zuerst in: Kursbuch 68. 1982, S. 51–62.)

Zwei Randbemerkungen zum Weltuntergang. In: Kursbuch 52. 1978, S. 1–18. (Auch in: Politische Brosamen (s. d.), S. 225–236.)

1.3. Editionen, Nachworte

Allerleirauh. Viele schöne Kinderreime. Versammelt von H. M. Enzensberger. Frankfurt/M 1961, Frankfurt/M 1974.

Allgemeines deutsches Reimlexikon. Hg. Peregrinus Syntax (F. F. Hempel). Neudruck der Ausgabe Leipzig 1826. Mit einer Gebrauchsanleitung von H. M. Enzensberger. 2 Bde. Frankfurt/M 1982.

Ankündigung einer neuen Zeitschrift. (Kursbuch.) Suhrkamp Verlag, Frankfurt/M 1965. (Neu in: Kursbuch 1–20. (Reprint.) 2 Bde. Frankfurt/M 1976.)

Asbjørnsen, Peter Christian/Moe, Jørgen: Norwegische Märchen. Bd. 5 der ›Anderen Bibliothek‹. Nördlingen 1985.

Brancati, Vitaliano: Schöner Antonio. Roman. Bd. 7 der ›Anderen Bibliothek‹. Nördlingen 1985.

Brentano, Clemens: Gedichte, Erzählungen, Briefe. Frankfurt/M, Hamburg 1958, Frankfurt/M 1981.

Büchner, Georg/Weidig, Ludwig: »Der Hessische Landbote«. Texte, Briefe, Prozeßakten. Kommentiert von H. M. Enzensberger. Frankfurt/M 1965, Frankfurt/M 1974.

Charhadi, Driss ben Hamed: Ein Leben voller Fallgruben. Bd. 2 der ›Anderen Bibliothek‹. Nördlingen 1985.

Der Weg ins Freie. Fünf Lebensläufe. Überliefert von H. M. Enzensberger. Frankfurt/M 1975.

Die Andere Bibliothek. Herausgegeben von H. M. Enzensberger. Verlegt bei Franz Greno. Nördlingen. (Seit Januar 1985.)

Freisprüche. Revolutionäre vor Gericht. Frankfurt/M 1970, Frankfurt/M 1973.

Gadda, Carlo Emilio: Die Erkenntnis des Schmerzes. München 1963, Frankfurt/M 1975.

Gespräche mit Marx und Engels. Mit einem Personen-, Elogen- und Injurienregister sowie einem Quellenverzeichnis. Frankfurt/M 1973, Frankfurt/M 1981.

Klassenbuch. Ein Lesebuch zu den Klassenkämpfen in Deutschland. Hg. H. M. Enzensberger u. a. 3 Bde. Darmstadt, Neuwied 1972.

Kursbuch. Bd. 1 (1965) – 20 (1970) Frankfurt/M; ab Bd. 21 (1970) Berlin. Hg.: Bd. 1 (1965) – 22 (1970): H. M. Enzensberger; Bd. 23 (1971) – 34 (1973): H. M. Enzensberger, K. M. Michel; Bd. 35 (1974) – 40 (1975): H. M. Enzensberger, K. M. Michel, H. Wieser. Ab Bd. 41 (1975): Unter Mitarbeit von H. M. Enzensberger.

Las Casas, Bartolomé de: Kurzgefaßter Bericht von der Verwüstung der Westindischen Länder. Frankfurt/M 1966, Frankfurt/M 1981.

Lea, Henry Charles: Die Inquisition. Bd. 6 der ›Anderen Bibliothek‹. Nördlingen 1985.

Lukian von Samosata: Lügengeschichten und Dialoge. Bd. 1 der ›Anderen Bibliothek‹. Nördlingen 1985.

Magazin. Die Andere Bibliothek. H. 0–1984 ff. Nördlingen.

Museum der modernen Poesie. Eingerichtet von H. M. Enzensberger. Frankfurt/M 1960, Frankfurt/M 1980.

Nirumand, Bahman: Persien, Modell eines Entwicklungslandes oder Die Diktatur der Freien Welt. Reinbek 1967.

O.M.G.U.S. Ermittlungen gegen die Deutsche Bank – 1946/1947. Sonderband der ›Anderen Bibliothek‹. Nördlingen 1985.

Pessoa, Fernando: Poesie. Frankfurt/M 1962.

Sachs, Nelly: Ausgewählte Gedichte. Frankfurt/M 1963.

Savinkov, Boris: Erinnerungen eines Terroristen. Mit einem Vor- und einem Nachbericht von H. M. Enzensberger. Bd. 4 der ›Anderen Bibliothek‹. Nördlingen 1985.

Schiller, Friedrich: Gedichte. Ausgewählt von H. M. Enzensberger. Frankfurt/M 1966.

Seferis, Giorgos: Poesie. Frankfurt/M 1962.

Seume, Johann Gottfried: Spaziergang nach Syrakus im Jahre 1802. Bd. 3 der ›Anderen Bibliothek‹. Nördlingen 1985.

TransAtlantik. Hg. M. Schmidt. Konzeption u. Vetorecht: H. M. Enzensberger, G. Salvatore. München 1980–1982.

Vorzeichen. Fünf neue deutsche Autoren. Eingeführt von H. M. Enzensberger. Frankfurt/M 1962.

1.4. Übersetzungen

Auden, Wystan Hugh: (Gedichte.) Berlin 1975.

Der Cimarrón: Aus den Erzählungen eines ehemaligen Sklaven (von M. Barnet). In: Kursbuch 15. 1968, S. 1–15.

Molières Menschenfeind, von H. M. Enzensberger. Programmheft der Freien Volksbühne Berlin 1979. (U. d. T. »Der Menschenfeind, nach dem Französischen des Molière, von H. M. Enzensberger« Frankfurt/M 1979.)

Neruda, Pablo: Poesia sin pureza – Poésie impure. Hamburg 1968.

Neruda, Pablo: Zone des Feuers. (Gedichte.) In: Texte und Zeichen. 1955. H. 3, S. 339–353.

Vallejo, César: Paris, Oktober 1936. (Gedicht.) In: Lyrische Hefte. 1962. H. 12, S. 23.

Vallejo, César: Schwarzer Stein auf weißem Stein. (Gedicht.) In: Akzente. 1963. H. 6, S. 609.

Vallejo, César: (Gedichte.) In: Merkur. 1963. H. 182, S. 349–363.

Vallejo, César: Gedichte. Frankfurt/M 1963.

Vallejo, César: (Gedichte.) Berlin 1979.

Williams, William Carlos: Gedichte. Frankfurt/M 1962. (2. Aufl. u. d. T. »Die Worte, die Worte, die Worte«. 1973.)

Williams, William Carlos: (Gedichte.) Berlin 1977.

Williams, William Carlos: Endlos und unzerstörbar. Gedichte. Waldbrunn 1983.

1.5. Rundfunk, Fernsehen

Aus dem italienischen Pitaval I: Darstellung des Falles Wilma Montesi. SDR 1960.

Aus dem italienischen Pitaval II: Pupetta oder das Ende der Neuen Camorra. SDR 1960.

Bildung als Konsumgut. HR 1959.

Chicago-Ballade. HR 1962.

Das höchste Stadium der Unterentwicklung. NDR 1982, RIAS 1983.

Das Plebiszit der Verbraucher. BR 1960.

Das Verhör von Habana. WDR/HR 1969.

Das unheilvolle Portrait. Eine Mystifikation. 1981.

Der Menschenfreund. Den Manen Diderots. Komödie nach »Est-il bon? Est-il méchant?« 1984.

Der Untergang der Titanic – Eine Komödie. SDR/HR/BR 1979.

Die Aporien der Avantgarde. NDR 1962.

Die Furien des Verschwindens. Neue Gedichte. NDR 1980, WDR 1980.

Die Hinrichtung des Soldaten Slovik. SDR 1958.

Die neun Furien des César Vallejo. Vom Leben und Dichten eines Verschollenen aus Peru. SDR 1963.

Die Sprache des ›Spiegel‹. Moral und Masche eines deutschen Nachrichten-Magazins. SDR 1957.

Die Träumer des Absoluten. Teil I u. II. HR 1962/63.

Die Weltsprache der modernen Poesie. BR 1961.

Durruti. Die Biographie einer Legende. Film-Roman. WDR 1972.

Ein wahres Hörspiel. Nach Diderots Erzählung »Eine wahre Geschichte«. SFB/SWF 1982.

El Cimarrón – Aus dem Leben eines ehemaligen Sklaven, von M. Barnet. SDR 1969.

Gespräche mit Marx und Engels. Aufgefunden und aufgezeichnet von H. M. Enzensberger. Teil 1–4. NDR 1972.

Jakob und sein Herr. Ein Dialog von Denis Diderot. SDR 1963.

Jakob und sein Herr. Ein Radio-Roman in sechs Folgen. 1979.

Madame de la Carlière oder: Die Wankelmütigen. Eine Unterhaltung im Nebel. SDR 1983.

Mausoleum. Naturwissenschaftliche Balladen. SWF 1975.

Politische Brosamen 1–7. NDR 1982.

Rachels Lied – Ein Hörspiel in sieben Strophen nach einem Non-Fiction-Roman von M. Barnet. SWF/HR/SDR 1969.

Rafael Trujillo. Bildnis eines Landesvaters. HR 1963, NDR 1965.

Scherbenwelt. HR 1957.

Verführtes Denken. Eine Verhandlung des Falles Pablo Neruda. SDR 1956.

Vergebliche Brandung. Eine Theorie des Tourismus. NDR 1958.

Wohnkampf. Eine Talkshow. WDR/BR 1983.

2. Sekundärliteratur

Abendroth, Wolfgang: Bilanz der sozialistischen Idee in der Bundesrepublik Deutschland. In: Bestandsaufnahme. Eine deutsche Bilanz. Hg. H. W. Richter. München u. a. 1962, S. 233–263.

Adorno, Theodor W., a: Ästhetische Theorie. Frankfurt/M 1970.

ders., b: Rede über Lyrik und Gesellschaft. In: Adorno, Noten zur Literatur I. Frankfurt/M 1958, S. 73–104.

ders., c: Ohne Leitbild. In: Adorno: Ohne Leitbild. Parva Aestetica. Frankfurt/M 1967, S. 7–19.

ders., d: Negative Dialektik. Frankfurt/M 1966.

ders., e: Engagement. In: Adorno: Noten zur Literatur III. Frankfurt/M 1965, S. 109–135.

ders., f: Résumé über Kulturindustrie. In: Adorno: Ohne Leitbild. Parva Aestetica. Frankfurt/M 1967, S. 60–70.

ders., g/Horkheimer, Max: Dialektik der Aufklärung. Philosophische Fragmente. Amsterdam 1947, Frankfurt/M 1969.

Agitprop. Lyrik, Thesen, Berichte. Hg. J. Fuhrmann u. a. Hamburg 1968.

Ahnsehl, Peter. (Zu: »El Cimarrón«) In: Theater heute. 1976. H. 5, S. 10–11.

Allert-Wybranietz, Kristiane, a: Trotz alledem. Verschenktexte. Fellbach 1980.

dies., b: Liebe Grüße. Neue Verschenktexte. Fellbach 1982.

dies., c: Wenn's doch nur so einfach wär. Verschenktexte. Fellbach 1984.

Almanach der Gruppe 47. 1947–1962. Hg. H. W. Richter. Reinbek 1964.

Andersch, Alfred, a: 1 (in Worten: ein) zorniger junger Mann. In: Über Hans Magnus Enzensberger (s. d.), S. 9–13. (Zuerst in: Frankfurter Hefte. 1958. H. 2, S. 143–145.)

ders., b: (Zu: »Landessprache«) In: Über Hans Magnus Enzensberger (s. d.), S. 68–69. (Zuerst in: Bücherbrief. 1960. H. 10, S. 30–32.)

ders., c: Dort ist ein Feuer. In: Merkur. 1965. H. 202, S. 83–84.

ders., d/Enzensberger, Hans Magnus: Die Literatur nach dem Tod der Literatur. Ein Gespräch. In: Nach dem Protest. Literatur im Umbruch. Hg. W. M. Lüdke. Frankfurt/M 1979, S. 85–102.

anonym, a: Gullivers Erbe. In: Der Spiegel. 1965. H. 24.

anonym, b: Riß in der Riege. In: Der Spiegel. 1966. H. 34.

anonym, c: Oral ausgemacht. In: Der Spiegel. 1970. H. 25.

anonym, d: Einfach doppelt. In: Der Spiegel. 1972. H. 41.

anonym, e: Schönes Spiel. In: Der Spiegel. 1984. H. 49.

Arbeitsgespräch. F. Dietschreit u. B. Heinze-Dietschreit im Gespäch mit H. M. Enzensberger. März 1985 (unveröff. Tonbandprotokoll).

Arendt, Hannah/Enzensberger, Hans Magnus: Ein Briefwechsel. In: Über Hans Magnus Enzensberger (s. d.), S. 172–180. (Zuerst in: Merkur. 1965. H. 205, S. 380–385.)

Baumann, Bommi: Wie alles anfing. München 1980.

Baumgart, Reinhard, a: Enzensberger kämpft mit Einzelheiten. In: Über Hans Magnus Enzensberger, (s. d.), S. 131–138. (Zuerst in: Süddeutsche Zeitung, 11./12. 8. 1962.)

ders., b: Selbstgespräche für Leser. In: Der Spiegel. 1964. H. 49.

ders., c: Wozu Dichter? In: Der Spiegel. 1968. H. 51.

ders., d: Die Konterrevolution und ein Pfau. In: Über Hans Magnus Enzensberger (s. d.), S. 199–203. (Zuerst in: Süddeutsche Zeitung, 16./17. 6. 1970.)

ders., e: Die schmutzigen Medien. In: Der Spiegel. 1970. H. 18.

ders., f: Ein Heldendenkmal – wozu? In: Der Spiegel. 1972. H. 41.

Bauß, Gerhard: Die Studentenbewegung der sechziger Jahre. Handbuch. Köln 1977.

Beckelmann, Jürgen, a: Süße Stimme der Konterrevolution. In: Frankfurter Rundschau, 9. 7. 1970.

ders., b: Boy Gobert gibt sich als gescheiter Schuft. In: Kölner Stadtanzeiger, 9. 11. 1984.

Beckes, Peter: Produktive Unruhe. Analysen zur politischen Lyrik Brechts und Enzensbergers. In: Schriftsteller in Deutschland. Hg. W. Link. Düsseldorf 1979.

Bellin, Klaus: Fragen und Zweifel. In: Neues Deutschland. Literaturbeilage 65, 3. 3. 1965.

Benn, Gottfried: Probleme der Lyrik. In: Ges. Werke. Bd. 1. Hg. D. Wellershoff. Wiesbaden 1959, S. 494–532.

Boehlich, Walter: Autodafé. Kursbogen. In: Kursbuch 15. 1968.

Bohrer, Karl Heinz, a: Revolution als Metapher. In: Die gefährdete Phantasie, oder Surrealismus und Terror. München 1970, S. 89–105. (Auch in: Über Hans Magnus Enzensberger (s. d.), S. 271–275.)

ders., b: Zuschauer beim Salto Mortale. In: Merkur. 1969. H. 250, S. 170–186.

ders., c: Der Lauf des Freitag. Die lädierte Utopie und die Dichter. Eine Analyse. München 1973.

ders., d: Getarnte Anarchie. In: Merkur. 1978. H. 12, S. 1275–1279.

Born, Nicolas: Riß im Rumpf des Fortschritts. In: Der Spiegel. 1978. H. 43.

Borngässer, Rose-Marie: Das kann doch einen Seemann nicht erschüttern. In: Die Welt, 21. 5. 1980.

Br.: Warum gerade Durruti? Enzensbergers Film über den spanischen Anarchisten. In: Frankfurter Allgemeine Zeitung, 29. 9. 1972.

Brecht, Bertold: Ges. Werke. 20 Bde. Frankfurt/M 1967.

Bridgwater, Patrick: The making of a poet: Hans Magnus Enzensberger. In: German Life and Letters. 1967. H. 1, S. 27–44.

Buch, Hans Christoph: Von der möglichen Funktion der Literatur. Eine Art Metakritik. In: Kursbuch 20. 1970, S. 42–52.

Buck, Theo: Enzensberger und Brecht. In: Text und Kritik. 1976. H. 49, S. 5–16.

Buselmeier, Michael, a: Die Situation der Gegenwart. In: Frankfurter Hefte. 1977. H. 7, S. 63–66.

ders., b: »Spart auf den schlüsselfertigen Schrecken«. In: Frankfurter Hefte. 1982. H. 2, S. 77–79.

Caven, Ingrid: Der Abendstern. 1979. (Schallplatte. RCA PL 28375.)

Claessens, Dieter, u. a.: Sozialkunde der Bundesrepublik. Köln 1973.

Czaschke, Annemarie: Wörterbuch kapitalistischer Gemeinplätze. In: Frankfurter Rundschau, 24. 11. 1970.

Dada. Eine Literarische Dokumentation. Hg. R. Huelsenbeck. Reinbek 1964.

Dada Berlin. Texte, Manifeste, Aktionen. Hg. K. Riha. Stuttgart 1977.

Deffner, George: Vom Weltuntergang bei Salonmusik. In: Süddeutsche Zeitung, 8. 5. 1980.

Demetz, Peter: Zementmetapher für das Böse. Enzensberger als Kritiker und Essayist. In: Die Zeit, 21. 9. 1962.

Denkzettel. Politische Lyrik aus den sechziger Jahren der BRD und Westberlins. Hg. A. Voigtländer/H. Witt. Frankfurt/M 1977.

Der Ruf. Eine deutsche Nachkriegszeitschrift. (Reprint) München 1962.

Deschner, Karlheinz: Hans Magnus Enzensberger, Lyrik und Kritik. In: Deschner: Talente, Dichter, Dilettanten. Wiesbaden 1964, S. 269–383.

Determinanten der westdeutschen Restauration 1945–1949. Von Huster, Ernst Ulrich u. a. Frankfurt/M 1972.

Deutsche Literatur im Exil 1933–1945. Bd. I: Dokumente. Bd. II: Materialien. Hg. H.-L. Arnold. Frankfurt/M 1974.

Deutsche Lyrik. Gedichte seit 1945. Hg. H. Bingel. München 1963.

Die Gruppe 47. Hg. R. Lettau. Neuwied, Berlin 1967.

Die Stunde Eins. Erzählungen, Reportagen, Essays aus der Nachkriegszeit. Hg. B. Schmidt/H. Schwenger. München 1982.

Dietschreit, Frank, a: Zeitgenössische Lyrik im Gesellschaftsprozeß. Versuch einer Rekonstruktion des Zusammenhangs politischer und literarischer Bewegungen. Frankfurt/M u. a. 1983.

ders., b: Die Revolution trinkt Rotwein und liest das Gute Buch. Die Andere Bibliothek des H. M. Enzensberger. In: zitty. 1985. H. 3.

ders., c: Archäologie der Weltliteratur. Die Andere Bibliothek des H. M. Enzensberger. In: zitty. 1985. H. 12.

Dolph, Werner: Die Szene – kein Tribunal. In: Die Zeit, 12. 6. 1970.

Donner, Wolf: Berichte zur Lage der Nation. In: Der Spiegel. 1979. H. 42.

Doutiné, Heike: Verständigungsprobe. In: Agitprop. Lyrik, Thesen, Berichte. Hg. J. Fuhrmann u. a. Hamburg 1968, S. 174–176.

Drews, Jörg: Selbsterfahrung und Neue Subjektivität in der Lyrik. In: Akzente. 1977. H. 1, S. 89–95.

Dutschke, Rudi: Mein langer Marsch. Reden, Schriften und Tagebücher aus zwanzig Jahren. Hg. G. Dutschke-Klotz u. a. Reinbek 1980.

Eggers, Ingrid: Veränderungen des Literaturbegriffs im Werk von H. M. Enzensberger. Frankfurt/M, Bern 1981.

Eich, Günter: Gedichte. Ausgew. von I. Aichinger. Frankfurt/M 1973.

Endres, Elisabeth: Die Literatur der Adenauerzeit. München 1980.

Enzensberger, Martin: Das Brot des Schriftsetzers. Antwort auf H. M. Enzensbergers Beitrag ›Das Brot und die Schrift‹. In: Die Zeit, 24. 7. 1981.

Enzensberger'sche Einzelheiten. Korrigiert von der Frankfurter Allgemeinen Zeitung. Frankfurt/M 1963.

Estermann, Alfred: Hans Magnus Enzensberger. Eine Bibliographie. In: Hans Magnus Enzensberger, a (s. d.), S. 343–434.

Fabian, Walter: Marx und Engels im Urteil ihrer Zeitgenossen. Eine nicht unproblematische Montage H. M. Enzensbergers. In: Frankfurter Rundschau, 6. 10. 1973.

Falkenstein, Henning: Hans Magnus Enzensberger. Berlin 1977.

Flach, Karl-Hermann: Wer kritisiert die Kinder? In: Frankfurter Rundschau, 6. 10. 1962.

Franz, Michael: Hans Magnus Enzensberger: »Mausoleum«. In: Hans Magnus Enzensberger, a (s. d.), S. 294–311. (Zuerst in: Weimarer Beiträge. 1976. H. 12, S. 125–140.)

Freyermuth, Gundolf S.: Neuer Glanz für die Schwarze Kunst. Gespräch mit H. M. Enzensberger und F. Greno. In: Stern. 1985. H. 11.

Fuchs, Gerd: Seht euch diese Typen an! (Enzensbergers Kuba-Stück und die Kritik. Eine Rezensions-Rezension.) In: Über Hans Magnus Enzensberger (s. d.), S. 204–209. (Zuerst in: Konkret. 1970. H. 14.)

Funke, Christoph: (Zu: »Das Verhör von Habana«.) In: Über Hans Magnus Enzensberger (s. d.), S. 210–213. (Zuerst in: Der Morgen, 17. 6. 1970.)

Gehring, Hansjörg: Literatur im Dienst der Politik. Zum Re-education-Programm der amerikanischen Militärregierung in Deutschland. In: Literaturmagazin 7. Hg. N. Born/J. Manthey. Reinbek 1977, S. 252–270.

Girschner-Woldt, Ingrid: Theorie der modernen politischen Lyrik. Berlin 1971.

Gnüg, Hiltrud: (Zu: »A. v. H. (1769–1859)«) In: Geschichte im Gedicht. Hg. W. Hinck. Frankfurt/M 1979, S. 292–301.

Götze, Karl-Heinz: Gedächtnis. Romane zur Studentenbewegung. In: Das Argument. 1981. H. 127, S. 367–382.

Grack, Günther, a: Der Menschenfeind – heute. In: Der Tagesspiegel, 4. 12. 1979.

ders., b: Von Diderot nur eine Spur. In: Der Tagesspiegel, 28. 10. 1984.

Gralla, Peter: Enzensbergers Freisprüche. In: Der Tagesspiegel, 10. 12. 1970.

Grass, Günter, a: Über das Selbstverständliche. München 1968.

ders., b: Kopfgeburten oder Die Deutschen sterben aus. Darmstadt, Neuwied 1980.

Grasshoff, Wilhelm: Für und wider. In: Frankfurter Hefte. 1973. H. 2, S. 144–145.

Greiner, Ulrich: Der Risiko-Spieler. In: Die Zeit, 25. 2. 1983.

Gremliza, Hermann L.: »Journal des Luxus und der Moden«. In: Literatur konkret. 1980. H. 5, S. 6–9.

Grimm, Reinhold, a: Montierte Lyrik. In: Über Hans Magnus Enzensberger (s. d.), S. 19–39. (Zuerst in: Germanisch-romanische Monatsschrift. 1958. H. 8, S. 178–192.)

ders., b: Die problematischen ›Probleme der Lyrik‹. In: Festschrift für Gottfried Weber. Hg. H. D. Burger/K. v. See. Bad Homburg 1967, S. 299–328.

ders., c: Bildnis H. M. Enzensberger. Struktur, Ideologie und Vorgeschichte eines Gesellschaftskritikers. In: Hans Magnus Enzensberger, a (s. d.), S. 139–188. (Zuerst in: Basis. 1973. H. 4, S. 131–174.)

ders., d: Enzensberger, Kuba und La Cubana. In: Basis. 1976. H. 6, S. 65–77.

ders., e: Texturen. Essays und anderes zu H. M. Enzensberger. Bern 1984.

ders., f: Das Messer im Rücken. Utopisch-dystopische Bildlichkeit bei H. M. Enzensberger. In: Grimm, e (s. d.), S. 148–168. (Zuerst in: Literarische Utopie-Entwürfe. Hg. H. Gnüg. Frankfurt/M 1982, S. 291–330.)

Groß, Johannes: Ein Literat und die Politik. In: Über Hans Magnus Enzensberger (s. d.), S. 160–166. (Zuerst in: Der Monat. 1965. H. 200, S. 120–123.)

Gustafsson, Lars: Nicht Utopie, sondern die tatsächlichen Dinge. In: Frankfurter Allgemeine Zeitung, 4. 3. 1972.

Gustafsson, Madeleine: Radikaler als seine Dichtung. In: Über Hans Magnus Enzensberger (s. d.), S. 110–114.

Gutzat, Bärbel: Bewußtseinsinhalte kritischer Lyrik. Eine Analyse der ersten drei Gedichtbände von H. M. Enzensberger. Wiesbaden 1977.

Habermas, Jürgen: Vom Ende der Politik – oder die unterhaltsamen Kolportagen des Kriminalberichterstatters H. M. Enzensberger. In: Über Hans Magnus Enzensberger (s. d.), S. 154–159. (Zuerst in: Frankfurter Allgemeine Zeitung, 17. 10. 1964.)

Hahn, Ulla: Literatur in der Aktion. Zur Entwicklung operativer Literaturformen in der Bundesrepublik. Wiesbaden 1978.

Hans Magnus Enzensberger, a. Hg. R. Grimm. Frankfurt/M 1984.

Hans Magnus Enzensberger, b. Text und Kritik. 1976. H. 49.

Hamm, Peter, a: Enzensbergers Rückkehr zu Fels und Meer. In: Münchener Merkur, 19. 12. 1964.

ders., b: Opposition – am Beispiel H. M. Enzensberger. Ein Vortrag. In: Über Hans Magnus Enzensberger (s. d.), S. 252–262. (Zuerst in: Kürbiskern. 1968. H. 4, 583–590.)

Harder, Jürgen, a: Zu Enzensbergers Medien-Theorie. In: Kürbiskern. 1971. H. 3, S. 449–456.

ders., b: Zu einigen ideologischen Aspekten in Enzensbergers Medientheorie. In: Weimarer Beiträge. 1971. H. 5, S. 126–132.

Harich, Wolfgang: Der entlaufene Dingo, das vergessene Floß. In: Sinn und Form. 1973. H. 1, S. 189–218.

Hartung, Harald, a: Elegie auf den Anarchismus. In: Der Tagesspiegel, 10. 2. 1973.

ders., b: Melancholische Balladen vom Fortschritt. In: Der Tagesspiegel, 5. 10. 1975.

Hartung, Rudolf: Verstummt ist der wortgewaltige Zorn. In: Die Welt der Literatur, 17. 9. 1964.

Hazel, Hazel, E.: Die alte und die neue Sensibilität. Erfahrungen mit dem Subjekt, das zwischen die Kulturen gefallen ist. In: Literaturmagazin 4. Hg. H. C. Buch. Reinbek 1975, S. 129–142.

Heckmann, Herbert: Wandlungen der Lyrik. In: Über Hans Magnus Enzensberger (s. d.), S. 14–18. (Zuerst in: Diskus. 1958. H. 2, S. 8.)

Heise, Hans-Jürgen, a: Das männlich-pessimistische Credo Enzensbergers. In: Die Tat, 20. 11. 1964.

ders., b: Der Dichter in fremder Hand. In: Die Welt, 9. 10. 1975.

Heissenbüttel, Helmut: Ein Leben voller Fallgruben. Eine Bibliothek und ein Autor. In: Frankfurter Rundschau, 4. 5. 1985.

Henrichs, Benjamin, a: Rekonstruktion oder Denunziation? In: Theater heute. 1970. H. 12, S. 12.

ders., b: Sieger durch K.O.: H. M. Enzensberger. In: Die Zeit, 7. 12. 1979.

Hensel, Georg: Die Hühner und der Melancholiker. In: Frankfurter Allgemeine Zeitung, 29. 10. 1984.

Henze, Hans Werner, a: El cimarrón. Autobiographie des geflohenen Sklaven Esteban Montejo. Recital für vier Musiker. Text aus dem Buch von Miguel Barnet übersetzt und für Musik eingerichtet von H. M. Enzensberger. SDR, 25. 9. 1970. (Schallplatte. DGG 2530 100.)

ders., b: La Cubana oder Ein Leben für die Kunst. Vaudeville in fünf Bildern von H. M. Enzensberger nach Motiven von Miguel Barnet. BR, 28. 5. 1975.

Herburger, Günter: Dogmatisches über Gedichte. In: Kursbuch 10. 1967, S. 150–161.

Hiebel, Hans: Poesie und Politik. Die Poetik H. M. Enzensbergers im Konflikt zwischen l'art pour l'art und Engagement – Vorschlag für eine Vermittlung von Interpretation und Theorie im Unterricht. In: Projekt Deutschunterricht 8. Politische Lyrik. Stuttgart 1974, S. 103–126.

Hildebrand, Alexander: Selbstbegegnungen in kurzen Stunden. Marginalien zum Verhältnis H. M. Enzensberger–Gottfried Benn. In: Text und Kritik. 1976. H. 49, S. 17–32.

Hilzinger, Klaus Harro: Überwindung des Ästhetischen? H. M. Enzensberger, »Das Verhör von Habana«. In: Hilzinger: Die Dramaturgie des dokumentarischen Theaters. Tübingen 1976, S. 131–137.

Hinderer, Walter, a: Von den Grenzen moderner politischer Lyrik. In: Akzente. 1971. H. 6, S. 505–519.

ders., b: Der Mohr und der General. In: Die Zeit, 27. 7. 1973.

ders., c: Versuch über den Begriff und die Theorie politischer Lyrik. In: Geschichte der politischen Lyrik in Deutschland. Hg. W. Hinderer. Stuttgart 1978, S. 9–42.

ders., d: »Komm! ins Offene, Freund!«: Tendenzen der westdeutschen Lyrik nach 1965. In: Deutsche Literatur in der Bundesrepublik seit 1965. Untersuchungen und Berichte. Hg. P. M. Lützeler/E. Schwarz. Königstein/Ts. 1980, S. 13–29.

Höllerer, Walter: Thesen zum langen Gedicht. In: Akzente. 1965. H. 2, S. 128–130.

Hohoff, Curt, a: Lyrische Saturnalien. In: Der Tagesspiegel, 19. 11. 1958.

ders., b: Die Nylonstimme ruft weh über uns. In: Kölnische Rundschau, 28. 10. 1964.

Holthusen, Hans Egon, a: Die Zornigen, die Gesellschaft und das Glück. In: Über Hans Magnus Enzensberger (s. d.), S. 40–67. (Zuerst in: Jahresring 1958/1959, S. 159–169.)

ders., b: Chorführer der Neuen Aufklärung. Über den Lyriker H. M. Enzensberger. In: Merkur. 1980. H. 9, S. 896–912.

H. R.: Untergang im Kopf. Schaubühnen-Matinee mit Michael König. In: Der Tagesspiegel, 26. 9. 1978.

Iden, Peter: Deprimierend bravourös. In: Frankfurter Rundschau, 4. 12. 1979.

Interview mit Hans Magnus Enzensberger. In: Weimarer Beiträge. 1971. H. 5, S. 73–93.

Ist eine Revolution unvermeidlich? 42 Antworten auf eine Alternative von
H. M. Enzensberger. Hg. Spiegel-Verlag. Hamburg 1968.

Jaeggi, Urs: Brandeis. Roman. Neuwied, Berlin 1978.

Jens, Walter: Paukenschlag und Kantilene. In: Die Zeit, 5. 8. 1960.

Jungheinrich, Hans-Klaus, a: Kunst, Leben, Illusion. »La Cubana«:
Verstörte leichte Muse von Henze und Enzensberger. In: Frankfurter
Rundschau, 31. 5. 1975.

ders., b: Neue Fiesheit. In: Frankfurter Rundschau, 30. 12. 1981.

Kaiser, Gerhard R.: Einleitung. In: Die deutsche Literatur in Text
und Darstellung. Gegenwart. Hg. G. R. Kaiser. Stuttgart 1975, S. 13
bis 21.

Kaiser, Joachim, a: Sardinen und Haie. In: Frankfurter Allgemeine Zeitung,
28. 12. 1957.

ders., b: Enzensbergers große kleine Freiheit. In: Süddeutsche Zeitung,
17. 11. 1971.

ders., c: Schiffsuntergang und Autobiographie. H. M. Enzensbergers episches Gedicht mit Abgründen. In: Süddeutsche Zeitung,
18. 10. 1978.

ders., d: Primitiefsinn, Lyrik, leichte Hand. In: Süddeutsche Zeitung,
27. 11. 1980.

Karasek, Hellmuth, a: Die unbequemen Einzelheiten. In: Über Hans
Magnus Enzensberger (s. d.), S. 139–143. (Zuerst in: Stuttgarter Zeitung,
11. 8. 1962.)

ders., b: Politische Elegien auf die Gegenwart. In: Stuttgarter Zeitung, 19. 9.
1964.

ders., c: Tod der Kritik, gutbürgerlich. In: Die Zeit, 20. 12. 1968.

ders., d: Der Menschenfeind wählt Grüne Liste. In: Der Spiegel. 1979. H.
50.

Karsch, Walter: Das Theater als Lehrstuhl. »Das Verhör von Habana« in
der Schaubühne. In: Der Tagesspiegel, 4. 2. 1971.

Karsunke, Yaak, a: Kurs wohin? In: Über Hans Magnus Enzensberger (s.
d.), S. 186–194. (Zuerst in: Der Monat. 1969. H. 253, S. 119–124.)

ders., b: Ein Film aus Worten. H. M. Enzensbergers Liquidation des
bürgerlichen Romans. In: Frankfurter Rundschau, 30. 9. 1972.

ders., c: Vor uns die Sintflut. In: Literatur konkret. 1978. H. 3, S. 45–46.

Kelter, Jochen: Poetischer Text, lyrischer Wildwuchs. Eine Betrachtung
zum Lyrik-Boom und zur westdeutschen Poesie der letzten Jahre. In:
Literatur konkret. 1978. H. 2, S. 41–45.

Kepplinger, Hans Matthias: Rechte Leute von links. Gewaltkult und
Innerlichkeit. Olten, Freiburg/Br. 1970.

Kesting, Hanjo: Gespräch mit H. M. Enzensberger. In: Hans Magnus
Enzensberger, a (s. d.), S. 116–135. (Zuerst in: Kesting: Dichter ohne
Vaterland. Berlin, Bonn 1982, S. 188–206, mit dem Obertitel »Der kurze
Sommer der Anarchie«.)

Knörrich, Otto, a: H. M. Enzensberger. In: Deutsche Literatur seit 1945 in
Einzeldarstellungen. Hg. D. Weber. Stuttgart 1970², S. 576–599.

ders., b: Lyrik und Gesellschaft: Das politische Gedicht. In: Knörrich: Die
deutsche Lyrik der Gegenwart. Stuttgart 1971, S. 326–371.

ders., c: Bundesrepublik Deutschland. In: Geschichte der deutschen Lyrik vom Mittelalter bis zur Gegenwart. Hg. W. Hinderer. Stuttgart 1983, S. 551–575.

Koepke, Wulf: Mehrdeutigkeit in H. M. Enzensbergers ›bösen Gedichten‹. In: The German Quarterly. 1971. H. 3, S. 341–359.

Krämer-Badoni, Rudolf: Der Mensch, den es noch nicht gibt. In: Über Hans Magnus Enzensberger (s. d.), S. 70–73. (Zuerst in: Frankfurter Allgemeine Zeitung, 27. 8. 1960.)

Krechel, Ursula: Bourgeoisie, Wissenschaft, Kunst: In die Rettungsboote. In: Literatur konkret. 1978. H. 3, S. 44–45.

Krolow, Karl: »Schlafen, Luftholen, Dichten«. In: Der Tagesspiegel, 25. 12. 1971.

Kuenheim, Haug von: Mann mit vielen Eigenschaften. Wie kommt Herr N(ouhuys) von »Lui« auf »TransAtlantik«? In: Die Zeit, 24. 10. 1980.

Lang, Roland: Ein Hai in der Suppe oder Das Glück des Philipp Ronge. Roman. München 1975.

Leder, Dietrich: Bücher als Liebeserklärung an das altehrwürdige Handwerk. Enzensberger gibt eine neue Reihe heraus: »Die Andere Bibliothek«. In: Kölner Stadtanzeiger, 12. 6. 1985.

Lehmann, Hans-Thies: Eisberg und Spiegelkunst. Notizen zu H. M. Enzensberger. Lust am Untergang der Titanic. In: Hans Magnus Enzensberger, a (s. d.), S. 312–334. (Zuerst in: Berliner Hefte. 1979. H. 11, S. 2–19.)

lei.: (Zu: »Rachels Lied«) In: Die Welt, 15. 1. 1970.

Lesebuch. Deutsche Literatur zwischen 1945 und 1959. Hg. K. Wagenbach. Berlin 1980.

Linder, Christian: Der lange Sommer der Romantik. Über H. M. Enzensberger. In: Literaturmagazin 4. Hg. H. C. Buch. Reinbek 1975, S. 85–107.

Linzer, Martin: Darstellung eines Selbstbildnisses. In: Theater der Zeit. 1970. H. 9, S. 24–25.

Loetscher, Hugo: Die Invasoren der Schweinebucht. In: Die Zeit, 12. 6. 1970.

Lohmann, Hans-Martin: Gute Zeiten für Leser. Lukian von Samosatas satirische Werke in der »Anderen Bibliothek«. In: Frankfurter Rundschau, 9. 3. 1985.

Lohner, Edgar: Das Staunen zurückgewonnen. In: Die Zeit, 6. 11. 1964.

Lützeler, Paul Michael: Von der Intelligenz zur Arbeiterschaft: Zur Darstellung sozialer Wandlungsversuche in den Romanen und Reportagen der Studentenbewegung. In: Deutsche Literatur in der Bundesrepublik seit 1965. Untersuchungen und Berichte. Hg. P. M. Lützeler/E. Schwarz. Königstein/Ts. 1980, S. 115–134.

Luft, Friedrich, a: Sozialistische Tugendfiguren. In: Die Welt, 4. 2. 1971.

ders., b: Stinktiere im blendenden Sakko. In: Die Welt, 3. 12. 1979.

ders., c: Clown einer traurigen Gesellschaft. In: Die Welt, 29. 10. 1984.

Lyrik-Katalog Bundesrepublik. Gedichte, Biographien. Statements. Hg. J. Hans u. a. München 1979[2].

Mader, Jakob: Peripheres Europa? In: Kürbiskern. 1966. H. 1, S. 142–157.

Madler, Anton, a: Von der inneren Wildnis des Tennisspielers. In: Die Welt, 2. 10. 1980.

ders., b: Als Drohne nach Bali. In: Die Welt, 18. 6. 1982.

Mein Gedicht ist mein Messer. Lyriker zu ihren Gedichten. München 1961. (Zuerst: Heidelberg 1955.)

Michaelis, Rolf: Ein Balladen-Jahr. In: Die Zeit, 10. 10. 1975.

Michel, Karl Markus: Ein Kranz für die Literatur. Fünf Variationen über eine These. In: Kursbuch 15. 1968, S. 169–186.

Miermeister, Jürgen/Staadt, Jochen: Einleitung. In: Provokationen. Die Studenten- und Jugendrevolte in ihren Flugblättern 1965–1971. Hg. J. Miermeister/J. Staadt. Darmstadt, Neuwied 1980, S. 7–10.

Mohler, Armin: Die Bundesrepublik ist doch bewohnbar. In: Die Welt, 6. 10. 1982.

Molière: Der Menschenfeind. Komödie in fünf Akten. Deutsch von Arthur Luther. Stuttgart 1963.

Mommsen, Wilhelm: Deutsche Parteiprogramme. München 1960.

Mosler, Peter: Was wir wollten, was wir wurden. Studentenrevolte zehn Jahre danach. Reinbek 1977.

Müller, Christoph: Ranzig mit dreißig. In: Theater heute. 1980. H. 2, S. 59.

Müller, Gerd: Die Wandlung H. M. Enzensbergers. In: Moderna Språk. 1965. H. 1, S. 32–36.

Müller, Volker Ulrich: Cuba, Macchiavelli und Bakunin. Ideologiekritik und Politik im »Verhör von Habana« und im »Mausoleum« von H. M. Enzensberger. In: Literatur und Studentenbewegung. Opladen 1977, S. 90–123.

Negt, Oskar: Rede für einen Toten. In: express international. 1967. H. 46, S. 12.

Nevermann, Knut: Einleitung. In: Der 2. Juni. Hg. K. Nevermann. Köln 1967.

Niehoff, Karena, a: Molière als Nachwuchsautor. In: Süddeutsche Zeitung, 7. 12. 1979.

dies., b: Diderot und die Hühner. In: Süddeutsche Zeitung, 9. 11. 1984.

Noack, Paul, a: Fremdbrötler von Beruf. Anmerkungen zu den ›Gebrauchsgegenständen‹ des Lyrikers Enzensberger. In: Über Hans Magnus Enzensberger (s. d.), S. 83–98. (Zuerst in: Der Monat. 1963. H. 172, S. 61–70.)

ders., b: Engagierte Literatur – am Beispiel H. M. Enzensberger. In: Opposition in der Bundesrepublik Deutschland. Hg. H. Glaser/K. Stahl. Freiburg/Br. 1968, S. 104–123.

Nolte, Jost: Ein Sozialist: H. M. Enzensberger. In: Zeit-Magazin. Nr. 39. 1972, S. 16–18.

Novak, Helga M.: Der Fortschritt des Grauens. In: Der Spiegel. 1975. H. 41.

Pankraz: Pankraz, Enzensberger und das Spitzenprodukt. In: Die Welt, 12. 7. 1982.

Pasero, Nicolò: Kursbuch. Eine neue deutsche Zeitschrift. In: Über Hans Magnus Enzensberger (s. d.), S. 181–185. (Zuerst in: Paragone (Mailand). 1965. Nr. 188, S. 115–119.)

Paulus, Beate: H. M. Enzensberger, Dr. phil. In: Die Zeit, 30. 1. 1970.

Peter, Klaus: Supermacht USA. H. M. Enzensberger über Amerika, Politik und Verbrechen. In: Amerika in der deutschen Literatur. Hg. S. Bauschinger u. a. Stuttgart 1975, S. 368–381.

Piontek, Heinz: Von der lyrischen Praxis. In: Mein Gedicht ist mein Messer (s. d.), S. 110–116.

Piwitt, Hermann Peter: Rückblick auf heiße Tage. Die Studentenrevolte in der Literatur. In: Literaturmagazin 4. Hg. H. C. Buch. Reinbek 1975, S. 35–46.

Podak, Klaus: Die Freiheit zur Inkonsequenz. In: Süddeutsche Zeitung, 23./24. 4. 1983.

Poe, Edgar A.: Die Methode der Komposition. In: Das gesamte Werk in zehn Bänden. Bd. 10. Herrsching 1980, S. 531–548.

Poethen, Johannes: Im Labor der Träume. In: Mein Gedicht ist mein Messer (s. d.), S. 138–143.

Pohrt, Wolfgang, a: Der Weg des ›Kursbuchs‹ in die neudeutsche Klebrigkeit. In: Literatur konkret. 1980. H. 5, S. 18–23.

ders., b: Loblieder auf die Inkonsequenz. In: Der Spiegel. 1982. H. 52.

Raddatz, Fritz J., a: Die Wahrheit ist immer riskant. Gespräch mit H. M. Enzensberger über die neue Zeitschrift ›TransAtlantik‹. In: Die Zeit, 19. 9. 1980.

ders., b: Glück – das letzte Verbrechen? In: Die Zeit, 14. 11. 1980.

Reich-Ranicki, Marcel: Kein Lied mehr von der Glocke. H. M. Enzensbergers gereinigte Schiller-Lyrik. In: Die Zeit, 9. 9. 1966.

Reifenberg, Benno: Hans Magnus, ein böswilliger Leser. In: Frankfurter Allgemeine Zeitung, 7. 7. 1962. (Auch in: Enzensberger'sche Einzelheiten, s. d.)

Reinhold, Ursula, a: Literatur und Politik bei Enzensberger. In: Weimarer Beiträge. 1971. H. 5, S. 94–113.

dies., b: Geschichtliche Konfrontation und poetische Produktivität. Zu H. M. Enzensberger in den siebziger Jahren. In: Weimarer Beiträge. 1981. H. 1, S. 104–127.

Rischbieter, Henning, a: Theater zwischen Sozial-Enquete, Agitation und Ideologiekritik. In: Theater heute. 1970. H. 7, S. 28–31.

ders., b: Politdebatte, Boulevard-Parlando. In: Theater heute. 1980. H. 1, S. 29–30.

Rödel, Wolfgang: Leistung und Dilemma des Publizisten und Lyrikers H. M. Enzensberger. In: Wiss. Zeitschr. der Ernst-Moritz-Arndt-Universität Greifswald. Gesellschafts- und Sprachwissenschaftliche Reihe. 1966. Nr. 2, S. 181–191.

Ross, Werner: Deutsche Dichter als Doktoren. In: Die Zeit, 24. 8. 1962.

Rothschild, Thomas: »Das hat sehr gut geklungen«. Liedermacher in der Studentenbewegung. In: Nach dem Protest. Literatur im Umbruch. Hg. W. M. Lüdke. Frankfurt/M 1979, S. 140–157.

Rühmkorf, Peter, a: Zur Lyrik H. M. Enzensbergers. In: Konkret. 1958 H. 13.

ders., b: Enzensbergers problematische Gebrauchsgegenstände. Gedichte, zur Kritik herausfordernd. In: Über Hans Magnus Enzensberger (s. d.), S. 74–77. (Zuerst in: Die Welt, 23. 11. 1960.)

ders., *c:* Das lyrische Weltbild der Nachkriegsdeutschen. In: Bestandsaufnahme. Eine deutsche Bilanz. Hg. H. W. Richter. München u. a. 1962, S. 447–476.

ders., *d:* Dieses Schwanken und Schlingern. In: Der Spiegel. 1972. H. 24.

ders., *e:* Kein Apolloprogramm für Lyrik. In: Rühmkorf: Walter von der Vogelweide, Klopstock und das Ich. Reinbek 1976², S. 183–190.

Sack, Manfred: Lieder vom Dichter. In: Die Zeit, 2. 11. 1979.

Sadji, Amadou Booker: H. M. Enzensberger und die »Dritte Welt«. In: Hans Magnus Enzensberger, a (s. d.), S. 258–275.

Salzinger, Helmut: Geschichts-Prozesse. In: Frankfurter Rundschau, 29. 8. 1970.

Sander, Ernst-Dietrich: Einer mißt sich an Dante und Ezra Pound. In: Die Welt, 18. 10. 1978.

Sander, Hans-Dietrich: Wenn die Worte im Kopf dröhnen. In: Die Welt, 6. 12. 1980.

Schäfer, Hans Dieter: Signale von einer Insel im Fjord. In: Die Welt, 30. 3. 1972.

Schimmang, Jochen: Der schöne Vogel Phönix. Erinnerungen eines Dreißigjährigen. Frankfurt/M 1979.

Schlenstedt, Dieter, a: Aufschrei und Unbehagen. Notizen zur Problematik eines westdeutschen Lyrikers. In: Neue deutsche Literatur. 1961. H. 6, S. 110–127.

ders., *b:* Das Dilemma der kritischen Position. In: Neue deutsche Literatur. 1963. H. 4, S. 98–110.

ders., *c:* Die schwierige Arbeit des H. M. Enzensberger. In: Neue deutsche Literatur. 1965. H. 7, S. 151–163.

Schmid, Richard: Der Verbrecher – Sündenbock der Gesellschaft. In: Über Hans Magnus Enzensberger (s. d.), S. 167–171. (Zuerst in: Stuttgarter Zeitung, 8. 12. 1964.)

Schneider, Michael: Von der alten Radikalität zur neuen Sensibilität. In: Kursbuch 49. 1977, S. 174–187.

Schneider, Peter, a: Die Phantasie im Spätkapitalismus und die Kulturrevolution. In: Kursbuch 16. 1969, S. 1–37.

ders., *b:* Lenz. Eine Erzählung. Berlin 1973.

ders., *c:* Die Beseitigung der ersten Klarheit. In: Schneider: Atempause. Versuch, meine Gedanken über Literatur und Kunst zu ordnen. Reinbek 1977, S. 207–235.

Schnell, Ralf: Die Literatur der Bundesrepublik. In: Deutsche Literaturgeschichte: von den Anfängen bis zur Gegenwart. Hg. W. Beutin u. a. Stuttgart 1979, S. 421–500.

Schoeller, Wilfried F.: Rückzug eines Zauberlehrlings. In: Frankfurter Rundschau, 18. 10. 1975.

Schöps, Joachim: Die SPIEGEL-Affäre des Franz Josef Strauß. Reinbek 1983.

Schonauer, Franz: Zwischenbericht oder Schwanengesang? In: Frankfurter Rundschau, 21. 11. 1964.

Schreiber, Ulrich: Kein Verhör von Habana. In: Frankfurter Rundschau, 3. 12. 1976.

Schülein, Johann A.: Von der Studentenrevolte zur Tendenzwende oder der Rückzug ins Private. Eine Sozialpsychologische Analyse. In: Kursbuch 48. 1977, S. 101–119.

Schütte, Wolfram, a: Medien-Konkurrenz? In: Frankfurter Rundschau, 29. 9. 1972.

ders., b: Den roten Faden verloren. In: Frankfurter Rundschau, 17. 10. 1978.

ders., c: »Utopien? Gewiß, aber wo?« Seitenblick auf unsere literarische Szene. In: Frankfurter Rundschau, 10. 10. 1980.

ders., d: Eigensinn & Konsequenz. In: Frankfurter Rundschau, 11. 5. 1981.

Schultz, Karla L.: Ex negativo: Enzensberger mit und gegen Adorno. In: Hans Magnus Enzensberger, a (s. d.), S. 237–257.

Schwab-Felisch, Hans, a: H. M. Enzensberger. In: Schriftsteller der Gegenwart. Dreiundfünfzig Porträts. Hg. K. Nonnenmann. Olten, Freiburg/Br. 1963, S. 102–108.

ders., b: Die neue Lust am Untergang. In: Frankfurter Allgemeine Zeitung, 10. 5. 1980.

Spingel, Hans Otto: Fragwürdige Schönheit. In: Die Zeit, 6. 6. 1975.

Stapelfeld, Werner: H. M. Enzensberger: Landessprache. Untersuchungen zu Aussage und Struktur des neueren deutschsprachigen Gedichtbuches. Zur Kritik seiner ideologischen Tendenzen. Diss. Jena 1968.

Steffen, Jochen: Gleiche Brüder auf verschiedenen Wegen. Günter Grass und H. M. Enzensberger als politische Redner, Kommentatoren und Essayisten. In: Die Zeit, 31. 1. 1975.

Stein, Peter: Die Theorie der Politischen Dichtung in der bürgerlichen Literaturwissenschaft. In: Theorie der politischen Dichtung. Hg. P. Stein. München 1973, S. 7–53.

Stephan, Rainer: Unangemessen angestrengt. Enzensbergers »Untergang der Titanic«, szenisch. In: Frankfurter Rundschau, 20. 5. 1980.

Storch, Wolfgang: (Zu: »Das Verhör von Habana«.) In: Theater der Zeit. 1971. H. 4, S. 56–57.

Tausend Gramm. Sammlung neuer deutscher Geschichten. Hg. W. Weyrauch. Hamburg u. a. 1949.

Theobaldy, Jürgen, a: Das Gedicht im Handgemenge. Bemerkungen zu einigen Tendenzen in der westdeutschen Lyrik. In: Literaturmagazin 4. Hg. H. C. Buch. Reinbek 1975, S. 64–71.

ders., b: Nachbemerkung. In: Und ich bewege mich doch. Gedichte vor und nach 1968. Hg. J. Theobaldy. München 1977, S. 221–224.

ders./Zürcher, Gustav: Veränderung der Lyrik. Über westdeutsche Gedichte seit 1965. München 1976.

Thomas, R. Hinton/Bullivant, Keith: Westdeutsche Literatur der sechziger Jahre. München 1974.

Timm, Uwe: Heißer Sommer. Roman. München 1974, Reinbek 1977.

Törne, Volker von: Fähnchen in jedem Wind. In: Literatur konkret. 1980. H. 5, S. 56–57.

Trommler, Frank: Der zögernde Nachwuchs. Entwicklungsprobleme der Nachkriegsliteratur in Ost und West. In: Tendenzen der deutschen Literatur seit 1945. Hg. Th. Koebner. Stuttgart 1971, S. 1–116.

Tuchel, Klaus: Lyrische Schocktherapie. In: Die Zeit, 6. 2. 1958.

Über Hans Magnus Enzensberger. Hg. J. Schickel. Frankfurt/M 1970.

Und ich bewege mich doch. Gedichte vor und nach 1968. Hg. J. Theobaldy. München 1977.

Vaterland, Muttersprache. Deutsche Schriftsteller und ihr Staat von 1945 bis heute. Hg. K. Wagenbach. Berlin 1979.

Vielhaber, Gerd: Selbstbildnis der Konterrevolution. In: Frankfurter Rundschau, 11. 6. 1970.

Volckmann, Silvia, a: Gottfried Benn und H. M. Enzensberger: Chopin-Gedichte. In: Geschichte im Gedicht. Hg. W. Hinck. Frankfurt/M 1979, S. 280–291.

dies., b: Allegorie der Negativität. Naturbild und Naturreflexion in der Lyrik H. M. Enzensbergers. In: Volckmann: Zeit der Kirschen? Das Naturbild in der deutschen Gegenwartslyrik. Königstein/Ts. 1982, S. 177–223.

Vormweg, Heinrich, a: Ein Leichenschmaus. In: Merkur. 1969. H. 250, S. 206–210.

ders., b: Deutsche Literatur 1945–1960: Keine Stunde Null. In: Die deutsche Literatur der Gegenwart. Aspekte und Tendenzen. Hg. M. Durzak. Stuttgart 1971, S. 13–30.

Wagenbach, Klaus: FAZ contra Enzensberger. In: Neue Rundschau. 1963. H. 4, S. 682–687.

Walter, Hans-Albert: Was zutage liegt, und was nicht. In: Über Hans Magnus Enzensberger (s. d.), S. 144–153. (Zuerst in: Frankfurter Hefte. 1964. H. 6, S. 435–438.)

Weber, Werner, a: Glas und Rauch. In Neue Zürcher Zeitung, 31. 5. 1958.

ders., b: (Zu: »Landessprache«) In: Neue Zürcher Zeitung, 21. 8. 1960.

ders., c: (Zu: »Blindenschrift«) In: Über Hans Magnus Enzensberger (s. d.), S. 99–105. (Zuerst in: Neue Zürcher Zeitung, 4. 10. 1964.)

Weiss, Peter: Enzensbergers Illusionen. In: Kursbuch 6. 1966, S. 165–170. (Auch in: Über Hans Magnus Enzensberger (s. d.), S. 239–251; in: Hans Magnus Enzensberger, a (s. d.), S. 90–95.)

Wekwerth, Manfred: Rekonstruktion auf dem Theater. In: Theater der Zeit. 1970. H. 9, S. 20–21.

Wellershoff, Dieter: Fiktion und Praxis. In: Akzente. 1969. H. 2, S. 156–169.

Wiegenstein, Roland: Ehrlich, nüchtern. In: Frankfurter Rundschau, 5. 2. 1971.

Wieser, Harald, a: Heinrich Heine im Alfa Romeo. In: Der Spiegel. 1980. H. 40.

ders., b: Heimliches Selbstporträt. In: Der Spiegel. 1984. H. 43.

Wirsing, Sibylle: Der Misanthrop als falscher Fünfziger. In: Frankfurter Allgemeine Zeitung, 4. 12. 1979.

Wondratschek, Wolf: Über den größeren und den kleineren Teil einer Gesamtbevölkerung. Zugedacht dem größeren Teil. In: Wondratschek: Omnibus. München 1972, S. 150–158.

Wunberg, Gotthard: Die Funktion des Zitats in den politischen Gedichten von H. M. Enzensberger. In: Neue Sammlung 1964. H. 3, S. 274–282.

Zeller, Michael: Literarische Karriere im Rhythmus des Mäander. Zur Lyrik H. M. Enzensbergers. In: Zeller: Gedichte haben Zeit. Aufriß einer zeitgenössischen Poetik. Stuttgart 1982, S. 94–152.

Zimmer, Dieter E., a: So arm und töricht war er nicht. Bemerkungen zur Kontroverse zwischen der FAZ und H. M. Enzensberger. In: Die Zeit, 20. 7. 1962.

ders., b: Enzensbergers Kursbuch. In: Die Zeit, 2. 7. 1965.

ders., c: Nachträge zum Kursbuch. Enzensbergers Antwort auf einen ZEIT-Artikel – und eine Antwort auf die Antwort. In: Die Zeit, 23. 7. 1965.

ders., d: Der Aufstand gegen die Macher. In: Die Zeit, 24. 7. 1970.

ders., e: Der Kadaver. In: Die Zeit, 26. 5. 1972.

Zimmermann, Arthur: H. M. Enzensberger. Die Gedichte und ihre literaturkritische Rezeption. Bonn 1977.

Zürcher, Gustav: Trümmerlyrik. Politische Lyrik 1945–1950. Kronberg/ Ts. 1977.

Holthusen, Hans E. 3, 18, 21, 39, 118, 121
Horkheimer, Max 48
Humboldt, Alexander v. 109, 112, 114
Humphrey, Hubert H. 64
Huster, Ernst-Ulrich 10

Iden, Peter 137f.

Jaeggi, Urs 105
Jens, Walter 37f.
Jesaias 77
Johnson, Uwe 36
Jungheinrich, Hans-Klaus 100, 131

Kästner, Erich 125
Kahn, Herman 57
Kaiser, Gerhard R. 12
Kaiser, Joachim 20, 90, 118, 126f., 129
Karasek, Hellmuth 34, 52, 72, 139
Karsch, Walter 87
Karsunke, Yaak 63f., 93, 96, 119
Kelter, Jochen 106
Kennedy, John F. 84
Kepplinger, Hans M. 8, 47, 54
Kesting, Hanjo 70f. 108
Kierkegaard, Søren 26
Kipphardt, Heinar 86
Kleist, Heinrich v. 42
Knörrich, Otto 3f., 10, 16, 33, 39
König, Michael 124
Koepke, Wulf 16
Koeppen, Wolfgang 13, 60
Krämer-Badoni, Rudolf 28
Krechel, Ursula 115, 123
Krolow, Karl 9, 90
Kuenheim, Haug v. 130
Kuron, Jacek 80

Lang, Roland 105
Las Casas, Bartolomé de 78f., 101, 136
Lassalle, Ferdinand 99
Lea, Henry Ch. 146
Leder, Dietrich 146
Lehmann, Hans-Thies 119, 122

Leibniz, Gottfried W. 109, 113
Lenin, Wladimir I. 91
Liebknecht, Wilhelm 99
Linder, Christian 1f., 6f., 47, 112
Linné, Carl v. 109
Linzer, Martin 88
Lo Ping-hui 101
Loetscher, Hugo 83
Lohmann, Hans-Martin 147
Lohner, Edgar 31
Lützeler, Paul M. 64
Luft, Friedrich 87, 138, 141
Lukian von Samosata 144, 147
Lukrez 23
Lumumba, Patrice 61
Luther, Arthur 136ff.

Macchiavelli, Niccolò 91, 109, 112
Mader, Jakob 63
Madler, Anton 131
Majakowski, Wladimir W. 14, 39, 118
Malthus, Thomas R. 109
Mao Tse-Tung 91
Marcuse, Herbert 67, 74, 103
Marey, Etienne J. 109
Marx, Karl H. 66, 81, 97ff., 115, 117, 132, 144
Matthäus 26
Mayer, Hans 28
Meckel, Christoph 60
Mehring, Walter 125
Meinhof, Ulrike 71, 75
Méliès, Georges 110
Messier, Charles 109
Michaelis, Rolf 109
Michel, Karl Markus 62, 69f., 71f., 107
Miermeister, Jürgen 59
Modzelewski, Karol 80
Moe, Jørgen 145
Mohler, Armin 132
Molière, Jean-Baptiste 125f., 135ff.
Molotov, Vjačeslav M. 109
Mommsen, Wilhelm 10
Montejo, Esteban 100
Montesi, Wilma 56
Morin, Emilienne 95

174

SAMMLUNG METZLER

J.B. METZLER

Printed in the United States
By Bookmasters